다시 생각하는
정부와 혁신

다시 생각하는
정부와 혁신

초판 1쇄 펴낸날 | 2024년 6월 30일

지은이 | 윤태범
펴낸이 | 고성환
펴낸곳 | (사)한국방송통신대학교출판문화원
　　　　(03088) 서울특별시 종로구 이화장길 54
　　　　전화 1644-1232
　　　　팩스 02-741-4570
　　　　홈페이지 press.knou.ac.kr
　　　　출판등록 1982년 6월 7일 제1-491호

출판위원장 | 박지호
책임편집 | 이두희
본문디자인 | (주)동국문화
표지디자인 | 최원혁

ⓒ 윤태범, 2024
ISBN 978-89-20-05095-4 93350

값 29,000원

Rethinking Government and Innovation

다시 생각하는
정부와 혁신

윤태범 지음

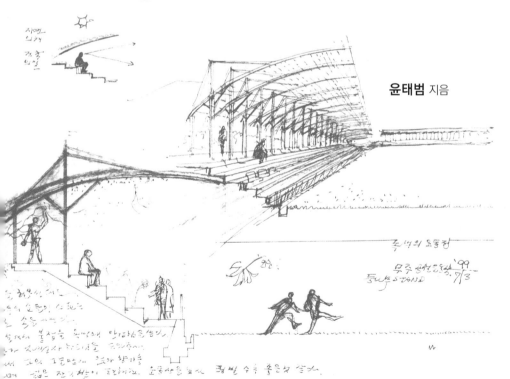

에피스테메
EPISTEME

독자에게 보내는 편지

책은 글 쓰는 사람의 민낯을 드러내는 것과 같다. 글은 숨길 수 없으며 숨길수록 오히려 민낯은 드러난다. 그럴듯한 부분도 있겠지만 부족한 부분은 더욱 선명하게 나타난다. 글을 쓰기 어려운 이유이다. 민낯을 드러내는 것이 부끄럽지만, 그래도 민낯은 온전한 것이라 글 쓰는 사람의 생각을 오롯이 드러낸다. 이 책에서 정부와 혁신에 대해 민낯 같은 생각을 드러내고 싶었다.

글을 쓰면서 가급적 자료보다 생각을 우선했다. 다만 글로 표현함에 어려움이 있을 때, 책, 그림, 기사, 통계 등 자료를 인용했다. 이들이 글보다 내 생각을 더 잘 드러내는 경우가 많았으며, 특히 책을 마무리하는 데 큰 도움이 되었다. 정부혁신과 밀접한 사례는 생각보다 많이 인용하지 못했다. 아쉬운 부분이다.

이 책은 그동안의 경험과 생각, 기억으로 쓴 글이다. 엄밀히 말하면 경험에 생각이 더해져 만들어진 기억의 기록이기에, 경험만을 그대로 기록한 것은 아니다. 경험도 중요하지만 그 못지않은 것이 생각이다. 불완전하게 남아 있는 경험과 생각, 기억을 자료로 대체해 글

5

을 쓰는 것도 좋지만, 그럴 경우 정작 중요한 나의 생각이 희미해질 수 있다. 당초에 이 책을 쓰고자 했던 의도를 유지하기 위해 최대한 생각을 담아 서술하려고 했다.

처음부터 책을 쓰겠다고 의도하고 시작한 것이 아니었기에 원고를 완성하는 데 제법 긴 시간이 걸렸다. 정부와 혁신은 책의 출간 여부와 상관없이 나의 오래된 생각거리였다. 그래서 지난 수년간 기회 있을 때마다 정부혁신과 관련된 생각들을 여기저기에 메모했다. 어떤 때는 짧게, 어떤 때는 조금 긴 문장으로 기록했다. 단어만 메모한 경우도 많았다. 수첩과 포스트잇 그리고 스마트폰 메모장은 아주 유용한 기록 수단이었다.

이렇게 작성된 메모와 기록들은 가끔 노트북으로 옮겨져 한데 모아졌다. 비록 단편적인 것이었지만 시간이 흐르니 그 양이 꽤 되었다. 얼추 100개가 넘는 재료들이 쌓였다. 경험과 생각에서 비롯된 것이지만 추상적 표현도 있고 구체적인 표현도 있다. 회상하는 내용도, 희망하는 내용도 있다.

시간 날 때마다 짧은 메모에 살을 더하고, 짧은 문장에 내용을 추가했다. 시간이 흘러 제법 긴 글이 만들어지기도 했고, 더 이상 기억이나 생각을 추가하지 못해서 단 몇 줄의 글로 남은 것도 있다. 경험과 생각, 기억에 기초하는 글이었기에 많은 시간이 걸렸다. 이 책의 구상은 이렇게 짧게 혹은 길게 작성된 글 가운데 일부를 토대로 하였다.

책은 전체 8장으로 구성하였다. 1장 〈정부혁신의 시작〉에서 마지막 8장 〈되돌아보는 정부혁신〉까지이다. 각 장의 제목으로는 글에 논리적 순서가 있는 것처럼 보이지만 반드시 그런 것은 아니다. 책 구성의 체계성을 고려하여 각 글의 배치와 순서를 정했다. 제목도 그런 의미를 고려하여 결정했다. 장을 구성하는 각각의 글은 모두 독립적인 것이어서 순서대로 읽을 필요는 없다. 큰 제목과 작은 제목을 통해서 글의 전체적인 맥락과 의미를 드러내려 노력했지만 부족함은 남아 있을 것이다.

정부와 혁신은 나에게 오래된 숙제와 같다. 처음에는 멋모르고 발을 들이밀었고, 용감하게 그림도 그리고 색칠까지 했다. 그러나 시간이 지날수록 너무 넓고 깊어서 제대로 헤아리기 힘든 바다와 같았다. 바다로 나갔음에도 아직도 항구에 다다르지 못하고 여전히 등대를 찾고 있다. 지금도 여전히 바다 한가운데 있다.

정부혁신을 깊게 들여다보기 시작한 것은 김대중 정부 집권 중반을 넘어선 2001년 말이었다. 김대중 정부는 IMF 경제위기의 와중에 출범했으며, 위기 극복을 위해 공공부문 전반에 걸친 개혁을 추진했다. 정부는 개혁을 위해 최선을 다했다고 자부했지만 국민과 언론의 반응은 그렇지 않았다. 정부는 왜 국민이 정부의 개혁을 위한 노력과 성과를 인정해 주지 않는지 고민했다. 이러한 문제 인식이 담긴 연구를 선배 교수 및 동료 교수들과 진행했다. 당시 연구는 남궁근 교수님의 제안으로 시작되었다. 정부혁신에 대한 이론과 실제를 깊이 있게 토론하고 연구한 의미 있는 기회였다. 김대중 정부가 임기를 얼마 남겨 두지 않은 시점에서 동일한 연구진은 또 다른 연구를 시작했다. 주제는 다음 정부에 필요한 개혁의 비전과 과제에 대한 것으로, 나는 김대중 정부의 정부혁신을 제3자적 관찰자 위치이지만 비교적 상세히 살펴볼 수 있었다.

정부혁신에 가장 진심이었다는 평가를 받은 노무현 정부하에서는 관찰자가 아닌 참여자의 입장이 되었다. 노무현 정부 출범 직후 구성된 정부혁신지방분권위원회 행정개혁 부문 전문위원으로 참여한 것이다. 전문위원으로서 정부혁신 어젠다의 발굴과 구체화, 행정개혁 로드맵의 구성, 정책추진 등 다양한 역할을 했다. 가장 의미 있는 활동은 노무현 정부가 5년 동안 추진할 〈행정개혁 로드맵〉을 마련한 것이었다. 〈행정개혁 로드맵〉은 노무현 대통령이 주재한 국무회의에서 확정되었다.

당시 나는 국무회의에 참석해 직접 발표했다. 원래 발표는 행정개혁전문위원회 위원장이었던 정용덕 교수님이 해야 했지만 내게 발표를 권하셨다. 주어진 발표 시간은 단 10분으로, 방대한 행정개혁 로드맵을 제대로 발표하기에는 턱없이 짧은 시간이었다. 로드맵을 10분용 파워포인트로 압축하여 준비했다. 국무회의가 열리기 전에 미리 국무회의장에서 예행연습까지 했지만, 예기치 못한 문제가 발생했다. 발표 순서가 되어 빔프로젝터를 켰지만 반응이 없었다. 몇 번의 시도에도 켜지지 않아 결국 빔프로젝터는 이용하지 못한 채 발표했다. 주어진 10분 중 몇 분이 지났기에 발표는 더 짧아야 했다. 발표 뒤에 노무현 대통령은 이렇게 빠른 발표는 처음 보았다고 웃었고, 몇몇 국무위원들의 웃음도 들렸다. 대통령이 먼저 간단한 질문 몇 가지를 하였고, 이어서 국무위원들에게 행정개혁 로드맵에 대한 실천을 당부하면서 일정이 마무리되었다.

이명박 정부와 박근혜 정부에서는 관찰자의 위치에서 정부혁신을 보았다. 정부 안에서 이루어지는 일을 자세히 알 수는 없었고, 외부로 드러난 자료와 보도를 통해서 정부혁신의 계획과 내용을 확인할 수밖에 없었다. 물론 일부 부처나 공공기관의 회의에 참여하여 이따금 정부혁신과 관련한 것들을 조금 자세히 볼 기회는 있었다.

문재인 정부가 출범하면서 정부혁신을 다시 자세히 들여다볼 기회를 가졌다. 정부 출범 초기부터 정부혁신의 방향을 어떻게 설정할지, 이를 실현하기 위한 혁신 어젠다가 무엇이어야 하는지를 청와대 및 관련 부처 공무원들과 자주 논의했다. 이를 통해 마련된 〈정부혁신 종합추진계획〉은 문재인 대통령이 참석한 〈정부혁신전략회의〉에서 발표되고 확정되었다. 계획에 대한 대통령의 격려와 실천을 위한 노력이 당부되었다. 당시 정부혁신의 핵심적 방향이자 전략으로 제시된 '사회적 가치'는 문재인 정부의 특징을 상징하는 것이었다. 혁신 계획이 확정된 이후에는 정부혁신 추진을 위한 정부 내 협의체에 참여하여 혁신의 진행 상황을 가까이서 확인할 수 있었다.

정도의 차이는 있지만 김대중 정부에서 문재인 정부에 이르기까지 5개 정부의 정부혁신을 직접적으로 경험하거나 혹은 관찰하는 소중한 기회를 가질 수 있었다. 멀리서 숲을 보듯 관찰하기도 했고, 숲속에 들어가 나무를 심고 거름을 주기도 했다. 정부혁신이라는 숲은 변화무쌍하고 다양한 수종의 나무들로 가득 차 있다. 한마디로 표현하기 어려운 영역임을 실감하였다.

글은 책의 제목을 미처 정하지 못한 상태에서 시작되었다. 정부혁신과 관련한 이러저러한 메모에서 출발했으며, 막연히 정부혁신을 주제로 하는 책이 될 것이라고 짐작했을 뿐이었다. 메모에 살을 더하고 문장을 완성해 가면서 자연스럽게 제목까지 고민하였다. 이 책을 통해 나 자신이 얻은 것은 무엇인가. 책을 읽는 독자는 어떤 생각을 가질까. 이런 점을 반영하여 제목이 만들어졌으면 좋겠다고 생각했다. 그러면서 정부혁신에 대한 정답을 내보겠다는 당초의 무모한 생각은 사라졌다. 나의 생각을 글에 비교적 명확하게 밝힌 부분도 있지만, 더 많은 부분에서 여전히 모호하게 서술되어 있다. 숙제를 풀어 보겠다고 덤볐지만 제대로 풀지 못한 것들이 많다. 감히 풀었다고 생각한 자리에 더 많은 숙제가 들어찬 느낌이다.

책의 제목은 〈다시 생각하는 정부와 혁신〉으로 정했다. 책에서는 정부, 공직자, 정책, 지식, 혁신, 지역 등 정부와 혁신을 둘러싼 여러 주제들을 다루었다. 제대로 풀지 못한 숙제들이 가득 담겨 있다. 이 책은 종결이 아니라 출발이다. 자기변명이겠지만 풀지 못한 숙제, 즉 과제도 여전히 소중하다. 문제를 드러내고, 생각하고, 잊지 않는 것도 충분히 가치 있는 것이라고 스스로 위로했다. 독자에게 나의 생각이 '문제'로 읽히기를 소망하는 마음이다. 이 책에서 정부와 혁신에 대한 더 많은 문제와 생각을 꺼낼 수 있다면 더 바랄 것이 없을 것이다.

메모가 문장이 되고, 페이지가 되고, 책이 되는 것은 아주 긴 과정이다. 원고를 쓰고, 고치고, 삭제하고, 다시 다듬는 쉼 없는 반복의 과정이다. 어떤 날은 하루 종일 단 한 문장도 제대로 쓰지 못했다. 원고를 들여다볼 힘조차 없으면 책장에 오랫동안 꽂혀 있던 책 중 아무것이나 꺼내 들춰 보기도 했고, 음악을 듣기도 했으며, 유튜브에서 영상을 찾기도 했다. 무기력함을 달래려는 행동이었다. 그러나 이들이 생각지도 못한 큰 힘이 되었다. 읽고 들으면서 힘도 나고 또 다른 영감도 얻었으니, 이들이 책의 공동저자라고 해도 과언이 아니다. 책과 음악에 감사하는 마음이 절로 든다. 이 중 일부는 원고에 인용했다.

원고가 진행되는 과정에서 수도 없이 들었던 음악 중에 쇼스타코비치의 곡이 있다. 왈츠 2번, 교향곡 5번과 7번. 학교 가는 버스 안에서 혹은 연구실에서 반복해 들었다. 특히 5번은 버스 안에서 듣기 알맞은 분량이다. 이 곡을 들을 때마다 늘 묘한 감정에 빠졌다. 흥겹기도, 아련하기도, 주먹을 불끈 쥐기도, 고개를 숙이기도 했다. 현실의 고통과 억압을 음악으로, 은유적 혁신으로 발전시킨 곡들이다. 쇼스타코비치에게 이 곡들이 없었다면 어떻게 그 긴 시간을 견디었을까. 재미있는 것은 오래간만에 책장에서 꺼내 읽은 책인 마크 애론슨^{Marc Aronson}의 《도발^{Art Attack}》이었다. 이 책은 혁신의 또 다른 표현이라고 할 수 있는 예술계의 아방가르드를 기록한 것이다. 우연히 펼친 부분은 7장으로, 제목은 〈우리가 할 일은 기뻐하는 것이다〉, 부제는 〈이 장에는 드미트리 쇼스타코비치의 교향곡 제5번이 잘 어울린다〉. 내가 수도 없이 반복해 듣고 있었던 그 곡을 말하고 있으니, 이것도 인연인 듯하다.

집중도 안 되고 기운도 나지 않은 날들이 꽤 많았다. 그럴 때 다시 힘을 낼 수 있었던 것은 킹 목사의 연설 "I have a dream"이었다. 이 연설도 자주 반복해서 들었다. 들을 때마다 전율이 느껴졌다. 킹 목사는 링컨 기념관 앞에서 이 연설을 하기 직전까지 원고를 다듬었다고 전해진다. 연설을 들으면 킹 목사의 마음이 그대로 전달된다. 킹 목사는 연설을 통해서 당시 흑인들이 과거와 현재의 고통에 비관하며 머물지 않고 미래를 꿈꾸며 전진하는 희망을 전하고자 했다. 누구든 힘들 때 이 연설을 꼭 들으라고 권하고 싶다.

내가 혁신에 대한 생각을 멈추지 않도록 한 원천은 여러 가지이다. 내가 방문했거나 혹은 접했던 모든 것들이 원천이라 생각되었다. 방문할 때마다 새로운 양구의 박수근미술관과 박수근의 투박한 그림들, 진도 운림산방에서 전율을 느꼈던 소치의 글과 그림들, 벌교의 태백산맥문학관에서 마주한 소설가 조정래의 삶과 노력, 지금은 사라진 남대문 앞 미술관 플라토에서 목격한 로댕의 조각 〈칼레의 시민들〉의 생생한 얼굴 표정들, 부산시립미술관에서 마주한 무라카미 다카시의 상상하기 힘든 그림들. 하나같이 모두 시대의 아방가르드들이다. 혁신 그 자체이다. 혁신의 삶이 그곳에 있다.

어찌 보면 이러한 책, 사람, 음악, 그림, 조각은 모두 정부혁신과 거리가 먼 것처럼 보인다. 그러나 이 모든 것은 그 시대에 있었던 그들의 경계를 넘어선 혁신적 상상과 행동 그리고 결과이다. 그리고 그 영향이 지금도 전해져 많은 이들에게 큰 영감을 주고 있다. 좁디좁은 틀 안에 갇힐 수 있는 이들을 밖으로 나올 수 있게, 더 넓은 것들을 볼 수 있게, 더 다양한 생각을 할 수 있게 해 주는 것들이다. 혁신에

다시 생각하는 정부와 혁신

대한 쉼 없는 생각과 영감을 유지하게 해 주는 힘의 원천이다.

글을 마무리하는 것은 늘 어렵다. 좀처럼 원고의 마침표가 찍히지 않았다. 애초부터 이 책에는 결론이 없어도 된다고 생각했지만, 책의 마지막 절에는 나의 마지막 생각을 정리하여 표현하고 싶었다. 출판사로 초고를 넘기고 난 후에도 마지막 부분의 글이 미덥지 않았다. 어떻게 하면 좋을지 몇 날을 고민했다.

어느 날 책상 한편에 있던 책이 눈에 들어왔다. 4월 30일이었다. 가끔 시간이 되면 읽었던 건축가 정기용의 책 《정기용 건축 작품집: 1986년부터 2010년까지》였다. 노란색 겉표지가 워낙 선명하여 그날 눈에 들어온 것 같다. 여느 때처럼 뒤적거리며 읽다가 한 부분에서 멈추었다. 정기용이 10여 년에 걸쳐 수행했던 〈무주 프로젝트〉의 상징인 〈등나무 운동장〉의 설계에 대한 것이었다. 갑자기 건축가 정기용의 생각이 궁금해졌다. 그곳에 가면 더 잘 알 수 있겠다는 생각이 들었다. 이때쯤이면 등나무 운동장에 꽃이 만발할 것이니, 그곳에서 정기용의 마음을 마주할 수 있겠다고 생각했다.

급한 마음에 바로 무주군청에 전화하여 등나무 운동장에 등꽃이 피었는지 물었다. 전화를 받은 분은 지금 등나무 꽃이 만개하였다고, 주말에 오면 늦을 것 같다고 걱정하였다. 내일 당장 가겠다고 하니 공무원은 기다렸다는 듯이 밝은 목소리로 "내일은 활짝 펴 있는 등나무 꽃을 볼 수 있습니다"라고 했다. 오히려 그 공무원이 더 반가워하는 듯했다. 공무원의 말은 광덕스님이 송담스님에게 했던 말과 똑같았다. "내일이면 늦으리". 무주에도 광덕스님이 있을 줄이야.

다음 날 아침 서둘러 무주로 향했다. 쉬지 않고 달렸다. 운동장 아래 주차장에 차를 세우고 운동장의 스탠드에 오르는 계단에 들어섰다. 밖에서는 등나무 꽃이 제대로 보이지 않았다. 스탠드 입구에 오르니 무수한 등나무 꽃들이 길게 걸려 있다. 넘쳐 났다. 그냥 웃음이 나왔다. 누구든 웃게 만드는 기막힌 풍경이 거기에 있었다. 이른 시각이라 아직 한 사람도 없는 등나무 운동장. 아니 등나무 꽃으로, 등나무 꽃향기로 가득한 운동장이다. 둥근 쇠 파이프는 튼튼한 지지대가 되었고, 그 위에 등나무들이 아래로 꽃발을 드리우면서 편안하게 누워 있다. 무주 사람들은 등나무 밑에서 시원함과 초록, 그리고 향기를 만끽할 것이다. 등나무 운동장에는 모든 것이 어우러져 있다. 건축가 정기용이 이곳을 감응의 건축이라고 한 이유를 제대로 보았다.

건축가 정기용의 생각이 고스란히 담긴 등나무 꽃길이다. 떠나기 아쉬워 등나무 꽃발 아래 의자에 앉았다. 쉽게 떠날 수 없었다. 마침 바로 옆 강당에서는 무주군민 행사가 열리고 있었다. 무주군민이 부러운 순간이다. 건축가 정기용은 아무리 생각해도 무주 사람이지 않을까. 그렇지 않고서야 어찌 이런 생각을 했을까. 매년 5월이 되면 정기용의 등나무 꽃과 향기가 온 무주군민을 감싼다.

이날 무주 등나무 운동장에 가서 비로소 책을 마무리할 수 있었다. 그곳에서 마음으로 다가온 결론을 얻었다. 학교로 돌아와 책의 마지막 글을 마무리했다. 마지막 절의 제목은 〈감응의 혁신〉이다. 건축가 정기용이 무주에서 내린 결론을 감히 나의 책에 옮겼다. 다른 표현이 생각나지 않았다.

책의 마지막에 있는 무주 등나무 운동장은 결론이 아니라 쉼표이다. 나그네가 길을 가다 큰 느티나무가 있어 잠시 쉬었다 가듯, 무주 등나무 운동장은 내가 책을 쓰는 것을 멈추게 해 준 쉼표로 다가왔다. 결론이 없음에도 편안해졌다. 이 책에 결론이 있다면 그것은 5월 무주의 등나무 꽃이고, 등나무의 푸르름이고, 등나무의 그늘이다. 참 등나무 꽃향기도 함께 있다.

편집본 교정을 마무리할 즘에 기용건축건축사사무소를 방문하였다. 김병옥 대표님은 갑작스런 방문에도 긴 시간을 내어 정기용 건축가님의 건축을 대하는 생각, 무주 프로젝트의 의미, 정부와 행정, 지역에 대한 깊은 생각을 자세히 말씀해 주셨다. 또 다른 감응의 시간이었다. 등나무 운동장의 초기 스케치 자료를 주시고, 이를 책의 표지로 사용하는 것을 기꺼이 허락해 주셨다. 정기용 건축가님과 김병옥 대표님에게 큰 빚을 졌다. 김병옥 대표님이 그리는 좋은 마을을 하루빨리 볼 수 있기를 소망한다.

나의 부족함을 채워 준 많은 분들이 있어서 여기까지 왔고, 이분들의 도움으로 책을 쓰는 것이 가능했다. 함께하였던 모든 분들에 대한 감사의 마음은 더욱 커져 갈 것이다.

글은 어떻게 쓰며 연구해야 하는지를 처음 가르쳐 주신 오연천 총장님, 정부혁신이라는 큰 바다를 향해 나갈 수 있도록 안내해 주신 남궁근 총장님과 송희준 교수님, 참여정부 시절 정부혁신의 방향과 좌표를 잡아주신 정용덕 교수님, 문재인 정부 시절 정부혁신의 궁극적 목표를 제대로 고민하게 해 주신 김병섭 교수님, 늘 진지함 속에 정부의 존재 이유를 함께 고민해 주신 곽채기 교수님, 나의 궁금함과 부탁을 마다 않고 늘 해결해 준 이재원 교수님, 학문적 진심과 재미를 같이 할 수 있었던 이민창 교수님, 현실에 대한 탁월한 분석으로 대안을 논쟁했던 이명환 대표님, 사회혁신의 가치와 실현을 함께 고민했던 김제선 청장님, 공공기관의 이상과 현실을 함께 논의하였던 박정수 교수님과 라영재 소장님, 공무원보다 혁신가가 더 잘 어울렸던 정윤기 부시장님, 세상의 변화를 위해 늘 고민하고 행동하는 이재근 사무처장님과 이은미 팀장님. 헤아리기 어려울 정도로 많은 분들에게 신세를 졌다. 이분들은 나에게 나침반이며 등대와 같아서 내가 한 발자국 앞으로 더 나갈 수 있었다. 이 분들의 혜안을 다 담지 못한 아쉬움이 크다.

특별히 감사하고 싶은 사람이 있다. 학교 연구실에서 〈정부와 혁신〉을 함께 고민하고 연구했던 조교들, 지금은 모두 어엿한 박사들이다. 특히 자료 탐색과 입체적 분석의 달인 박윤 박사와 늘 나보다 더 많이 고민하고 아이디어를 끝없이 제시했던 김보미 박사에게 감사하다. 그리고 오랜 시간 교수로서 혹은 연구원으로서 연구를 같이 하면서 탁월한 분석으로 늘 나의 부족한 부분을 채워 주었던 윤기찬 박사에게 크게 고맙다. 이들과 함께했던 연구와 고민이 책의 가장 중요한 부분을 차지하고 있다. 이들은 내가 다시 만나기 어려운 혁신가들이다. 항상 건강한 연구자가 되기를 기원한다.

약속된 시간이 훌쩍 지나 더 이상 미룰 수 없는 시점에 가서야 원고를 겨우 보낼 수 있었다. 긴 시간을 기다려 준 출판문화원에도 감사하다. 책 출간을 도와준 이두희 선생님은 늦은 원고임에도 불구하고 잘 만들어 보겠다고, 이후에도 수정할 부분이 있으면 언제든 보내달라고 하며 미안해하는 나의 편을 들어주었다. 원고 수정에서 교정에 이르기까지 큰 수고를 해 주신 이두희 선생님에게 감사할 따름이다.

마지막으로 부족한 나에게 늘 가장 큰 힘이 되어 주는 가족에게 항상 사랑하는 마음을 전하고 싶다. 먼 곳에서 공부와 일을 같이하느라 고생하는 첫째와 아침부터 늦게까지 학교와 도서관에서 쉴 틈 없는 둘째가 언젠가는 이 책의 비평가가 되기를 기원한다. 그리고 항상 같이 토론해 줄 뿐만 아니라 가장 중요한 책의 제목을 고민해 준 아내에게 끝없이 감사하다. 아내로 인해 이 책의 처음과 끝이 모두 가능했다. 한없이 감사한다.

마로니에공원 옆 연구실에서
2024년 6월을 보내며
윤태범

다시 생각하는 정부와 혁신

제1장

정부혁신의
시작

정부는 존재하는 것이 아니라 만들어지는 것이다. 정부 이전에 국민이 있었기에 「대한민국헌법」은 제1조에서 "대한민국은 민주공화국"이며, "대한민국의 주권은 국민에게 있고, 모든 권력은 국민으로부터 나온다"고 규정하고 있다. 국민이 모든 것의 출발이며, 정부는 그다음에 뒤따라서 존재한다. 법도 그 뒤에서 따라온다. 그러기에 정부의 존재 가치는 국민을 통해서 입증되어야 한다. 국민의 신뢰는 정부가 존재할 수 있는 가장 튼튼한 버팀목이다. 그러나 정부에 대한 불신이 늘 문제로 지적되고 있다. 불신은 줄어들기보다는 오히려 늘어나는 추세이다. 정부의 존재 가치를 증명하기 위한 첫걸음이 신뢰 회복에서 시작되어야 하는 이유이다. 정부혁신은 국민의 신뢰를 받기 위한 정부의 변화 노력으로, 정부 스스로 시작할 수도 있고, 아니면 외부의 도움을 받아서 시작될 수도 있다. 정부혁신은 지금의 문제를 해결하는 것이기도 하지만, 안갯속에 있는 미래를 헤쳐 나가는 것이기도 하다. 어느 경우이든 정부혁신의 목적은 국민이며, 이를 위한 생각과 방법, 내용에는 경계가 있을 수 없다.

신뢰와 정부혁신

반복되는 정부혁신

우리는 왜 정부혁신을 강조할까. 새롭게 등장한 정부는 왜 지난 정부와 똑같이 정부혁신이라는 표현을 반복해서 말할까. 이것은 정부혁신이 기본적으로 갖고 있는 정치적인 속성 때문에 되풀이돼서 언급될 수도 있지만, 정부혁신이 국정운영에서 매우 중요하고 필수적임을 의미하기도 한다. 혹은 이런 중요성에도 불구하고 이전 정부에서의 정부혁신이 제대로 추진되지 못하였기에 새 정부에서도 또다시 반복될 수밖에 없음을 뜻한다. 정부혁신이 반복되고 또 되풀이되다 보니 꼭 도돌이표와 같다는 비판도 받고 있다.

아마도 그동안 우리나라에서의 정부혁신 진행과정을 조금이라도 알고 있는 사람이라면 비슷한 감정을 느낄 수 있을 것이다. 뭐라고 간단하게 정리할 수 없는 것이 우리의 정부혁신이다. 그래서 여전히 정부혁신을 강조하는 사람도 있지만, 정반대로 정부혁신 무용론을 주장하는 사람도 있다. 정부혁신을 추진하자고 말하기도 혹은 하지 말자고 이야기하기도 쉽지 않은 게 지금 우리나라의 정부혁신이 처한 상황이다.

매 정권마다 반복되는 정부혁신의 추진에도 불구하고 정부는 비효율적이고, 폐쇄적이고, 전문성도 떨어지고, 대응력도 부족하고, 윤리의식도 낮다는 국민들의 부정적 인식은 줄어들 줄 모른다. 국민들은 정부는 물론 정부혁신 자체도 별로 신뢰하지 않는다. 국민들은 정부혁신에도 불구하고 국민들의 삶은 나아진 것 없이 그대로라고 정부혁신의 성과를 낮게 평가하고 있다.

정부혁신을 통해서 정부정책과 행정 역량이 개선되고, 국민들의 편리함이나 삶의 질이 개선된 것이 분명 한두 가지가 아닐텐데, 왜 우리 국민들은 나아지는 것이 없다고 부정적으로 생각할까. OECD의 여러 조사 결과에서는 우리 행정부의 역량과 국민에 대한 서비스 수준이 적지 않게 높아졌음을 보여주고 있는 데도 말이다. 국민들은 도대체 무엇으로 정부혁신의 성과를 평가하는가. 정부혁신의 성과가 있음을 모르는 것일까. 혁신의 성과가 있는 것을 알면서도 애써 외면하거나 모른 척하는 것일까. 아니면 정부혁신은 늘 문제가 많고 성과도 당연히 없을 것이라는 부정적 편견이 강하기 때문일까.

정부혁신을 일부러 우호적으로 볼 필요는 없다. 다만 정부혁신이 중요한 것이라면, 편견 없이 중립적으로 볼 필요는 있다.

형식적 홍보, 낮은 국민의 인지도

정부는 정부혁신 성과에 대한 국민들의 낮은 인지도와 저평가를 홍보의 부족에 있다고 생각하기도 한다. 공직자들이 정부혁신을 위하여 불철주야 노력하는 수고와 혁신을 통해서 만든 좋은 성과들을 국민에게 제대로 알리지 못하였기 때문에 낮은 평가가 나왔다고 진단한다. 모르면 제대로 평가할 수 없으니 이것도 틀린 진단은 아니다. 실제로 정부가 국민을 대상으로 주요한 정부정책에 대한 인지도를 조사해 보면, 전문가들은 잘 알고 있는 정책을 국민은 잘 모르고 있는 경우가 많다. 그래서 정부는 정부혁신과 관련하여 추진계획에서부터 정책과 활동, 성과까지 정부혁신의 모든 것을 다양한 방법으로 홍보한다. 부족한 홍보 때문에 노력한 성과가 저평가된다면 그것 또한 바람직하지 않다는 점에서, 정부혁신에 대한 정부의 적극적이고 효과적인 홍보는 매우 중요하다.

국민의 정부 공공기관 개혁 성과평가 조사자료

구분	《조선일보》 (2001)	《한국경제》 (2001)	《문화일보》 (2001)	행정개혁시민연합 (2002)
조사내용	공기업, 규제개혁 등	공공개혁 성과	공공개혁 성과	정부개혁 성과
응답대상	기업, 금융기관, 노조 등	학계, 정치인, 경제계	주한 외국인 CEO	행정학회 회원, 중앙부처 공무원
응답결과	긍정: 32% 부정: 66.9%	43.8 / 100점	53.7 / 100점	2.40 / 5점

자료: 한국행정학회(2002), 공공부문 개혁의 성과평가와 성과에 대한 국민의 인식차이의 원인분석에 관한 연구.

예전에는 겨우 2~3쪽짜리 보도자료를 배포하는 정도의 형식적인 홍보였다면, 지금은 유튜브, 블로그, 카드뉴스 등 최신 트렌드를 반영하여 다양한 방식으로 홍보한다. 예전의 정부 보도자료를 접해 본 사람이라면 알 것이다. 보도자료가 얼마나 형식적으로 만들어졌는지. 국민들은 도저히 알 수 없는 공무원만의 용어로 가득하고, 문장은 과도하게 압축되어 무슨 내용인지 모르겠고, 문법은 애초부터 무시되어 어디에도 내놓기 부끄러웠다. 기껏해야 2~3장에 불과한 문서가 보도자료로 작성되어 홍보용으로 활용되었다. 엄밀하게 보도자료는 홍보용이 아니었다. 언론사의 기사 작성을 위한 보도용 자료로 만들어진 요약문일 뿐이었다. 홍보는 없었다. 정부혁신은 오랫동안 홍보의 대상이 아니었다. 짤막한 언론사용 보도자료 제공이 전부였다. 오래전 이야기이다. 이제는 정부혁신만 쇄신된 것이 아니라 홍보도 엄청나게 혁신되었다.

그런데 정부가 막상 막대한 예산을 들여서 적극적으로 홍보하여도 정부혁신에 대한 국민들의 부정적 평가는 크게 개선되지 않았다. 과거 국민의 정부는 출범하자마자 IMF 금융위기의 극복을 위하여 정부혁신과 공공기관 민영화를 포함한 전 정부적 수준의 개혁을 적극적으로 추진하였다. 당시 혁신의 방법과 내용에 대한 논란이 없었던 것은 아니지만, 경제위기의 극복 방법으로써 강력한 혁신이 지지되었고 의미 있는 성과도 거두었다. 덕분에 IMF 금융위기도 예상보다 빨리 극복할 수 있었다. 그런데 국민의 정부에서 추진된 정부혁신과 성과에 대한 당시 국민들의 긍정적 인식은 높지 않았다. 정부는 이것을 홍보 부족에서 연유한 것으로 판단하고, 홍보를 강화하기 위한 활동을 적극적으로 전개하였다. 그러나 적극적 홍보 이후에도 국민들의 인식은 기대만큼 개선되지 않았다. 필자도 당시 정부혁신의 성과도 정리해 보았고, 왜 정부혁신에 대한 국민의 인식이 나쁜지도 분석한 적이 있었다. 당시 정부혁신을 담당하였던 부처의 고민이 이만저만이 아니었음이 지금도 생생하게 기억날 정도이다.

홍보가 잘못된 것인가. 홍보는 잘 되었다면 과연 무엇이 문제인가. 홍보는 인식의 전환과 지지를 위한 필수 전략으로 매우 중요하다. 홍보가 없거나 부족하면 당연히 홍보의 양을 늘려서 인지도를 높여야 한다. 다만 홍보가 중요한 것은 맞지만 홍보만으로 인식을 크게 바꾸기는 어렵다. 홍보 이전에 더 중요한 것은 홍보하고자 하는 것의 본질 그 자체이다. 본질이 제 모습을 갖추고 있지 못하면, 홍보는 과장될 수밖에 없을 뿐만 아니라, 홍보를 통해서 일시적인 인지도 개선은 이루어질지 몰라도 얼마 지나지 않아서 다시 원점으로 돌아간다. 좋은 상품에 멋진 홍보가 더해지면 금상첨화가 되지만, 그렇지 못한 상품에 대한 홍보는 소비자의 눈을 일순간 가리는 것에 불과하다. 정부혁신에서 역시 중요한 것은 국민의 관점에서 정부혁신이 제대로 구상되어 추진되고 충분한 성과가 달성되었는지 여부이다. 이것이 확보되고 나서야 홍보가 전략으로서 고민될 수 있다. 홍보가 본질을 앞서지는 못한다.

제 1 장 정부혁신의 시작

소통하는 정부, 신뢰받는 혁신

반복하지만 정부혁신에서 가장 중요한 키워드 하나를 들라면 우선 정부신뢰를 꼽을 수 있다. 신뢰는 정부혁신만이 아니라 공사를 막론하고 모든 영역에서 늘 최우선 가치이자 목표로 제시된다. 그래서 정부신뢰는 다양한 평가에서 중요한 기준으로 반영된다. 정부 전반에 대한 국민의 믿음이 높지 않다면 정부혁신의 성과도 부정적으로 평가할 가능성이 높다. 정부신뢰와 정부혁신의 성과는 긴밀한 상호작용의 관계 속에 있다. 무엇이 선행하는 요인인지는 중요하지 않다. 분명한 것은 정부혁신의 중요한 목적의 하나가 정부신뢰의 확보라는 것에는 의심의 여지가 없다.

OECD가 발간한 보고서를 보면, 회원국 정부들은 공통으로 정부신뢰의 적자trust deficit에 직면해 있다. 정부가 국민들의 신뢰를 제대로 받지 못하고 있다는 지적이다. 이와 관련한 자세한 데이터는 OECD가 지속적으로 발간하는 보고서 "Trust in Government"를 참고하면 된다. 이 신뢰적자가 개선될 여지가 잘 보이지 않는다는 것이 가장 심각한 문제라는 OECD의 진단이다. OECD에 속한 대다수 국가의 정부가 정부혁신을 추진하고 있는 것은 우연이 아니다. 이들 국가들이 모두 정부혁신에 실패한 것은 아니다. 그러나 정부혁신에 대한 국민들의 인식은 긍정적이지 않다. 정부에 대한 신뢰도도 높지 않다.

OECD의 보고서를 통해서도 확인할 수 있듯이, 정부혁신의 방향과 전략의 설정 그리고 과제는 정부신뢰 확보라는 관점에서 재정립

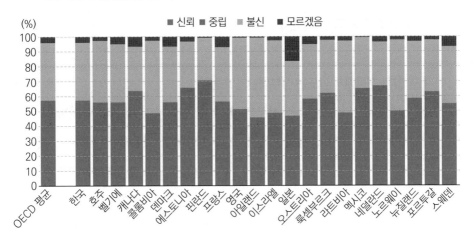

정부대응력에 대한 신뢰도

■ 신뢰 ■ 중립 ■ 불신 ■ 모르겠음

자료: OECD(2022), Trust Survey.

될 필요가 있다. 국민의 신뢰를 얻는 정부혁신의 방법은 무엇일까. 좋은 성과를 내는 것만으로는 부족하다는 점은 자명하다. 정부혁신을 추진하는 공무원 입장에서는 억울할 수 있겠지만, 성과 이외에도 다양한 것이 필요하다. 예를 들어서 정부가 국민과 가까이 있다고 국민이 느끼게 하는 것도 필요하다. 그러기 위해서 정부는 먼저 국민이 무엇을 원하는지 제대로 알고 있어야 한다. 잘 알기 위해서는 정부가 국민과 일상적으로 소통하고, 국민의 목소리에 늘 귀 기울이고, 국민에게 무엇이든지 물어보아야 한다. 정부가 혼자서 스스로 짐작하지 말아야 한다. 이것이 열린 정부의 모습이다. 열린 정부가 전제된 후에 정부는 국민들이 요구하고 기대하는 것을 적절히 충족할 수 있어야 한다. 그리고 나서야 국민은 정부의 혁신적인 노력으로 자신들의 삶이 나아지고 있다는 것을 인식할 수 있다. 정부혁신의 효능감은 성과만으로 확보되지 못한다.

삶의 현장에서 만드는 정부혁신의 효능감

정부혁신의 효능감은 정부의 혁신이 존재하고, 정부의 혁신활동으로 우리의 삶이 긍정적인 방향으로 변화하고 있음을 인식하는 것을 의미한다. 정부혁신과 국민의 삶이 실질적으로 연결되지 않으면 국민들에게서 정부혁신의 효능감을 기대하기는 어렵다. 우리가 느끼는 효능감은 꼭 거창한 것으로만 만들어지는 것은 아니다. 우리는 실로 작은 것에 감동하지 않는가. 정부의 외관이 크게 변하는 것으로도 효능감을 느낄 수 있지만 한계가 분명하다. 오히려 큰 변화보다는 작은 변화를 통해서 정부혁신의 효능감을 높일 수 있다. 그것은 다름 아닌 국민 삶의 현장에서의 변화이다. 작아도 큰 울림이 있을 수 있다.

그렇다. 정부혁신은 광화문 청사나 세종 청사에서 이루어지는 것이 아니라 국민 삶의 현장에서 구현되어야 한다. 때문에 정부혁신은 삶의 현장에서의 지역혁신, 생활혁신과 연계되어야 한다. 국민의 삶은 광화문과 세종시에 있는 것이 아니라 시, 군, 구, 마을, 동네, 거리에 있다. 골목길에 있고, 버스 정류장에 있고, 시장통에 있고, 등굣길에 있다. 지하철역에 있고, 등산로에 있고, 동네 슈퍼마켓에 있다. 혁신은 우리 국민들이 어울려 살아가는 삶의 현장, 그 한복판에 있어야 한다.

국민이 믿는 정부혁신, 함께하는 정부혁신

그동안 정부혁신을 위한 많은 시도가 있었다. 소중한 것들도 많고, 좋은 결실을 맺은 것들도 넘쳐 날 것이다. 그러나 여전히 부족하다. 아직도 정부혁신은 국민의 삶의 현장 속에 있지 않고, 광화문에, 정부 청사에, 사무실에, 테이블 위에 머물러 있다. 정부혁신이 국민과 함께 고민되고, 구상되고, 실천되는 것이 아니라, 공무원과 전문가의 머릿속에서만 논의되고 있다.

신뢰는 먼 곳에 있지 않다. 의외로 가까이 있다. 국민과 함께 고민하고 논의하는 과정 속에서 정부에 대한 국민의 믿음이 싹튼다. 그렇게 되면 당장의 정부혁신 성과가 미흡할지라도 국민은 정부를 믿을 수 있다. 국민들은 공무원을 믿고, 정책을 믿고, 행정을 믿게 된다. 그러면 이미 정부혁신의 8할은 성공한 것이다. 정부혁신의 성공은 바로 여기에 있다. 국민의 믿음을 얻었을 때 정부혁신은 성공한다.

정부혁신의 아방가르드

혁신, 그 자체의 특별함

남들이 인정할 만한 크고 그럴듯한 성과까지 만드는 혁신은 정말 어렵다. 성공한 사례보다 실패한 사례를 찾는 것이 쉬울 지경이다. 성과가 잘 나오지 않으니 혁신 자체를 부정적으로 보기도 한다. 어떤 혁신이든 쉬운 혁신은 없다. 혁신 자체가 현재 없는 것을 만들기 위한 현재로부터의 탈출 혹은 극복이라는 점에서, 첫 시도부터 마지막 성과의 확보에 이르기까지 난관의 연속이다.

혁신은 현재와 다른 긍정적인 방향으로의 변화를 의미하니, 원래부터 혁신은 크고 작음의 문제가 아니다. 개인의 혁신이 가장 작은 것이라면, 가족의 혁신, 동네의 혁신은 거대한 혁신이다. 자치단체의 혁신과 중앙정부의 혁신은 이와는 비교할 수 없을 정도로 거대한 혁신이다. 그렇다고 큰 혁신이 더 가치 있고, 더 위대한 것은 아니다. 그 위치에 걸맞는 혁신이 제대로 추진되었다면 그 혁신이 큰 혁신이고 위대한 혁신이다. 이렇게 다양한 위치에서 다양한 혁신들이 제각각 이루어지고, 이들이 나라 전체 혁신의 총합이 될 수 있다면 더 바랄 것이 없을 것이다. 작은 혁신을 가치 있게 여기면 큰 혁신은 자연스럽게 따라온다.

혁신은 그 결과로서 성과를 기대하지만, 혁신하겠다는 시도 또한 혁신을 상징하는 것이기에 혁신의 모든 것을 성과가 보이지 않는다는 이유로 실패라고 규정할 필요까지는 없다. 다만 결과로서의 성과가 잘 보이지 않다 보니 혁신에 대한 시시비비가 일어난다. 괜히 혁신을 추진하여 갈등만 만들어 낼 뿐이라면서 혁신 자체를 부정적으로 보기도 한다. 혁신의 이상은 높고 바람직하지만, 현실에 있는 이러저러한 것들이 이 혁신을 끝없이 붙잡고 늘어진다. 그래서 수많은 혁신가들이 괴로워하지만, 그런 까닭에 혁신은 의미 있고, 혁신가는 특별하다.

▎동네북, 정부혁신

정부혁신은 어떤가. 정부혁신은 동네북과 같아서 다들 쉽게 한마디씩 훈수를 두고 지나간다. 그래도 동네북은 슬플 때도 치고, 기쁠 때도 치는데, 정부혁신이라는 북은 늘 나쁠 때만 친다. 항상 비판의 대상이다. 정부혁신에 대해서는 칭찬하기보다는 지적하는 사람들이 대부분이다. 정부가 역량이 부족하다고, 정부혁신을 잘못한다고, 정부가 더 크게 변해야 한다고 요구한다. 이렇게 역량이 부족하고 혁신도 잘 못하는 정부에 대해서 국민들은 또 이것저것을 요구한다. 국민은 정부의 주인이니 당연히 요구할 권리가 있지만, 듣는 정부의 입장에서는 상당히 곤혹스러울 것이다. 국민이 요구하니 정부혁신은 해야 하지만, 혁신하고 나서 또 비난받을 것이 뻔하기 때문이다.

국민이 정부의 혁신을 끝없이 요구하고 있다는 점에서, 정부는 혁신을 멈추기도 포기하기도 어렵다. 어떻게든 정부는 혁신을 추진해야 하고, 국민의 삶이 더 나아지도록 노력해야 한다. 그것이 정부가 존재하는 이유이다. 그래서 어떤 열정적인 혁신가는 정부혁신 추진을 강제하는 법이라도 만들어야 한다고까지 주장하였다. 정부혁신의 추진이 잘 되지 않다 보니 오죽하면 법을 만들어 혁신을 추진하자는 주장까지 나오는지 수긍이 간다.

기대하는 것이 없으면 요구도 하지 않는다. 요구는 가능성이 있다는 긍정적인 인식을 전제로 하는 것이기 때문에 무조건 싫어하거나 피할 일은 아니다. 요구가 과도하여 힘들 수는 있지만 요구 자체는 긍정의 메시지일 수 있다. 우리도 누군가에게 어떤 요구를 할 때 가능하기 때문에 하지 않는가. 요구를 어떻게 잘 받아들이고 해소할 것인가가 문제의 핵심이다. 국민이 정부의 사정을 고려하면서 요구의 수준을 정하는 것은 아니다. 국민은 정부이기 때문에 한도 끝도 없는 요구를 한다. 그 요구에 효과적으로 잘 대응해야 하는 것은 정부의 숙명이다.

법에 의존하는 사회

혁신 추진을 강제하기 위한 법의 제정이나 법에 기초하는 혁신의 제도적 추진이 그럴듯하게 들리기는 하지만, 동시에 언뜻 그 모습이 쉽게 상상이 되지 않는다. 혁신을 법에 기반하여 추진하자는 생각도 새롭고 놀랍지만, 순간적으로 이것이 우리의 경험상 현실적으로 가능할 수도 있겠다는 생각이 들기도 한다. 정부혁신은 반드시 해야 하는데 뜻대로 되지 않으니, 법이라도 만들어서 강제로라도 추진하면 효과가 있지 않겠는가라는 상상을 법의 제정 가능성이나 실효성 여부를 떠나서 얼마든지 할 수 있다. 이 또한 혁신에 대한 의지와 열정의 산물이 아니겠는가.

우리나라에는 수많은 법이 있다. 모두 어떤 문제를 풀기 위해서 우리 스스로 제정한 것이다. 우리의 문제를 해결하기 위하여 만들어진 법이니 당연히 좋은 법일 것이다. 매년 수많은 법이 제정되고 또 개정된다. 시간이 가면서 법의 숫자도 계속 늘어나고 있다. 1978년 689개였던 법률은 2024년 3월 기준으로 1,640개에 달한다. 해마다 수십 개의 법률들이 새롭게 제정된다. 이렇게 빠르게 증가하는 법률의 숫자는 그만큼 드러나는 문제가 많다는 것을 의미하기도 하고, 문제를 해결하고자 하는 우리의 의지가 강력함을 보여주기도 한다. 그런데 이렇게 증가한 법은 우리가 직면한 문제를 얼마나 제대로 해결해 주었을까.

지금 이 시간에도 법을 제정하여 문제를 해결하고자 하는 우리 사회의 경향은 변함없이 이어지고 있다. 다들 문제가 생기면 법으로 해

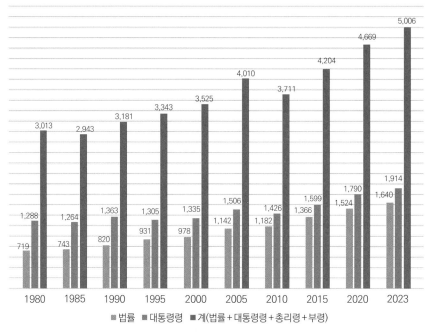

우리나라 연도별 법령 제정 현황

자료: 법제처

결하려고 한다. 문제가 있으면 법이 없어서 그렇다고, 혹은 법에 흠결이 많아서라고 불평한다. 정부도 마찬가지이다. 정부는 문제가 발생하여 행정의 무능을 지적받을 때마다 법이 없어서라고, 관련 규정이 아직 없어서라고 법의 미비를 탓한다. 모두 문제의 평계를 법으로 돌린다. 그래서 정부도, 국민도 모두 문제가 생길 때마다 법의 제·개정을 요구한다. 아마도 몇 해 지나지 않아서 우리는 2,000개가 넘는 엄청난 양의 법률을 갖게 될 것이다. 사람이 사는 복잡한 세상에서 법은 필요하다. 법은 민주주의의 다른 표현이라고 하지 않는가. 그런

다시 생각하는 정부와 혁신

데 법이 모든 것을 해결하는 만병통치약인가. 그렇지 않다. 법은 문제를 푸는 하나의 방법일 뿐이다.

없던 법을 제정하면, 그 법은 분명히 어떤 문제를 푸는 좋은 방법이 된다. 그러나 새로 제정된 법이 관련 분야의 모든 문제를 포괄하는 것은 물론 아니다. 법이 제정되어도 여전히 법의 테두리 밖에는 많은 문제들이 남아 있다. 어떤 법이든지 법 밖에 있는 문제에는 제대로 대응하지 못한다. 우리는 문제 해결을 위해 법에 의존하지만, 법 밖의 문제에 대해서는 법의 규정을 이유로 해결에 나서지 않는다. 때때로 우리는 그것을 준법이라고 부르기도 한다. 법을 지키겠다는데 누구를 탓하겠는가.

법의 울타리에 갇힌 우리

우리는 밤낮없이 법을 찾아 헤맨다. 어느새 우리는 법이라는 울타리에 갇혀 있다. 법이라는 울타리 안에서 생각하고, 또 그 안에서 행동한다. 법을 벗어나는 것은 범죄이기 때문에, 보호받을 수 없기 때문에 법을 벗어나는 것은 있을 수 없는 일이라고 생각한다. 법은 모든 것을 담고 있는 것이 아님에도 불구하고, 우리는 법 밖으로 나갈 생각을 하지 못한다. 우리 스스로 법을 만들었음에도, 우리 스스로 그 법의 울타리 안에 갇혀 있다.

문제 해결을 법에만 의존할 필요는 없다. 무한대의 경우의 수가 있는 바둑만큼은 아니어도, 우리가 직면한 문제를 풀 수 있는 방법도 수없이 많다. 그런데 우리는 문제를 해결하기 위하여 끝없이 법만 들여다볼 뿐이다. 법의 밖에 더 좋은 해법이 있음을 상상하지도 못하고 찾아볼 생각도 하지 않는다. 어느새 법은 우리의 문제를 해결하는 최선의 수단이 아니라, 문제 해결을 위한 우리의 자유로운 생각과 행동을 막는 장애물이 되었다. 법이 규정과는 다른 혹은 법의 울타리를 넘어서는 혁신적인 사고와 행동을 가로막는 장애물이 되었다.

경계 없는 혁신, 아방가르드

혁신의 핵심은 유연성과 창조성 그리고 장벽이 없는 것이다. 생각은 굳어 있지 않고, 없는 것을 상상하고, 경계를 과감히 넘어가는 것이 혁신이다. 예술의 아방가르드Avant-garde, 전위예술前衛藝術은 혁신 그 자체이다. 아방가르드에 경계란 애초에 존재하지 않는다. 창조만 있을 뿐이다. 혁신은 지금 우리의 생각과 행동의 경계를 넘어서는 것이다. 두렵지만 지금의 생각과 행동을 부정할 수 있어야 한다. 법이 요구하는 정형화된 생각과 행동을 벗어날 수 있어야 한다. 법은 문제를 푸는 방법이기도 하지만, 다른 방법의 선택을 막는 울타리이기 때문이다.

정부혁신에도 아방가르드가 필요하다. 이미 정부혁신에서도 아방가르드를 여러 번 경험하지 않았던가. 부패방지법, 고위공직자범죄수사처, 특별검사, 자치경찰제, 지방자치제, 인사청문회, 주식백지신탁, 김영란법, 공익신고자 보호법, 정보공개조례는 모두 한때 아방가르드였다. 있을 수 없는 제도였다. 이 혁신적 제도를 만들자고 했을 때 다들 반대하였다. 정서와 맞지 않는다는 이유로, 우리에게는 불필요한 제도라는 이유로 반대하였다. 그런데 지금은 어떤가. 다들 이미 오래전부터 있었던 것처럼 익숙한 것으로 받아들이고 있다. 경계를 넘어서는 것이 힘들지, 한 번 넘어서니 아무것도 아니다.

그렇다. 법은 이중적이다. 혁신의 촉진을 위하여 법을 제정하자고 한다. 그러나 과연 법은 혁신을 촉진할 것인가. 법으로 규정되는 혁신은 이미 혁신이 아닌 것 아닌가. 경직된 법이 유연함을 생명으로 하는 혁신을 촉진할 수 있을까.

법으로부터 자유로운 공동체 혁신

매일매일 마침표 없이 증가하는 법. 오히려 이제는 줄일 필요가 있다. 하루 앞도 예측하기 힘든 변화무쌍한 세상에서 법이 유연해지기를 기다리는 것은 둥근 지구가 네모가 되기를 기다리는 것과 같다. 법을 유연하게 만드는 방법은 법을 줄이는 것이다. 법의 총량을 줄이고, 법의 조문을 줄이는 것이다. 그리고 줄어든 공간에 사람들의 자유로운 생각과 자율적인 행동이 들어서도록 해야 한다. 법에 의존하여 스스로를 제한하는 생각과 행동이 아닌, 우리 스스로의 자율의지에 기초하는 생각과 행동이 정말로 절실하다.

「대한민국헌법」이 의미 있는 것은 모든 것에 우선하는 '사람'의 가치를 규정하고 있기 때문이다. 사람의 천부적 가치, 인권, 사람다움을 「헌법」에서 기본권이라는 이름으로 그 무엇보다도 우선하여 강조하고 있다. 한 사람 한 사람마다 갖고 있는 고유한 생각과 가치는 최상의 것으로 존중되어야 한다는 것이다. 이 소중한 사람들이 모인 집단이 바로 공동체인 우리 사회이다. 사람들의 자유로운 공동체가 법이 아닌 공동체 내 구성원들 간의 대화와 협력을 통해서 자율적으로 유지되어야 한다. 법을 자율성으로 대체할 수 있어야 한다.

법에의 과도한 의존은 개인과 공동체의 가치와 자율성의 감소를 초래한다. 법과 법령에 기초하여 설계된 각종 제도와 규칙은 우리가 다른 선택을 할 수 있는 가능성을 구조적으로 제한한다. 혁신이 필요로 하는 자유로운 상상과 창조적인 도전을 머뭇거리게 한다. 법은 우리 스스로 문제를 해결할 수 있는 폭넓은 가능성의 범위를 제도적으로 제한한다. 법이 우리를 자유롭게 하는 것이 아니라 우리와 공동체의 자유로움과 상상력 그리고 혁신의 열망을 굳게 만든다.

법의 증가는 법에 종사하는 사람들의 수를 늘린다. 법을 제정하고, 집행하고, 해석하고, 법으로 심판하는 사람들의 숫자를 늘린다. 법의 증가는 법의 권한의 증가를 의미하고, 법에 종사하는 사람들의 권력을 증대시킨다. 현실이 현실로서 온전하게 존재하는 것이 아니라 법이라는 비좁은 문장 속에 재단되어 갇힌다. 현실이 법의 울타리 속으로 축소된다. 그 안에서 법으로 무장된 권력은 나날이 늘어간다. 반면에 상상력은 갈수록 줄어든다.

법의 울타리에서 벗어난 자유로운 혁신

법에 갇힌 우리의 현실을 법 밖으로 꺼내야 한다. 몇 개의 문구로 축소된 우리의 삶을 온전한 모습으로 제대로 펼쳐 놓아야 한다. 한때 법의 제정은 발전과 진보의 상징이었다. 법이 없었던 시대, 법처럼 우리 위에 군림하던 권력이 있었다. 그래서 제대로 제정된 법은 무법의 권력을 대체할 수 있을 것으로 기대되었다. 그리고 이 생각은 오랫동안 진실이었다. 그런데 지금 법의 진실은 무엇인가.

지금은 법 과잉의 세상이다. 우리 앞에 놓인 문제를 모두 법으로 풀려는 풍조가 만연하다. 문제가 있으면 스스로 풀 줄 모르고, 다들 법 지식으로 무장된 법 전문가, 법 권력 앞으로 달려갈 뿐이다. 우리 앞에 있는 복잡한 문제의 해결을 몇 개의 문장을 관리하는 법 전문가에게 맡긴다. 그리고 법 전문가가 해석해 준 문서를 갖고 삶을 살아간다. 우리 삶을 스스로 결정하지 못하고, 법의 결정에 따른다.

이제 그만 좁고 좁은 법 문장 속으로, 법 지식으로 무장한 법 전문가 앞으로 달려가는 것을 멈추자. 우리 문제를 우리 스스로 풀어 보자. 법 울타리를 벗어나면 얼마나 다양한 혁신적 방법들이 있겠는가. 얼마든지 자유로운 상상이 가능하지 않겠는가. 들어보고, 물어보고, 대화하고, 타협하고, 조정하고, 같이 풀어 보는 자유로운 혁신의 공간을 만들어 보자. 그런 곳에서 제대로 된 혁신이 가능하다.

보름달과 혁신

우리가 보는 세상

달은 늘 차오르고, 또 예외 없이 기운다. 우리는 반달을 보면서 보름달을 생각하고, 보름달을 보면서 반달을 생각한다. 달은 늘 그대로이지만, 우리가 빛과 어둠으로 인하여 달을 다르게 볼 뿐이다. 달이 변하는 것도 맞지만, 변하지 않는다는 것도 맞는 말이다. 차오르고 기우는 달의 모습은 세상의 이치와도 비슷하다. 세상도 늘 차오르고, 또 기운다. 세상은 그대로 인 듯 보이지만, 늘 그 자리에 있지 않다. 세상에 변하지 않는 것이 없다. 그러나 우리는 또 세상은 달라지지 않는다고 말한다. 세상은 하나인데, 우리가 보고 있는 세상과 우리가 볼 수 없는 세상은 참으로 다르다. 우리는 우리가 본 세상만으로 모든 세상을 다 보았다고 말한다.

우리는 하늘을 쳐다보지 않으면 달이 변하였음을 눈치채지 못한다. 오늘의 달이 어제와 다를 것이라고는 생각하지 못한다. 달이 하늘에 떠 있음만을 알뿐, 그 달이 매일 변하고 있음을 의식하지 못한다. 문득문득 하늘을 쳐다보고 나서야 보름달이 떠 있음을, 혹은 반달이 떠 있음을 비로소 알게 된다. 세상도 마찬가지이다. 어제의 세상과 오늘의 세상이 같을 리 없다. 우리가 차지하고 있는 지금의 자리가, 지위와 권세가 내일은 달라질 것임을 모르고 있다. 어제의 선善이 오늘은 아닐 수 있음을, 오늘의 선이 내일은 아닐 수 있음을 모른다. 늘 그 자리에 그대로 있는 것은 없다. 그저 우리가 모르고 있을 뿐이다.

▎움직이는 세상, 멈추지 않는 혁신

혁신은 멈추어 있지 않음을 의미한다. 혁신은 변화하는 세상의 이치를 따라가거나 혹은 세상에 변화를 만들고자 하는 것이니 늘 움직인다. 머무는 법이 없다. 혁신은 지금의 보름달이 영원하지 않으며 머지않아 기운다는 것을 예견하는 것과 같다. 보름달이 떴을 때 절반의 빛을 잃은 반달의 시간, 빛의 소멸을 알아야 한다. 보름달이 빛나는 것은 눈에 보이지 않지만 상상할 수 없는 빛을 내는 큰 태양이 있어서이다. 태양의 빛이 변하면 달빛도 변한다. 빛은 어둠이 되고, 어둠은 다시 빛이 된다. 세상이 변하고 있음을 제대로 알고, 어떻게 변할지를 아는 것이 혁신이다. 세상이 멈추지 않음을 아는 것 또한 혁신이다.

혁신은 밝은 보름달 빛 아래에서 반달이 오듯 다가올 어둠에 대비하는 것과 같다. 보름달 빛 아래에서는 조금만 주의를 기울이면 무엇을 준비해야 할지 속속들이 볼 수 있다. 밝은 달빛 아래서는 아주 작은 바늘이라도 능히 찾아낼 수 있다. 그러나 밝은 달빛 아래라고 해서 모든 이들이 바늘을 찾아내는 것은 아니다. 곧 있을 반달을 예상하고, 보름달 빛이 곧 흐려질 것을 알고 찾아 나서는 사람들만이 이것을 찾아낼 수 있다. 미루면 결국 찾아내지 못한다. 생각하지 못하고 준비하지 않은 사람들에게는 아무것도 보이지 않는다. 이들은 환한 보름달 빛조차도 어둡다고 불평한다.

▌보름달, 어둠을 준비할 시간

보름달이 떠 있을 때 준비해야 한다. 보름달이 기운 다음에, 어둠이 시작된 뒤에 준비하는 것은 이미 늦은 것이다. 어둠 속에서 어떻게 앞길을 제대로 볼 수 있겠는가. 바로 앞에 있는 많은 것들이 어둠속에 묻혀 버려서, 사람들은 그것들의 존재 자체를 모른다. 대낮이면 충분히 보이는 것이 어두운 밤이 되면 보이지 않는다. 그러면서 우리는 어둠을 불평한다. 보이지 않는 것은 빛이 없기 때문이라고, 빛이 없어서라고 원망한다. 바로 몇 시간 전에 대낮같이 환한 보름달이 떠 있었음을 까맣게 잊어버린다. 빛이 사라짐으로 바로 내 앞에 있었던 길조차도 찾아내지 못한다. 내 옆에는 어두운 길을 같이 걸어가 줄 귀한 동료들이 있음도 알아채지 못한다.

모든 일에 때가 있듯이, 혁신에도 좀 더 좋은 때가 있다. 미루고 미

〈별이 빛나는 밤(De Sterrennach, 1889)〉. 고흐(Vincent van Gogh)가 말년에 그린 그림으로, 별과 함께 빛나는 달이 묘사되어 있다. ⓒ 뉴욕 현대미술관(MoMA)

루면 좋은 기회는 사라지고, 최악의 시간이 기다린다. 최악의 시간이 오기 전에, 더 늦기 전에 혁신을 준비해야 한다. 최악의 순간에도 혁신은 필요하고, 시도해야 하지만, 혁신의 시도 자체가 어려우며, 혁신의 성과를 기대하는 것은 더더욱 지나친 욕심이 된다. 한 걸음에 갈 수 있는 것을 열 걸음을 가고도 다다를 수 없다. 문제가 있음을 조금만 더 일찍 눈치챘더라면, 문제를 지나치지 않았다면 능히 감당할 수 있었을 것이다.

바람직한 것은 최악의 시간이 오기 전에 조금이라도 빨리 혁신의 시동을 켜는 것이다. 겨울철 이른 아침 당장 출발해야 할 시간에 시동을 켜면 밤사이 얼어붙은 차는 움직이지 않는다. 시동은 켜졌지만 차를 바로 움직일 수 없다. 출발하기 단 1분 전이라도 미리 시동을 켜면 제때 출발할 수 있을 것이다. 우리는 영하의 날씨로 어떤 일이 생길 것인지를 잘 알고 있지 않은가. 앞을 예측함으로써 미리 준비할 수 있다. 아주 간단한 일임에도 먼저 인지하지 못함으로써 단순한 일은 얽히고설켜서 복잡한 일이 된다.

우리만 몰랐던 빛나는 보름달

최악의 순간에 직면하기 전에 혁신을 시도하면 좋지만, 최악의 순간이 언제인지를 미리 아는 것은 여간 어려운 일이 아니다. 주식을 최고점에서 팔고, 최저점에서 사면 좋으련만, 우리들은 늘 내리막에서 팔고, 오르막에서야 사려고 한다. 늘 한두 박자 늦는다. 이를 반복하는 사이 통장의 잔고는 서서히 줄어든다. 나중에는 정말로 최저점임에도 주식을 살 여력이 없다. 우리는 늘 지나간 뒤에야 좋은 때가 있었음을 알아차린다. 혁신을 시도했어야 했음을 뒤늦게야 깨닫는다.

혁신을 추진할 수 있는 절묘한 때에 대한 판단을 우리 스스로 할 수 있으면 금상첨화이지만, 이것을 기대하기란 만만치 않다. 대신 우리의 밖에 있는 탁월한 전문가가 혁신이 필요한 시점을 간파하고, 이를 우리에게 알려 줄 수 있다면 그나마 다행이다. 탁월한 전문가는 혁신의 보름달과도 같은 존재가 된다. 그런데 우리는 그런 외부 전문가를 애써 구하려 하지 않는다. 오히려 외부의 전문가를 부정하거나 거부한다. 그들이 우리를 잘 모를 것이라고 예단한다. 우리 자신보다 우리를 더 잘 볼 수 있는 사람들이 우리의 밖에 있다. 이들이 좋은 조언을 해도 그것이 얼마나 소중한 것인지를 당시에는 잘 모른다. 그러는 사이 혁신의 절묘한 타이밍은 지나간다. 혁신의 적기인 보름달은 서서히 그믐달이 된다.

혁신에는 외부 전문가에 의한 전문적이고 깊이 있는 진단이 필요하다. 우리 병을 스스로 함부로 단정하지 말고, 최대한 외부 전문가로부터 진단을 받도록 해야 한다. 그래야 제대로, 객관적으로 진단하고, 냉철하고 의미 있는 처방을 구할 수 있다. 일부 오진이 있다고 해도 우리 스스로 진단하는 것보다는 나을 수 있다. 아마도 우리는 그것이 오진인지조차 모를 것이다. 오진인 줄 알아차릴 정도면 스스로 혁신을 시도하지 않았을까.

혁신의 보름달은 우리도 모르는 사이에 반달이, 그믐달이 된다. 우리를 기다려 주지 않는다. 혁신의 보름달이 떴음을 알아차리고, 이때를 놓치지 않고 반달에 대비한 혁신을 시도하여야 한다. 우리 주변에는 정말로 많은 보름달이 떠 있다. 항상 밝은 빛을 비추고 있다. 그러나 우리는 이를 제대로 알아채지 못한다. 보름달이 떠 있음에도 어둡다고 한다. 너무 어두워서 앞을 볼 수 없다고 한다. 지금이라도 등불 하나씩 들고 더 밝게 빛나고 있는 보름달들을 찾아 나서 보자. 별로 힘들지 않을 것이다. 바로 우리 옆에 그동안 미처 알지 못했던 밝은 보름달이 환하게 떠 있음을 알게 될 것이다.

경계 없는 정부혁신

피카소의 MoMA

뉴욕 현대미술관MoMA에 가면 세계적 거장 피카소의 작품을 감상할 수 있다. 그중 하나가 피카소가 1907년에 완성한 〈아비뇽의 여인들Les Demoiselles d'Avignon〉이다. 모마MoMA에는 워낙 수많은 거장의 수많은 작품이 있어서 잠깐 방문하여 감상하는 것은 무리이다. 피카소의 걸작이라 해도 다른 작품들과 같이 나란히 걸려 있어서, 미리 작품이 있는 위치를 알고 가지 않으면 놓치기 십상이다. 도저히 그곳에 오래 머물 시간이 안 된다면 피카소의 이 그림만은 놓치지 말고 꼭 만나기를 권한다.

이 작품은 완성 후 10년이 지난 1916년에 비로소 세상에 온전한 모습을 드러냈다. 이 작품에 대한 화단의 첫 평가는 야박하였다. 기

파블로 피카소의
〈아비뇽의 여인들〉.
ⓒ 뉴욕 현대미술관(MoMA)

존 화단의 화풍과 너무 다른 것은 물론이고, 그림의 구성, 색채의 사용, 구도 등에서 열악하다는 평가를 받았다. 물론 피카소는 화단의 이런 평에 흔들리지 않았다. 얼마 지나지 않아서 이 그림은 20세기 현대 회화에 혁신을 가져온 입체파의 시작을 연 그림으로 평가받았다. 지금은 미술 교과서에서도 쉽게 만날 수 있는 현대 회화의 대표적인 작품이다. 피카소가 있음으로서 모마MoMA는 오늘도 찬란한 빛을 내고 있다.

경계를 넘어간 예술가들

입체파, 야수파, 초현실주의 등 현대 회화를 대표하는 이 흐름들이 처음부터 화단의 환영을 받은 것은 아니었다. 오히려 이들은 환영이 아닌 비판의 대상이었다. 당시 주류 화단의 화풍과 너무 다르고, 당시로서는 이해할 수 없었던 표현과 기법들을 사용하였기 때문이다. 그런데 이 흐름을 주도했던 마티스, 피카소, 달리는 이와 같은 화단의 비판에도 불구하고 자신의 감정을 표현하기를 주저하지 않았다. 멈추지 않았다. 얼마 지나지 않아서 이들의 그림은 화단의 새로운 세상을 연 놀라운 작품으로 평가받았다. 이들은 모두 혁신가였다. 기존 화단에 안주하지 않고, 자신의 감정을 솔직하게 표현하기 위하여 화단의 경계를 넘어서고, 경계를 무너뜨리는 것을 주저하지 않았다.

이들이 주류가 무엇인지, 주류가 되면 어떤 삶이 펼쳐지는지 몰랐을 리가 없다. 이들도 경계를 넘어서는 것이 가져올 위기와 두려움을 알았을 것이다. 그러나 이들은 과감하게 경계를 넘어섰다. 혁신의 예술가가 되었다. 시대를 이끈 예술가들은 모두 혁신가들이다. 혁신은 예술과도 같다. 예술이 예술다움을 유지하는 것은 경계를 넘어설 때이듯이, 혁신이 혁신다운 것은 혁신의 경계를 넘어설 때이다.

경계를 넘어간 혁신가들

혁신은 경계를 무너뜨리고, 경계를 넘는 것이다. 경계 앞에서 주저하고, 포기하고, 경계 안에 안주하지 않는 것이 혁신이다. 경계 밖의 세상에 대한 두려움을 기꺼이 받아들이고 넘어서는 것이다. 경계는 두려움의 장벽이다. 마을 밖을 나서는 것, 산을 넘는 것, 강을 건너는 것, 바다로 나가는 것도 모두 혁신이다. 큰 파도가 치는 바다를 모두 두려워할 때, 누군가는 그 거친 파도 속으로 용감하게 들어갔다.

수많은 희생자들이 있었지만, 역사 속의 수많은 혁신가들은 멈추지 않았고, 과감히 두려움의 경계를 넘어섰다. 혁신가들은 두려움에도 불구하고 경계를 넘었다. 경계를 확장하고, 넘어가고, 무너뜨렸다. 경계는 혁신가들을 막지 못했다. 혁신가들은 경계를 넘어가는 사람들이고, 경계를 무너뜨리는 사람들이다. 높은 성벽도 넘기 힘든 경계이지만, 더 큰 경계는 마음속에 있다. 혁신가들은 성벽만 넘은 것이 아니라 마음속의 벽을, 두려움의 벽을 넘은 것이다.

누군가 경계를 넘어서고 싶어 하지만 주변 사람들은 말린다. 왜 경계를 벗어나냐고, 경계를 넘어가면 위험하다고 경고한다. 경계를 넘어서면 비난의 대상이 되기도 한다. 경계 안에 있는 사람들은 경계를 넘어서는 사람들을 이해하지 못한다. 경계를 넘어서는 것은 경계 안에서 주류로서의 삶을 누리는 것을 포기하고 스스로 비주류가 되는 것이다. 경계 위에 올라가 있는 것조차도 경계 안의 사람들은 허용하려 하지 않는다. 경계 안에서 사용되는 언어, 생각, 방법만을 사용할 것을 요구한다. 사람들은 경계를 넘어서면, 성문을 열고 성 밖으로 나가면 더 넓은, 더 다양한 세상이 있음을 볼 수 있음에도 두려움에 나서질 못한다.

경계를 넘어서는 상상, 교육

경계를 허물면 이전에 보지 못했던 것을 볼 수 있고, 갈 수 없었던 곳에 갈 수 있다. 경계는 넘으면 안 되는 장벽barrier이 아니라, 새롭게 출발할 수 있는 출발선frontier이다. 경계 너머를 상상할 수 있고, 과

감히 경계를 넘어설 수 있어야 한다. 상상력은 혁신을 가능하게 하는 최고의 원동력이다. 상상하지 않는 혁신은 존재하지 않는다.

상상력은 경험이 없어도 펼쳐진다. 경험과 지식을 통해서 부족한 상상력을 채우기도 하지만, 그 상상력은 자칫 경험과 지식의 경계에서만 허용된 상상력이 될 수 있다. 경계가 있는 상상력이다. 역설적이게도 경계가 없는 상상력은 경험과 지식의 부족에서도 능히 가능하다. 어린아이나 청소년의 상상력은 경험과 지식이 많은 어른의 상상력을 언제나 뛰어넘지 않는가. 오히려 어른들은 이들의 상상이 허황된 것이라고 선을 긋는다.

어린아이나 청소년에 대한 교육은 중요하다. 그동안 축적된 지식을 잘 전달해 주어야 한다. 그러나 그것이 이들의 상상력에 선을 긋

《이어령의 강의》. 젊은이를 대상으로 한 이어령 교수의 강연 모음집. 실린 글 가운데 2008년 서울대 입학식 강연 〈떴다 떴다 비행기〉는 지금도 많이 회자되고 있다.

는 지식의 전달, 교육이어서는 안 된다. 이들은 현재가 아닌 미래의 주체이다. 우리의 경계 밖에 있는 미래는 지금의 우리가 처해 있는 상황과 많이 다를 것이다. 현재의 학생들이 미래에 대한 적극적 상상과 주체로서 활동할 수 있도록 오히려 지금 존재하지 않는 것을 위한 교육이어야 할 것이다.

기존의 것에 더 익숙해지도록 하는 교육이 아닌, 지금은 보이지 않는 미래에 대한 풍부한 상상을 가능하게 하는 교육을 받을 수 있어야 할 것이다. 우리의 교육이 무한의 상상이 필요한 미래를 준비해야 할 학생들을 경계 안에 가두고 있는 것은 아닌지 돌아볼 일이다. 학생들이, 청년들이 경계 밖의 세상을 마음껏 상상하고, 두려움 없이 넘어갈 수 있도록 용기를 주고 역량을 키워 주면 얼마나 좋을까.

경계를 허무는 정부혁신

경계를 넘어서기 위해서는 용감한 상상이 필요하다. 현재의 제도, 정책, 가치, 이해관계, 경험을 넘어서는 상상이 필요하다. 경계 안의 생각과 경계 밖의 생각이 같은 정부가, 우리가 그리고 있는 정부가 아닌가. 그런 정부가 되기 위해서는 끝없는 경계의 혁신이 필요하다.

계속되는 정부혁신에도 불구하고 정부는 여전히 경계 안에 있다. 닫힌 문을 열었지만 용감하게 경계 밖으로 적극 나서지 못하고 있다. 경계를 나서는 것은 아직도 위험성이 높다. 법과 제도는 공직자들이 경계를 넘어서는 것을 여전히 엄격하게 제한하고 있다. 경계 밖에 있는 국민들이 위험해도, 경계 밖에 있는 국민들이 손을 들어 도움을 요청해도 공직자들은 선뜻 나오지 못한다.

경계 안에 있는 이들, 공직자들이 두려움 없이 경계 밖으로 나서고, 경계 밖에 있는 국민들과 함께할 수 있다면, 그것이 우리가 그리는 경계 없는 정부이며, 우리가 상상하는 공직자의 모습이다. 경계에 갇힌 정부가 아닌 열린 정부, 경계를 끝없이 낮추고 허무는 혁신이 가능한 정부가 되어야 할 것이다.

결국 성에 들어가지 못한 카프카가 아닌, 드디어 성문을 연 그리고 성안으로 성큼성큼 걸어 들어간 카프카를 상상해 본다.

제2장

열린 정부와 혁신

국가적으로 큰 사회적 재난이 발생할 때마다 정부는 비판의 대상이 되었다. 시도 때도 없이 발생하는 큰 재난을 정부가 미리 예방하고 또 효과적으로 대응하는 것은 쉽지 않다. 정부의 허용 가능한 임계치를 넘어가는 재난의 발생 빈도도 증가하고 있어서 정부의 어려움은 가중되고 있다. 그럼에도 정부의 제일 역할은 국민의 안전과 삶의 질 확보이다. 이것은 그 어느 것에도 양보할 수 없는 최우선 가치이자 목표이다. 그런데 수많은 국민들이 희생당하는 대형 사회적 재난이 반복되고 있다. 그리고 그 많은 국민이 희생당하는 현장에 늘 정부는 없었다. 국민이 위기에 빠졌을 때, 바로 그 옆에 있어야 할 것은 정부인데 늘 그렇지 못하였다. 국민과 가까이 있는 정부가 아니라 멀리 있는 정부였다. 여전히 정부는 국민에게 닫혀 있다. 아직도 정부는 성안에 있다. 국민이 우선이라면 성의 문은 열려 있어야 한다. 성벽이 없어야 한다. 정부혁신은 열려 있는 정부라야 가능한 일이다. 정부혁신의 목적은 성의 문을 열고, 성벽을 낮추고 없애는 것이다. 국민과 정부가 함께 있는 것이다.

〈스카이캐슬〉과 정부혁신

스카이캐슬

몇 해 전 〈스카이캐슬〉이라는 드라마가 공전의 히트를 쳤다. 필자도 이 드라마를 무척 재미있게 보았다. 드라마 작명부터가 참으로 그럴듯하다. 우리가 직면하고 있는 교육 현실을 정말로 실감나게 표현하였다. 드라마 제목은 아마도 국내 최고 인기대학의 이니셜을 의미하겠지만, 내게는 '스카이'라는 단어보다 '캐슬' 즉 성城이라는 단어가 더 강하게 각인되었다. 이 성은 하늘에 있는 성과 같아서 오르고 싶지만 쉽게 오르지 못한다. 〈스카이캐슬〉이라는 제목에서 카프카의 소설《성*Das Schloß*》도 연상되었다. 카프카의 '성'도 들어갈 수 없는, 들어가지 못하는 곳 아닌가.

성이란 무엇인가. 지금이야 유럽의 유명한 성들은 전 세계인들이

프란츠 카프카의 소설 《성(Das Schloß)》.

찾는 최고의 관광지이자 관광 상품이 되었지만, 과거 중세시대의 성은 말 그대로 성이었다. 왕이나 귀족들만이 사는 견고하고 특별한 성이었다. 성안을 보호하기 위하여 외부에서는 허락을 받지 않는 한 아무나 들어갈 수 없도록 높은 성벽으로 둘러쌓았다. 성의 문은 늘 닫혀 있었다. 가끔씩 성주가 필요할 때만 잠깐 열리고 이내 닫힌다. 성 밖의 사람들에게 성은 늘 문이 닫혀 있어 알 수 없는 곳이며, 감히 들어갈 엄두조차 내지 못하는 성역이었다. 기껏해야 눈치 보며 성벽에 기댈 수 있을 뿐이었다. 그런데 성안의 군주나 성 밖의 백성이나 모두 한 나라 사람들이다.

중세시대에만 성이 있는 것은 아니다. 현대에도 한동안 중세시대와 같은 성이 있었다. 정부도 오래도록 견고한 중세의 성과 같았다.

시민들은 정부의 내부가 어떻게 구성되어 있는지, 어떤 일을 하고, 어떻게 사는지 알지 못하였다. 그저 짐작만 하였을 뿐이다. 행정기관 안으로 들어갈 생각은 하지도 못했다. 기껏해야 행정기관 1층 출입구 가까운 쪽에 민원실이라는 푯말이 붙어 있는 공간 정도만 접근할 수 있었다. 민원실 안에 들어가서도 기가 죽었다. 그들은 평범한 시민은 알지 못하는 이상한 용어들을 썼다. 발음도 빨라서 귀를 기울여도 알아듣기 힘들 정도였다. 그래도 워낙 기가 죽어 있어서 그들에게 다시 물어볼 수 없었다. 자신의 지식과 능력의 부족을 탓하면서, 민원의 해결은 다음 날로 미루어야 했다. 다음 날 그들의 언어를 알아듣기 위하여 미리 공부해 보지만 쉽지 않다. 모든 용어들이 사용한 적도, 들어본 적도 없는 것들이라서 무척 낯설다.

드디어 열린 성, 정부

정부라는 성안의 사람들, 공직자들은 성 밖의 시민들에게는 경외의 대상이었다. 이들이 어두운 색의 제복이라도 입고 있으면 두려움마저 품게 되었다. 정부는 자격증을 가진 소수의 선택된 사람만이 출입하는 성이었다. 정부 청사 밖에 있는 사람들은 청사 안에 사는 사람들이 쓰는 언어를 알아들을 수 없었다. 국민은 신기한 언어를 사용하는 자고니스트jargonist들의 기세에 눌려 주눅이 들 수밖에 없었다. 뜻을 알려고 물어보기라도 하면 면박을 당하기 일쑤였다. 그저 그들이 말하는 것을 못 알아들으면서도 알아들은 척 했다. 그들이 틀리게 가르쳐 주어도, 국민들은 그것이 틀린 줄도 몰랐다. 이들의 옷깃에는 반짝거리는 특별한 문장도 달려 있었다. 이들이 가끔 성문을 열어 주어서 들어가기라도 하면, 성 밖에 있었던 국민들은 죄 지은 것도 없는데 두리번거리며 성안에 들어갔다. 성안은 여간 불편한 곳이 아니어서, 요행히 들어왔음에도 빨리 나가고 싶은 마음뿐이었다.

오랜 시간이 걸리긴 했지만 도저히 열릴 것 같지 않았던 성문이 드디어 열렸다. 이제 국민들은 성안으로, 정부 청사 안으로 자유롭게 들어가도 된다. 그러나 아직도 마음이 편치 않은 듯 쭈뼛쭈뼛 들어간다. 마음껏 들어가기에는 여전히 주저된다. 그렇다. 여전히 성문이 충분히 넓게 열리지 않았던 것이다. 문이 여전히 좁다. 시간이 되어야 열리고, 시간이 지나면 바로 닫힌다. 문을 더 많이 만들고 더 크게 만들어야 한다. 더 오래 열어 두어야 한다. 높은 성벽이라면 일부를 허물어서라도 낮추어야 한다. 그래서 성안과 성 밖이 다르지 않아야 한다. 성안의 사람과 성 밖의 사람이 같은 언어를 사용해야 한다. 성안의 사람과 성 밖의 사람이 같은 정보를 갖고 있어야 한다. 그래야 성안의 사람과 성 밖의 사람이 같은 사람이 된다.

서울시청 지하에는 시민청市民聽이라는 곳이 있다. 2013년에 만들어졌다. 시에서 시민의 생각을 경청하고 시민 간의 생각과 의견을 서로 공유하는 활동이 이루어지는 공간으로 조성되었다. 그래서 시민청은 관청을 의미하는 '청廳'이 아닌 '들을 청聽'으로 표기한다. 시민청은 열린 장소이면서 동시에 공유하고 소통하는 행위의 의미를 지향하도록 구상되었다. 이곳은 시민 누구나 다 자유롭게 이야기를 나누고, 책도 사고, 차도 마시고, 공무원과 토론을 하는 온전한 시민 중심의 공간으로 마련되었다. 완벽하지는 않지만 오랫동안 닫혀 있던 시 청사 안에 시민의 자유로운 공간이 마련되었다. 아마도 시간이 더 지나면 시 청사 안에 시민의 자유로운 공간도 더 늘어날 것이다.

▍열린 정부를 위한 정부혁신

성문이 열렸지만, 여전히 충분히 열리지 않은 것은 언어의 성, 문서의 성이다. 시민들도 쉽게 이해하고 편하게 소통할 수 있는 언어가 성의 안팎에서 사용되어야 한다. 많이 개선되었지만 여전히 행정용어는 어렵고 불편하다. 시민의 용어가 되어야 한다. 시민들도 쉽게 읽을 수 있는 문서가 되어야 한다. 시민들에게 읽으라고 준 행정기관의 문서들은 여전히 암호문과 같다. 같은 언어를 사용하지 않는데, 행정기관의 문서가 시민에게 쉽게 읽힐 리 없다. 성안과 성 밖의 언어와 문자가 같아야 한다. 그래야 정보를 공유할 수 있고, 균형 있는 활발한 토론이 가능하다. 성벽을 낮추어서 얼마든지 성 밖에서 성안을 들여다볼 수 있어야 한다. 간신히 들어갈 수 있는 좁은 성문이 아니라, 시민 누구나 여유 있게 들어갈 수 있는 넉넉한 문을 만들어야 한다. 누구에게나 공평하게 열린 성, 열린 정부가 되어야 한다.

모든 국민을 위한 열린 혁신, 열린 정부가 필요하다. 주민참여예산제, 국민참여예산제, 정보공개법은 모두 성 밖과 성안을 같게 만들기 위한 노력의 결과물이다. 이것으로는 여전히 부족하다. 앞으로 더욱더 혁신적 장치들이 마련되어 더 열린 정부가 되어야 할 것이다. 정부혁신은 정부의 성벽을 낮추고, 정부의 성문을 넓히고, 시민들이 언제나 그곳을 자유롭게 드나들 수 있도록 하는 것이다.

1992년 1월 4일, 청주시의회

1991년 청주시의회는 전국 최초로 「행정정보공개조례」를 발의하여, 1992년 1월 4일 제정하였다. 조례 제1조에는 주민의 알권리를 보장하고 책임행정의 진작을 통한 주민복지 증진과 민주적 시정 발전에 기여함을 조례 제정의 목적으로 규정하였다. 청주시의 정보공개조례가 제정된 이 날은 정보의 성문이 처음으로 열린 날이다. 정보공개 혁신의 날이다. 이미 정보보호의 날은 제정되었지만, 아직 정보공개의 날은 제정되지 않았다. 만일 정보공개의 날이 제정된다면 그 날은 1월 4일일 것이다.

청주시의회는 2022년 7월, 우리나라에서 처음으로 1991년에 제정한 「행정정보공개조례」 성과를 담아 기념책자를 발간하였다. ⓒ 청주시의회

청주시의회가 조례를 발의할 당시, 중앙행정기관은 상위 법률이 없다는 이유로 조례 제정을 반대하였다. 우여곡절 끝에 대법원은 주민을 위한 자치단체의 조례권 행사를 막을 수 없다는 판결을 내렸다. 이 조례는 이후 1996년 제정된 「정보공개법」(공공기관의 정보공개에 관한 법률)의 토대가 된 역사적 조례이다. 투명한 정부, 열린 정부를 위한 정보공개 혁신의 출발점이 된 조례이다. 청주시의회가 조례를 제정한 지 30년이 지난 2022년 3월 28일, 지방의회 우수사례 경진대회에서 청주시의회는 「행정정보공개조례」로 대상인 대통령상을 수상하였다. 정말로 오래 기다린 수상이었다. 수상을 목적으로 만들어진 조례는 아니었지만, 제정 30년 만의 수상으로 그 역사적 의미가 다시 부각될 수 있었다.

아직 더 가야 할 열린 혁신, 열린 정부

한때는 두려움과 경외의 대상이었던 정부가 이제는 비교할 수 없을 정도로 국민의 가까이에 있다. 서울시를 비롯한 많은 자치단체 청사가 시민의 공간으로 거듭나고 있다. 시민들이 자유롭게 드나들고, 시민들을 위한 공간으로 활발하게 이용되고 있다. 참으로 반갑고 고무적인 변화이다. 비록 아직은 공간의 물리적 개방이지만, 이것 또한 마음이 따라가지 않으면 할 수 없는 개방이라는 점에서, 이것도 정부혁신의 좋은 사례이다.

열려 있다는 것은 두려움이 없다는 것이다. 모든 것들이 다 드러나고 자신이 있음을 뜻한다. 두꺼운 시멘트벽이 유리벽으로 바뀌었고,

사무실 공간의 칸막이가 없어지고, 민원실의 턱이 낮아졌다. 공무원들이 어떻게 근무하고 있는지 훤히 보인다. 인터넷을 검색하면 웬만한 정부의 정보는 다 확인할 수 있다. 그러나 여전히 많은 공공정보들에 국민이 자유롭게 접근할 수 없다. 「정보공개법」은 정보공개를 위한 법이라기보다는 여전히 정보공개 청구를 위한 절차법으로 활용되고 있다. 정보는 공개되어 있는 것이 아니라, 청구를 통해서 공개되어야 할 만큼 여전히 높은 벽 안에 있다. 절차는 길고 복잡하다. 많은 정보들이 소송을 거쳐 간신히 공개된다. 사전에 충분히 공개될 수 있었던 정보들이었다. 1992년 1월 청주시의회의 정보공개조례 제정은 혁신의 역사이다. 정보공개 혁신의 역사이며, 투명한 정부혁신의 역사이며, 열린 정부혁신의 역사이다. 다시 한번 청주시의회와 같은 혁신의 역사를 마주하고 싶다.

다시 생각하는 정부와 혁신

사회혁신과 열린 정부

혁신하는 정부, 체감 못 하는 국민

정부혁신은 표현 그대로 정부의 혁신이다. 정부혁신은 일반적으로 정부 내부의 구조와 기능, 정책을 혁신의 주된 대상으로 한다. 정부혁신을 하는 궁극적인 목적은 국민의 편의와 삶의 질 등을 높이는 정부를 만드는 것이다. 그런데 이를 위한 정부혁신의 주된 방향, 대상과 내용은 주로 정부 내부구조와 운영 시스템 그리고 대민 접점에서의 서비스 개선 측면에 집중되었다. 혁신의 중요한 부분들이다.

예를 들어 정부 내부 운영 시스템의 효율화를 위한 IT 확대 및 고도화도 정부가 활용하고 있는 대표적인 혁신방법에 속한다. 이 방법은 행정의 효율성 증대에도 기여하지만, 국민에 대한 편리한 행정 서비스의 제공 확대에도 기여할 수 있다. 그리고 조직을 축소하거나 혹은 기능이나 업무를 재조정하여 행정비용을 절감하고 생산성을 높이고자 하는 혁신도 대표적인 방법에 속한다.

이와 같이 다양한 방법들을 활용하는 정부혁신이 정부와 국민에게 도움이 된다는 이유로 추진된다. 정부운영이 기본적으로 국민의 세금에 기반하고 있기에 행정비용을 절감하고 행정업무 시스템을 고도화하는 것은 적절한 혁신의 방법이며, 그 결과는 국민에게 직간접으로 긍정적인 영향을 미친다. 이 정도의 정부혁신의 방법과 내용이면 국민의 지지와 신뢰를 받는 데 부족함이 없을 것이다. 국민들은 정부의 혁신을 위한 노력에 충분히 박수를 보낼 만하다.

그런데 역시 문제는 이러한 정부의 혁신 노력에도 불구하고, 국민들의 눈에는 혁신의 노력도 잘 보이지 않고, 정부가 강조하는 혁신의 성과도 잘 느껴지지 않는다는 것이다. 즉 앞서 언급한 것과 같은 방법과 활동들이 정부혁신의 중요한 부분을 구성하는 것은 틀림없는데, 이것들이 정부 내부 운영체계에 주로 초점을 맞추고 있어서 국민의 눈에는 제대로 보이지 않는다. 정부가 국민에게 편리한 서비스를 제공하기 위하여 고도의 IT 시스템, 예를 들어서 홈택스Hometax를 도입하였다고 홍보하지만, 정작 국민들에게 이것 자체는 혁신이 아니다. 국민들은 시스템 도입 후 한참의 시간이 흐른 뒤에 홈택스 덕분에 세금 내는 것이 이전보다 편리해졌다고 느낄 수는 있다. 그것이 정부혁신의 결과임에도 불구하고, 정작 국민들이 이것을 정부혁신과 연계하여 체감하고 있는지 의문이다.

정부혁신의 핵심, 시스템 혁신

좋은 시스템은 효율적인 정부운영을 위한 중요한 기반이라는 점에서, 시스템을 강조하는 정부혁신은 필요하고 중요하다. 시간이 지날수록 시스템을 강조하는 IT의 효용성은 늘어나고, 정부혁신의 핵심적인 도구로서 더 확실하게 자리 잡을 것이다. 필자도 IT를 비롯한 정부 시스템의 혁신을 정부혁신의 핵심으로 강조하는 입장을 지지한다. 다만 이와 같은 것들은 정부 내부의 혁신에 상대적으로 더 집중하는 것이기에, 아무래도 국민의 체감이라는 측면에서는 상대적으로 취약하다.

정부는 이 복잡한 IT 시스템의 구축을 통한 서비스 효율성을 높이기 위해서 열심히 혁신하였지만, 정작 국민들은 이를 즉각 체감할 수 없으니 정부의 혁신 노력에 선뜻 동의하지 못한다. 혹은 혁신을 통해서 구축된 시스템이 국민이 체감할 수 있는 서비스 혁신과 제대로 연계되지 못하는 경우 긍정적인 체감은 기대하기 어렵다. 홈택스를 통한 세금 납부 서비스 혁신은 정말로 나은 편에 속하는 사례이다.

내부 운영 효율화를 위한 시스템 혁신도 정부혁신의 중요한 부분이지만, 이것이 국민에 대한 서비스의 효율성 등과 긴밀하게 연계되지 못할 경우 혁신 체감도는 낮아진다. IT 기반의 시스템 혁신은 일반적으로 고비용의 투자를 요구하는데, 문제는 혁신에 투입된 비용과 국민의 체감 수준이 반드시 일치하지는 않는다는 데 있다. 열심히 혁신한 정부에 대해서 국민이 쉽게 공감하고 동의하지 못하는 이유는 이렇게 여러 가지이다.

시스템 혁신과 서비스 혁신의 결합

시스템이 시스템으로 끝나지 않고, 소프트웨어, 서비스, 질의 제고 등으로 연계되어야 혁신의 성과에 대한 체감도 조금 더 쉽게 되고, 이것이 다시 혁신 동력이 되어 시스템 운영의 효과성이 상승하는 등 시너지를 만들어 낸다. 고비용의 IT 시스템 혁신이 대국민 서비스 혁신과 긴밀하게 연결되지 않으면, 많은 예산이 투입된 시스템의 효과가 반감되고, 심하면 무용지물이 될 수 있다. 우리나라는 오래전부터 교통의 원활한 흐름과 이용자 만족도를 높이기 위하여 지능형 교통시스템Intelligent Transport System의 구축에 많은 비용을 들였다. 고속도로 이용자의 요금 납부 편의를 위한 스마트 톨링 시스템도 구축하였지만, 시가지 내의 지능형 교통체계 구축은 투자한 비용에도 불구하고 여전히 체감되지 못하고 있다. 고비용의 IT 시스템이 국민에게 체감되는 서비스로 연결되는 것이 필요하다.

우리나라 정부혁신의 상징은 당연히 전자정부의 구축과 고도화이다. 전자정부 구축을 본격적으로 시작하던 초기에 각 행정기관들은 경쟁적으로 ISPInformation Strategy Planning, 정보전략계획를 수립하였다. 이것은 전자정부의 체계적 구축을 위하여 필요한 필수적 단계라고 할 수 있다. 그러나 많은 ISP는 책장에 장식품으로 남아 있었고, 그나마 고비용을 들여 구축된 정보 시스템에는 데이터도 올라가 있지 않았다. 구축된 시스템 간의 연계성 부족으로 제대로 활용되지 못한 경우도 비일비재하였다.

이것은 시스템이 이용자를 더 중요하게 고려하지 못한 결과이다.

높은 비용을 들여 시스템을 구축하였지만, 시스템의 가치를 올릴 수 있는 데이터, 정보, 융합, 서비스가 제대로 연계 및 활용되지 못한 결과이다. 시스템은 그럴듯하지만, 정작 가장 중요한 것을 제대로 고려하지 못하여 효율성이 떨어지는 시스템만 만들었다. 엄청난 규모의 저수지를 만들었는데 정작 그 안에 물이 없는 것과 같다. 막대한 예산을 들여서 고속도로를 만들었는데, 그 고속도로를 이용하는 자동차가 없는 것과 같다. 시스템도 물론 중요하지만, 이용자가 이 시스템을 충분히 이용할 수 있어야 한다. 혁신을 위한 시스템에서 이용자 관점이 중요한 이유이다.

정부혁신의 대안, 사회혁신

누구를, 무엇을 위한 정부혁신인가. 정부혁신은 국민의 삶의 질을 높이기 위한 것이어야 한다. 국민은 정부혁신 추진에 항상 잊지 않아야 할 출발점이자 결승점이다. 우리는 정부혁신을 열심히 하면서 정작 국민을 잊고 있었던 것은 아닌지 생각해 볼 일이다. 정부혁신에서 국민은 정부가 제공하는 행정 서비스에 대한 만족도 조사 대상에 불과한 위치에 머문 것은 아니었는지 따져 볼 일이다. 그동안의 정부혁신에서 국민은 어떤 위치를 차지하고 있었는가.

정부혁신에서 국민을 바라보는 관점이 혁신의 소비자가 아닌 주체이자 대상으로서 본격적인 논쟁의 대상으로 부각된 것은 얼마 되지 않는다. 정부혁신의 목적과 방법, 혹은 지향점에 대한 논쟁이 국민을 중심으로 다루면서 새삼 부각된 것이 사회혁신이다. 언뜻 사회혁신은 정부혁신과 대척점에 있는 것처럼 보일 수 있다. 우리는 습관적으로 정부와 사회를 구분하여 생각하는 경향이 강하기 때문이다. 많은 정부혁신 과제들이 정부 내부 혁신 중심으로 진행되다 보니, 국민 혹은 사회의 관점에서는 정부혁신이 일방적이고 폐쇄적으로 보일 수밖에 없다.

정부혁신이 국민이나 사회와 유리되어 정부만을 위한 혁신으로 진행된다는 비판도 받았다. 그래서 시민사회에서 자발적으로 추진된 것이 사회혁신이다. 사회혁신은 기존의 정부혁신이 갖는 일방향성, 폐쇄성, 제도 편향성이 갖는 문제를 극복하고, 시민사회 스스로 혁신의 주체가 되어 공동체사회의 발전을 모색하려고 한 시민사회 중심의 혁신 시도이다. 사회혁신에서 시민사회는 혁신의 제안자이면서 실행자이자, 대상자이다.

사회혁신, 우리의 오래된 경험

우리는 이미 자랑스러운 사회혁신의 경험을 갖고 있다. 지역에서 활동하는 협동조합들이 사회혁신의 대표적인 사례이다. 1927년 1월 경북 상주군에 설립된 함창협동조합은 어려웠던 농민의 삶의 질을 높이기 위하여 우리나라에서 최초로 민간이 자율적으로 조직하였다. 지역의료 분야의 혁신사례도 있다. 1987년 경기도 안성군은 전형적인 농촌지역으로 제대로 된 의료기관이 없었다. 연세대학교 기독학생회 의료인들이 주말에 차리는 진료소에 의존하였을 뿐이었다. 그래서 주민들의 건강권 확보를 위하여 지역 주민 300여 명과 2명

우리나라 민간 협동조합의 효시, 함창협동조합 역사문화관 내 자료화면. 자료의 인물은 창립자 전준한과 동생 전진한 형제. ⓒ 상주시

의 의료인이 의기투합하였다. 농협활동에 익숙하였던 농민들은 협동조합 형태의 병원을 제안하였다. 드디어 1994년 안성의료생활협동조합이 탄생하였다. 지금도 안성시민 5천여 명이 조합에 가입해 있다고 한다. 정부가 제대로 공급하지 못한 의료를 주민 스스로 확보한 것이다. 오늘날 안성의료복지사회적협동조합이 탄생한 배경이다.

협동조합과 사회적 기업의 지원을 목적으로 공공기관인 한국사회적기업진흥원이 설립된 것은 2010년이다. 민간에서 먼저 자율적인 사회혁신이 활발하게 이루어졌고, 뒤늦게 정부가 이를 지원하기 위하여 공공기관을 설립하였다. 사회혁신에서 출발한 성과가 정부혁신의 촉매제가 되었다고 할 수 있다.

사회혁신은 사회의 혁신이라는 의미와 더불어 사회에 의한 혁신이라는 의미를 동시에 갖고 있다. 우리가 해결하고자 하는 문제들은 대부분 특정 개인의 문제라기보다는 공공의 사회적 문제이다. 사회혁신은 우리 모두가 공통으로 직면한 문제들을 공적인 문제로 인식하고, 함께 그리고 스스로 풀어내려는 자율적 시도이다. 정부도 혁신이 필요하듯, 사회도 혁신을 필요로 한다.

정부가 보수적일 수 있듯이, 사회도 정부와 마찬가지로 보수적일 수 있다. 정부가 관성적으로 문제를 보듯이, 사회도 얼마든지 문제를 관성적으로 볼 수 있다. 사회혁신은 사회문제를 관성적으로 보는 것이 아니라, 혁신적으로 보려고 한다. 종전과 다른 시각으로 문제를 보고, 다른 방법으로 문제를 풀려고 한다. 종래의 사고와 접근으로는 도저히 풀 엄두가 나지 않는 문제를 생각과 방법을 혁신적으로 바꿈으로써 얼마든지 풀어낼 수 있다.

사회혁신, 정부실패의 극복 대안

우리에게는 고정관념이 하나 있다. 다수가 연결된 공적인 문제는 정부와 같은 공적 주체들이 해결하고, 사적인 문제는 사적으로 해결해야 한다는 생각이다. 정부는 공적 문제를 해결하기 위하여 만들어진 것이니 이 생각이 크게 잘못된 것은 아니다. 그런데 문제는 정부가 모든 공적 문제를 다 해결할 수 있는 전지전능한 역량을 갖고 있지 못하다는 데 있다.

정부는 사회와 비교하여 권력도 강하고, 엄청난 조직도 갖추었고,

신나는조합은 사회문제를 해결하고, 취약계층을 돕기 위하여 2000년 설립된 사회적 경제 플랫폼이다. 한국 최초로 2000년부터 마이크로크레디트 사업을 시작하였다. © 신나는조합

그 속에서 일하는 사람도 많다. 쓸 수 있는 예산도 막대하다. 그러나 우리가 목격한 것은 수없이 많은 정부실패의 사례이다. 오히려 정부가 나섬으로써 더 커져 버린 문제들도 적지 않다. 정부가 해결사가 아니라 문제를 만드는 주체가 되기도 한다. 반면 사회가 문제를 해결한 사회혁신의 사례도 수없이 많다. 우리는 이미 공공의 문제는 정부만 풀 수 있는 것이 아니라는 사실을, 공적인 문제를 능히 사회 스스로가 풀고 있음을 매일매일 목격하고 있다.

　사회혁신은 정부실패를 보완하는 또 다른 훌륭한 방법의 하나이다. 사회혁신은 공적인 문제를 해결하는 또 다른 중요한 주체이자 방법이다. 정부혁신이 정부만의 혁신이 아니라 정부와 사회가 함께하는 혁신이어야 함을 이미 우리는 일상적으로 경험하고 있다. 정부

혼자서 풀 수 없는 문제를 사회와 함께 풀면 오히려 더 잘 풀린다. 반대로 사회가 스스로 풀기 어려운 문제를 정부와 함께 풀면 또 쉽게 풀린다. 지금 정부혁신에 필요한 것은 함께하는 혁신이다. 정부혁신과 사회혁신은 같은 목적을 갖고 있는 혁신이다.

국민과 함께하는 정부혁신과 신뢰 확보

정부혁신을 추진하는 목적 중의 하나는 정부의 존재 가치 증명에 있다. 정부의 존재 가치의 또 다른 이름은 정부신뢰이다. 국민의 신뢰를 받지 못하는 정부는 정당성을 잃는다. 이 정부신뢰는 국민과의 관계 속에서 형성되고 확인될 수 있다. 정부의 존재 가치의 핵심인 정부신뢰는 누구도 아닌 국민에 의하여 결정된다. 정부혁신의 궁극적인 목적은 국민의 신뢰 확보에 있다. 정부혁신의 처음과 끝은 늘 국민의 관점이어야 한다. 처음은 혁신의 방향이고 끝은 성과이다. 국민의 관점에서 문제를 보고, 국민이 믿지 못하는 것이 무엇인지 정확하게 확인하고, 국민의 지지와 신뢰를 받는 정책을 추진하여야 한다. 모두 어려운 단계이고 과정이다.

우리가 경험했던 많은 정부혁신은 어떠한 것이었나. 정부만의 독자적 판단으로 국민의 요구를 예단하고, 정부의 판단으로 국민이 사용할 서비스를 결정하고 공급하는 정부 중심의 혁신이었다. 정부만의 혁신은 국민 입장에서 보면, 국민과 상관없는 그들만의 혁신일 뿐이다. 말은 국민을 위한 혁신이라고 하였지만, 정부혁신의 방법과 내용은 국민의 생각을 제대로 알지 못한 가운데 선택된 것이었다. 이렇게 만들어지고 추진된 혁신정책이 국민의 마음을 얻지 못함은 당연한 것이며, 실패한 경우도 비일비재하다.

정부는 열심히 혁신을 추진하였다고 하지만, 국민은 정반대로 혁신이 없다고 한다. 왜 국민은 늘 정부혁신이 제대로 이루어지지 않았다고 평가하였을까. 그냥 낮게 평가한 것일까. 아니다. 정부혁신이 국민이 아닌 그들만을 위한 혁신에 그쳤기 때문이다. 정부가 국민을 위하여 존재하듯이, 정부혁신도 국민을 위하여 추진되어야 한다. 정부혁신의 성과에 대한 평가주체는 정부가 아니라 국민이다. 정부의 본질인 국민의 신뢰를 받지 못하는 정부혁신이 반복될수록 정부와 정부혁신에 대한 국민의 불신만 가중될 뿐이다. 변하지 않는 정부혁신이 반복될수록 국민의 냉소만 커질 뿐이다.

열린 정부, 열린 정부혁신

국민의 마음을 알고, 국민과 함께 하는 정부혁신이 필요하다. 이미 국민들은 수없이 많은 사회혁신을 경험하였다. 사회혁신의 본질과 정부혁신의 본질이 다를 수 없다. 사회혁신과 정부혁신은 그 자체로서 자율성을 갖고 있지만, 동시에 시너지를 내는 상호보완의 관계가 될 수 있다. 사회혁신은 시민사회 스스로 공적 문제를 해결하기 위한 자발적 노력이다. 정부에 의존해서는, 정부의 손길만을 기다려서는 더 이상 문제가 해결되지 않는다는 생각, 스스로 문제를 정의하고, 스스로 문제를 풀고, 또 그 과정에서 정부에 대해서 문제도 제기하고, 해법도 제기하여, 시민사회 스스로가 문제 인식과 해결의 주체자로 나선 것이 사회혁신이다. 그동안의 사회혁신 활동과 노력은 정부혁신과 비교하여 절대 미흡하지 않다. 비록 활용한 예산 규모는 정부와 비교하여 턱없이 적지만, 반대로 그 성과는 크다. 사회혁신을 위하여 활동하는 혁신가들의 임금 수준은 공무원과 비교하기 어려울 정도로 낮지만, 이들의 역량과 성과는 결코 낮지 않다.

사회혁신의 핵심은 현장성, 지역성, 자발성, 자주성, 소규모, 네트워크, 유연성, 공공성, 지속성, 효율성 등이다. 사회혁신은 무엇보다 현장과 문제 중심의 접근을 강조한다. 탈가치적이라고 해도 과언이 아니다. 사회혁신의 활동과 성과물이 갖고 있는 공적인 특성이 정부혁신과 긴밀하게 연결된다는 점에서, 정부혁신은 사회혁신과 밀접하게 연결된다. 다만, 정부혁신이 사회혁신과 제대로 연계되기 위해서는 사회혁신에 열린 정부여야 한다. 정부가 갖고 있는 혁신 독점을 풀어야 한다. 정부혁신을 위한 문제 인식과 방법의 고안, 실천을 정부만 독점적으로 할 수 있는 것이 아니라, 시민사회의 혁신과 함께할 수 있어야 한다. 시민사회는 이미 오래전부터, 그리고 수도 없이 많은 성공적인 혁신사례를 만들어 냈다. 시민사회와 함께하는 열린 정부혁신이 필요하다.

혁신의 독점과 협력의 혁신

기분 좋은 혁신 경연장

정부 청사에서 개최된 제법 큰 행사에 참여할 기회가 있었다. 행정안전부가 주최한 정부혁신 경진대회의 최종 심사장이었다. 전국의 자치단체에서 진행되었던 다양한 혁신사례들의 최종 경연장이라는 점에서 의미 있는 자리였다. 처음에는 이런 유형의 행사는 의례적이고 형식적인 경우가 많아서, 이 행사도 그럴 것이라고 지레짐작하였다. 사례를 발표하기 위해 참석한 자치단체의 공무원도, 외부 심사위원도 다들 형식적으로 자리를 차지하고 있을 것이라 생각했다.

그러나 필자의 생각이 틀렸음은 몇 분도 지나지 않아서 바로 확인되었다. 어디에 내놓아도 부족하지 않을 정도로 좋은 혁신사례가 속속 발표되었다. 혁신사례들이 자치단체 공무원들의 깊은 고민과 열

적극행정 국민심사단 모집 공고문. ⓒ 인사혁신처

정 속에서 추진되었음이 현장에서 그대로 느껴졌다. 지역과 지방행정의 혁신을 위한 자치단체 공무원들의 헌신을 선명하게 확인할 수 있는 자리였다. 사례를 발표한 공무원 모두 열정으로 가득하였으며, 신나고 즐거운 표정이었다. 어떤 상을 받았는지가 전혀 중요해 보이지 않은, 모두가 즐거운 자리였다. 필자도 덩달아서 기분이 좋아진 유쾌한 자리였다. 행사 내내 쉬지 않고 박수를 치느라 손바닥이 빨개졌을 정도였다.

이날의 행사는 여러 가지 측면에서 매우 특별하였다. 이날 혁신사례에 대한 심사는 전문가들만이 아니라 국민평가단도 참여하여 평가하였다. 공무원이나 일부 전문가의 눈이 아닌 국민의 입장에서 평가가 이루어졌다. 정부혁신이 누구를 위하여 존재하는지를 제대로 확인할 수 있었다. 또 특징적인 것은 이날 발표된 혁신사례들이 대부분 여러 부서 간 혹은 기관 간 협력을 통하여 추진된 것들이었다. 혼자 하면 추진하기 불가능하였을 텐데, 함께함으로써 실현된 협력의 혁신사례들이었다.

▍혁신의 본질에 접근 못하는 외관 혁신

정부혁신은 누가, 누구를 위해서 하는 것일까. 조직의 개편이나 기능의 구조조정, 새로운 시스템의 도입은 오랫동안 정부혁신을 상징하는 중요한 요소들이었다. 혁신에서 이러한 것들이 늘 중요하게 고려되고, 또 의미 있는 영향을 미치기도 한다. 지금도 자주 활용되는 혁신의 요소들이다. 그러나 이것들이 혁신에 필요한 조건은 될 수 있어도, 충분한 조건은 되기 어렵다. 이와 같은 것들은 혁신을 위해 필요한 구조와 조건이라고 할 수 있지만, 이것들을 통해서 혁신적 변화를 끌어내지 못한다면 이것은 단순한 외관이나 구조의 변화에 불과한 것이다.

혁신의 핵심이라는 명분으로 시도되었던 이와 같은 것들이 당초 제시하였던 예상과 달리 의미 있는 결과를 보여주지 못했음을 수도 없이 목격하였다. 이와 같은 혁신이라는 이름이 붙은 도구들은 외관상으로 아주 그럴듯하지만, 우리가 진정으로 얻고자 하는 혁신적인 변화와 성과로 연결되지 못하고, 겉모습의 변화에만 머무는 경우가 많았다. 혁신은 본질에 대한 것인데, 정작 이 본질 근처에는 제대로 가지도 못하고, 외관의 형식적인 변화에만 그쳤다.

공무원들이 현장과 문제 중심의 인식을 하고, 현장에서 국민의 목

제2장 열린 정부와 혁신

소리를 경청하고, 어느 목소리 하나 가볍게 여기지 않고, 문제 해결을 위해 창조적인 접근을 시도하고, 국민의 입장에서 해결하려고 하고, 법 때문이라는 핑계를 대지 않고, 풀기 어려우면 국민에게 도움을 요청하고, 정부혁신의 전 과정을 국민과 함께하려는 본질적인 혁신과 거리가 먼 공무원들만의 혁신이 오랫동안 유지되었다.

이제는 정부만의 혁신이 아닌 다른 주체들과 함께하는 혁신이어야 한다. 소수 혁신 전문가와 공무원들이 독점했던 '그들만의, 그들만을 위한 혁신'은 더 이상 효과를 발휘하기 어렵다. 이제는 국민과 함께하고, 나아가서는 국민이 주체가 되는 국민 중심의 정부혁신이어야 한다. 국민에게 보여주기 식의 혁신이 아니라, 혁신의 필요성을 절감하고, 혁신의 영향을 받는 사람들, 즉 국민이 혁신의 주체가 되고 주인이 되는 혁신이어야 한다. 주인의식이 보이지 않는 혁신에서 주인의식이 있는 진짜 혁신으로 변화되어야 한다. 혁신의 주체이자 궁극적인 대상이 혁신과정에 동참하지 못하고 혁신 성과를 체감하지 못한다면, 그 혁신은 과연 얼마나 의미가 있을까.

현장에서 발견한 국민의 마음, 혁신의 시작

시민이 체감할 수 있고 실질적인 변화를 주는 정부혁신은 어떠한 것일까. 이것은 혁신의 출발점에 대한 고민에서 풀어 보아야 한다. 혁신은 어디에서 출발할까. 당연히 제대로 된 문제 인식이며, 이 문제는 항상 현장에 존재한다. 현장에 가면 얼마든지 정확하게 볼 수 있다. 거리만 지나가도, 몇 사람과 대화만 나누어 보아도, 심지어 사람들의 표정을 통해서도 알아낼 수 있다.

국민이 있는 현장은 광화문 청사에 존재하는 것이 아니라, 영등포, 안양, 가평, 정선, 함양, 목포, 안동, 해남… 전국 방방곡곡에 존재한다. 다양한 문제들이, 다양한 목소리들이 그곳에 있다. 모두 제각각이고 각양각색이다. 그곳에 가지 않으면 도저히 알 수 없는, 정확히 설명할 수 없는 문제들이다. 광화문 사무실에서 책상 위에서 상상하고, 또 하나로 간단하게 만들어질 수 없는 것들이다. 국민 없는 현장은 없다. 현장에는 항상 국민이 있다.

지역에서, 현장에서, 시민의 생각에서, 공직자의 발에서 나온 문제인식과 이를 해결하기 위한 혁신적 실천방안은 광화문 사무실에서 고민한 것들과 비교해 제대로 정리되어 있지 않고 그저 그런 것처럼 보인다. 작아 보인다. 혁신이라고 하기에는 너무 시시해 보이기까지 한다. 그러나 이것들은 그럴듯한 것처럼 보이는 광화문 혁신, 사무실 혁신과 비교하면 국민들의 삶의 현장 한복판에 있는 것이며, 그래서 더 제대로 실천되고 실질적으로 작동한다. 이렇게 만들어진 혁신정책을 국민들이 더 잘 체감하는 것은 너무도 당연하다. 이 정책들은 비록 작고 사소해 보이지만, 오히려 국민의 삶에 실질적인 변화를 만들어 낸다. 이런 것들로 국민의 마음이 움직인다. 이것이 혁신이 아니고 무엇이 혁신이겠는가. 혁신은 크기의 문제도 아니고, 돈의 문제도 아니다. 마음의 문제이고, 실천의 문제이다.

같이해야 성공하는 혁신

혁신은 변화이다. 이 변화는 사람 간의 관계의 변화이기도 하고, 사람과 정책 간 관계의 변화이기도 하다. 얽힐 대로 얽힌 관계를 잘 풀어내거나, 탄탄하게 이어져야 함에도 끊어진 관계를 연결하거나, 곧 끊어질 것 같은 약한 관계를 더욱 단단하게 묶는 것이다. 물론 이 세상의 모든 관계들은 간단한 것이 하나도 없다. 모두 복잡하기 이를 데 없다. 관계망에 연결되어 있는 당사자들의 생각도 서로 제각각이다. 단 두 사람 간의 관계임에도 풀어내기 힘들 정도로 복잡하게 얽혀서 결국 철천지원수가 되기도 하는 것이 우리가 현실에서 자주 마주하는 관계의 모습 아닌가. 특히 오랫동안 고착된 관계를 변화시키는 것은 늘 쉽지 않다. 그래도 사람들은 이 어려운 관계를 풀고 싶어 한다.

긍정적인 방향으로의 관계 변화는 자신만이 아닌 상대방을 고려하고, 상대방과 함께 변화를 위해 움직여야 한다. 상대방의 입장을 먼저 고려하라고 하면 마음이 내키지 않고, 그래서 아주 작은 변화조차도 시도하기 어려울 수도 있다. 그럼에도 변화를 만들려면 상대방의 입장에 서서 상대방과 같이하지 않으면 안 된다. 관계를 변화시키려는 노력은 혼자 할 수 없다. 관계에 얽혀 있는 당사자들이 같이 풀어야 한다. 혼자만의 힘든 노력으로 간신히 풀어낸 관계는 얼마 지나지 않아서 다시 원래의 갈등 상태로 돌아갈 가능성이 높다.

정부혁신도 관계의 변화를 만들어 내려는 시도이다. 정부혁신에도 수많은 사람과 제도들이 관계되어 있다. 복잡하기 이를 데 없는 정부와 정부혁신이다. 그 복잡한 구조의 정부를 혁신하고자 하면, 정부 자체가 다양한 관계자들의 구조임을 전제로 논의가 시작되어야 한다. 정부혁신은 특정 주체만의 노력으로 불가능함을 인정해야 한다. 특정한 주체만의 혁신은 정부의 본질을 외면한 것이라는 점에서 공염불에 그칠 가능성이 높다. 정부혁신은 공무원만이나 일부 전문가만의 노력으로 추진될 문제가 아니다.

혁신은 독점이 아닌 협력이라는 속성을 갖고 있다. 우리가 경험한 대부분의 혁신은 혼자서 혹은 일부만의 독점으로 이루어진 것이 아니라 협력의 결과이다. 혁신가의 독점이 아닌 다른 사람들과의 협력에 기반하는 혁신이 필연적이고, 또 절실하다. 혁신 자체의 시도도 어려운데 함께해야 한다니 정말로 어렵다. 특히 같이 협력해야 할 주체가 같은 수준의 혹은 같은 관점의 문제 인식을 갖고 있지 않다면, 또 문제 인식과 가치를 공유해도 혁신을 하고자 하는 방법에 동의하지 않는다면 혁신이 한 치 앞으로도 못 나갈 수 있다. 그러나 어쩌겠는가. 혼자하는 혁신의 성공 가능성이 너무 낮으며, 혼자만을 위한 혁신이 아니라 조직 혹은 공동체사회를 위한 혁신이라면 이를 구성하는 사람들과 같이할 수밖에 없다. 같이하지 않는 다른 길은 없다.

혁신가가 경계해야 할 것, 혁신

정부혁신은 원래부터 공동체 지향적이다. 혁신을 통하여 일부가 아닌 공동체 전체의 가치와 질을 높이고자 한다. 공동체는 외관상 하나인 것처럼 보이지만, 다양성과 복잡성 그 자체이다. 공동체는 얽히

고설켜 있는 구조이다. 공동체사회는 레고블록처럼 유사한 모양의 부품들로 구성되어 있지 않다. 공동체를 구성하는 모든 구성원들이 정말로 제각각이다. 그런 공동체를 위한 혁신이라면, 그런 공동체를 지향하려면 구성원과의 협력은 필수요건일 수밖에 없다. 물론 이 협력이 사회 내 구성원 간의 완전한 합의를 의미하는 것은 아니다. 어쩔 수 없이 현실을 반영하는 제한적 합의에 머물 수밖에 없을 것이다.

혁신은 기존의 제도, 즉 구제도가 갖고 있는 문제와 한계를 해결하고자 한다는 점에서, 혁신의 방향은 늘 공동체를 지향하되, 현실 속의 구성원들의 다양성을 확인하고 이를 최대한 반영하려는 노력이 필요하다. 구제도가 혁신의 대상으로 지적되고 다수가 이를 지지한다 하여도, 구제도가 갖고 있는 현실적 존재로서의 강력함이 존재하기 때문에 혁명이 아닌 이상 이를 완전히 배제하기란 어렵다. 그래서 구제도에 대한 혁신 시도는 항상 갈등을 유발한다. 혁신의 대상이자 장애물인 구제도를 넘어설 수 있는 현명한 방법이 필요하다.

혁신가가 늘 경계해야 할 것이 있다. 구제도에 맞서는 혁신은 선이며, 혁신을 추구하는 나도 선이며, 그래서 내가 추진하는 혁신은 정당하다는 생각이다. 반면 혁신의 대상은 문제가 있으며, 문제를 제대로 풀 역량도 부족하고, 따라서 선에 기반한 혁신가의 혁신적 방법은 혁신의 대상자들에 의해서 수용되어야 한다는 인식이다. 이것은 혁신가의 혁신에 대한 진정성과는 또 다른 문제이다. 이러한 혁신가의 인식이 초래하는 가장 큰 문제는 자신이 추진하고자 하는 혁신에 내재된 약점이나 허점을 간과하도록 만든다는 데 있다. 구제도가 혁신의 모든 것을 완전하게 정당화시켜 주는 것은 아니다.

혁신이 옳은 것이라고 해도, 그것에 약점이나 부작용이 전혀 없는 것은 아니기 때문이다. 혁신에 대한 과도한 신념과 선에 대한 집착이 오히려 혁신을 어렵게 하고, 결실을 맺지 못하게 할 수 있다. 혁신가의 과도한 신념이 오히려 혁신가 자신의 발목을 잡는 형국이 될 것이다. 혁신가가 한 발을 떼는 순간 바로 넘어질 수밖에 없다. 혁신을 시도하는 것 이상으로 중요한 것은 구제도라는 강한 현실의 장벽을 넘어설 수 있는 더 강한 논리, 더 강한 객관성의 확보일 것이다.

함께하는 혁신이 강한 혁신

상대가 없는 혁신은 없다. 혼자 하는 마인드컨트롤조차도 자기 자신이 혁신의 대상이 아닌가. 혁신은 혁신가에게 절대적으로 중요하지만, 궁극적으로는 혁신이 혁신가가 아닌 공동체의 이익과 가치 제고를 목적으로 한다는 점에서, 혁신가 중심의 혁신이 아닌 공동체 중심의 혁신이라는 인식과 접근은 필수적이다. 혁신의 성공을 정말로 절실하게 원한다면 정부와 정부 밖의 주체들 간의 협력에 기초하는 혁신을 포기하지 말아야 한다.

물론 여기에 혁신가들이 두려워하는 것이 있다. 벗어나기 힘든 함정이다. 혁신을 적극적으로 추진해야 하는 정권 초기부터 협력을 강조하면 혁신의 강도가 약해질 수 있다는 우려이다. 정부 출범 초기에 갖게 되는 정권 담당자들의 혁신에 대한 강박관념은 빠르고 강한 혁신을 선호하게 한다. 특히 정부 출범 초기의 정부혁신은 큰 변화를 지향하는데, 협력은 이것을 처음부터 어렵게 한다는 것이다. 충분히 수긍할 수 있는 생각이다.

그러나 정부혁신은 정권 출범 초기에 한 번 해치우고 말 것이 아니지 않는가. 필요하다면 정부 내내 해야 할 숙명과도 같은 것이 아닌가. 협력은 혁신이 멈추지 않도록, 좌절하지 않도록 밀어주는 힘이다. 초기의 협력적 혁신이 혁신의 강도를 약하게 할 수 있다. 그러나 초기의 강한 혁신 이상으로 중요한 것은 혁신이 멈추지 않는 것이다. 초기에 강하게 혁신을 추진하는 것도 필요할 수 있지만, 더 중요한 것은 혁신을 통해서 문제를 해결하고 미래로 한 걸음 더 나아가는 것이다. 협력혁신은 한 걸음 더 나아가게 하는 동력이다. 멈추지 않게 하는 힘이다. 혁신의 가치를 더 높이는 좋은 방법이다.

협력혁신이 혁신 강도의 완화에 그치는 것이 아니라, 멈추지 않고 앞으로 계속 나아가기 위해서는 혁신과 협력의 진정성이 먼저 확보되어야 한다. 이중 혁신가의 진정성이 첫 번째 조건이다. 그리고 구성원의 지지를 유도할 수 있도록 혁신을 어렵게 하는 문제들을 선제적으로 해소하고, 혁신의 지속성과 일관성을 유지할 수 있도록 제도적인 고민도 해야 한다. 혁신의 실질적 추진을 위한 충분한 자원의 확보와 투입, 제도적 개선의 노력은 필수이다.

혁신의 성과가 혁신가에게 귀속되는 것이 아니라 공동체에 귀속되도록 하는 혁신의 공공화가 필요하다. 진실로 혁신이 성공하기를 원한다면, 혁신이 멈추지 않고 한 보 한 보 앞으로 나아가길 원한다면 함께하는 협력혁신은 필수이다.

열린 지식과 열린 혁신

가지 않은 길, 혁신의 길

혁신을 상상하면 먼저 뜨거운 열정과 의지가 떠오른다. 혁신은 잘 닦인 고속도로가 아니라 비포장의 자갈길을, 아니면 아직 사람이 걸어간 흔적조차 제대로 나지 않은 곳을 가는 것과 같아서 웬만한 열정과 의지가 없으면 엄두도 내지 못한다. 그래서 혁신의 길은 곱게 뻗은 적이 없으니 우여곡절 그 자체라고 할 수 있다. 열정으로 나선 길이지만, 힘들지 말라고 잘 될 거라고 격려하는 말보다는 왜 힘들게 그러느냐고 의지를 꺾는 말만 들린다. 신기할 정도이다. 그 길을 지나지 않으면 원하는 목적지에 도착할 수 없기에 그래도 간다. 우리가 젊은 시절 꾸었던 꿈은 모두 가지 않았던 길을 가고자 하는 혁신의 길이 아니었을까. 우리 모두는 한때 혁신을 꿈꾸었던 혁신가였다.

그 길이 어떤지, 어떻게 난관을 넘어가야 하는지, 무엇을 활용해야 하는지, 언제 해야 하는지 제대로 알지 못하고 출발하는 경우가 비일비재하다. 이런 것 자체가 말이 안 되는 상황이지만, 혁신이 보이지 않는 길을, 제대로 된 정보도 없는 길을 가는 길이라 작은 것이라도 준비하는 것 자체도 어렵다. 빈손으로 나서기 십상일 것이다. 오히려 잘 준비해서 갈 수 있는 길이라면 이미 그 길은 혁신의 길이 아닐지도 모른다. 우리가 가는 길이 혁신의 길인 줄 알았지만, 사실은 이미 누군가가 앞서서 만든 길을 가고 있는지도 모른다. 그런 길이라도 나의 의지로, 나에게 맞는 길로 만들 수 있다면 그것 또한 혁신의 길이라고 해도 된다.

혁신은 열정만으로도 시작할 수는 있다. 그러나 열정만으로는 어디가 종착점인지, 어느 정도 가야 하는지 알 수 없는 혁신의 길을 쉼 없이 가기는 어렵다. 열정은 한계가 있으니, 길을 가다 보면 한 움큼의 열정이 사라지고, 또 가다 보면 또 한 움큼이 사라진다. 갈증이라면 냇물을 마셔서라도 해결하겠지만, 열정을 채울 수 있는 것이 별로 보이지 않는다. 길을 가면서 만나는 사람들의 지지와 박수로 그나마 줄어드는 열정을 조금은 채울 수 있지만, 채우는 데도 한계가 있다. 그렇다. 줄어드는 열정을 채우는 것만큼 중요한 것이 혁신의 길에서 열정이 쉽게 줄어들지 않도록 하는 것이다. 혁신의 길을 나설 때 가득 찼던 열정을 어떻게 하면 더 천천히 줄어들게, 오랫동안 유지될 수 있도록 할 수 있을까.

혁신, 냉정과 열정 사이

정말 다행히도 열정의 반대편에 냉정이 자리하고 있다. 열정만큼의 냉정함이 있으면 혁신의 길에서 멈추지 않을 것이다. 냉정함이 있음으로써 열정이 조금이라도 더 버틸 수 있을 것이다. 혁신에서 냉정함이란 무엇인가. 무엇이 혁신의 냉정함을 만들어 내는가. 냉정함은 열정으로 인하여 제대로 보지 못하는 혁신의 허점을 찾아낸다. 혁신의 냉정함은 문제를 정확하게 인식하도록 하고, 좀 더 깊게 현실을 분석하도록 하고, 손쉬운 대안만 찾지 않도록 한다. 열정만으로 가득한 혁신가는 혁신의 실체를 객관화하지 못한다.

냉정함은 혁신가로 하여금 객관적으로 보도록 한다. 냉정함은 혁신가를 객관화시켜 혁신의 논리가 부족함을 알게 하고, 좀 더 꼼꼼하게 준비하지 못하였음을 깨닫게 한다. 현실도 더 제대로 보도록 한다. 냉정함은 언뜻 의욕적으로 앞으로 나서려는 혁신가의 발목을 잡는 것 같다. 아니다. 냉정함은 혁신가가 조급하여 서두르다 너무 일찍 넘어지지 않도록, 한 걸음만 천천히 디디도록 하는 것이다.

새로운 길이라지만 어찌 세상에 새로운 길이 있겠는가. 분명히 누군가가 그곳을 먼저 지나갔지만, 우리가 그 흔적을 찾지 못해서 처음이라고 생각하고 있을지도 모른다. 그것도 상관없다. 다만 처음 나서는 혁신가를 위해 도움을 줄 수 있는 지식, 정보, 경험은 분명히 어딘가에 존재하고 있을 것이다. 내가 가고자 하는 혁신의 길과 딱 맞아떨어지는 것은 없을지라도, 얼마든지 혁신의 길을 헤쳐 나가는 데 도움이 되는 것을 찾아낼 수 있다. 혁신이 실패할 가능성이 아무리 높다고 하더라도, 일부러 실패의 길로 들어갈 필요는 없다. 냉정함으로써 혁신의 성공 가능성을 더욱 높일 수 있다. 냉정함을 잃지 않는 열정적인 혁신가가 되어야 한다.

혁신의 도구, 지식

노무현 정부는 혁신 추진 방법으로 '지식 마일리지' 정책을 활용하였다. 지금도 일부 공공기관에서 유용한 학습조직화 방법으로 활용하고 있으니 의미 있는 정책이다. 혁신을 제대로 추진하기 위해서는 지식이 필요하다. 많은 지식을 갖고 있으면 확실히 문제 분석이나 대안 제시에 유리하다. 다만 나 혼자만의 지식은 한계가 있다는 점에서, 다른 사람의 지식과 연계된다면 더 큰 승수효과를 거둘 수 있을 것이다. 지식 마일리지 정책은 혼자만의 지식보다는 함께 공유하고 활용할 수 있는 지식을 강조한다. 학습하는 조직에서 효율적인 혁신 추진의 가능성이 더 높다는 점에서, 학습 조직화를 위한 지식의 축적과 공유, 활용은 바람직하다.

지식은 확실히 유용한 혁신의 도구이다. 지식은 매우 광범위하다. 상식, 이론, 경험, 데이터, 정보, 사례 모두가 지식이 될 수 있다. 이들이 학습되고, 축적되고, 활용됨으로써 우리는 더 의미 있는 것을 얻을 수 있다. 관련 분야의 지식이 적은 경우와 많은 경우의 차이는 명확하다. 우리가 확보한 지식은 그 자체로서도 의미가 있지만, 현장과 문제에 충분히 적용되고 활용될 수 있을 때 그 가치가 더욱 올라갈 것이다.

지식의 결합과 혁신

사람들마다 각자의 지식을 축적하여 활용하고 있다. 그런 개인들의 분리된 지식이 다른 사람들의 지식과 연결되고 결합되면 더 큰 시너지를 만들어 낸다. 특정한 지식 하나로 완전한 경우도 있겠지만, 많은 혁신적 성과들은 여러 개의 지식들이 체계적으로 연계된 결과물이다. 스티브 잡스의 아이폰이 그 상징이다. 최고의 혁신가인 잡스는 많은 사람들의 지식을 정말로 기가 막히게 혁신적으로 결합하였다. 그에게 있어서 혁신은 지식의 결합이고 활용이다.

지식은 공유될 때 더 큰 빛을 발한다. 여러 지식이 결합되면 그 결과는 우리의 상상을 쉽게 뛰어넘는다. 우리는 이렇게 다양한 것들을 결합하고, 또 이를 통하여 만든 결과를 혁신이라고 부른다. 혁신은 '없음'에서 탄생하기도 하지만, 더 많은 혁신은 '있음'의 결합을 통해

2007년 1월 9일 아이폰 출시 프레젠테이션 중인 스티브 잡스.
ⓒ BBC News(2017. 1. 9.)

서 나타난다. 나의 지식이 나에게만 머물러 있는 것이 아니라, 나의
밖으로 나가고, 다른 지식과 결합될 때 나의 지식은 더욱 값진 지식
으로 변한다.

지식의 공유와 혁신

오프라 윈프리는 늘 자신의 부족함을 말하고, 주변 사람들의 지
식으로부터 도움을 받았다. 오프라 윈프리에게 주변의 모든 사람들
은 항상 자신보다 똑똑한 사람들이다. 다른 사람의 지식이 내게로 와
서 나의 지식과 결합되면, 다른 사람의 지식과 나의 지식이 더욱 큰
가치를 창출한다. 나의, 우리의 지식이 개방되고, 공유되어야 하는
이유이다.

세상은 아는 만큼 보인다. 그러나 이것은 아는 만큼만 보라는 것이

2013년 5월 30일 하버드대학에서 연설하는 오프라 윈프리와 관중들.
ⓒ Harvard University

아니다. 알게 되면 그동안 볼 수 없었던 더 넓은 세상을 보게 된다는 것이다. 알게 됨으로써 비로소 나는 나를 둘러싼 경계를 넘어설 수 있다. 그래서 안다는 것은 혁신을 구성하는 정말로 중요한 요소이다. 그러니 혁신의 지식은 갇힌 지식이 아닌 열린 지식이어야 한다. 새로운 지식이 계속 유입되고, 축적되며, 기존의 지식은 수정되고, 보완되고, 혹은 대체된다.

지식의 저수지 안에는 오래된 지식과 함께 새로운 지식이 저장되어 있다. 혁신적인 지식은 저수지와 같아서 늘 움직인다. 좋은 저수지가 되려면 충분한 물이 저장되어 있어야 한다. 그런데 그 저수지의 물은 늘 변화한다. 새로운 물이 들어오고, 오래된 물은 저수지 밖으로 흘러서 나간다. 일상적으로 들어오고 나감으로써 좋은 저수지가 유지된다.

지식에 갇히지 않는 열린 혁신

오래된 묵은 지식에도 장점이 있으니, 묵은 지식에는 많은 경험이 묻어 있다. 결코 가볍게 볼 수 없는, 쉽게 경험할 수 없는 것들이 오래된 지식에 들어 있다. 이 지식은 지금의 우리에게 많은 교훈을 준다. 그러나 오래된 지식이 더욱 의미 있기 위해서는 새로운 지식과 함께 있어야 한다. 오래된 지식이 묵은 지식으로 박물관에만, 책장 깊숙한 곳에만 머물지 않도록 해야 한다.

지식을 습득하는 가장 쉬운 방법은 좋은 책을 자주 접하는 것이다. 책에는 실로 많은 지식이 들어 있다. 우리가 새로운 책을 접하는 것은 우리가 다른 사람들에게, 더 넓은 세상에 열려 있다는 것을 의미한다. 책을 읽는 것은 새로운 것을 받아들일 준비를 하는 것이며, 새로운 것을 받아들이고 있는 것이다. 독서를 통해서 혁신의 문은 더욱더 넓게 열린다.

열린 마음, 열린 생각, 열린 지식, 열린 행동에서 새로운 혁신의 학습과 도전, 활용이 촉진된다. 새로운 지식을 축적함과 동시에 기존의 지식을 걷어 낼 수도 있어야 한다. 제대로 된 혁신을 위해서는 열린 마음이 필요하고, 열린 마음이 있을 때 새로운 지식의 유입이 가능하다. 지식을 통해서 형성된 유연함은 혁신의 가장 좋은 자양분이다. 학습과 지식으로 늘 새로워지는 혁신을 기대해 본다. 또한 지식에 갇히지 않는 혁신, 지식을 넘어서는 열린 혁신이 필요하다.

지역에서 배우는 정부혁신

절박한 혁신

혁신은 그냥 생기지 않는다. 심심해서 하는 것도 아니고, 하늘에서 비가 오듯이 우연히 생기는 것도 아니다. 절박함에서 시도된다. 가끔 우연한 발상의 전환으로 혁신사례가 만들어졌다고 알려진 경우도 있다. 언뜻 보면 우연히 만들어진 사례 같지만, 배경을 자세히 들여다보면 거기에는 우리가 상상하기 힘든 절박함이 숨어 있다. 우리 눈에 잘 보이지 않았고, 우리가 제대로 눈치를 채지 못했을 뿐이다.

절박함이 어려움이나 고통만을 의미하는 것은 아니다. 절박함은 몰입이고, 집중이고, 간절함이다. 작은 것에도 결코 작지 않은 절박함이 담겨 있다. 레고블록을 완성할 마지막 한 조각을 찾지 못한 어린아이의 절박함이 로또의 마지막 번호 한 개가 틀려서 1등이 되지 못한 어른의 절박함만 못하지 않을 것이다.

혁신은 의식적 혹은 무의식적인 절박함에서 시작되는 것으로, 재미 삼아 해 보는 일회적인 것이 아니다. 실험실에서 비커에 담겨 있는 물질들을 재미 삼아 섞어 보는 놀이가 아니다. 재미와 우연을 통해서도 놀라운 결과가 만들어질 수는 있다. 혁신에서 재미와 우연을 부정하려는 것은 아니다. 세상의 수많은 혁신과 그 성공들은 우연보다는 절박함에서 만들어졌음을 강조하고 싶은 것이다. 특히 정부와 사회문제를 대상으로 하는 혁신이라면 더더욱 하다가 마는 일회성의, 재미 삼아 해 보는 그저 그런 실험일 수 없다. 그 실험은 최대한 성공하도록 진심으로 노력해야 한다. 실험 자체에만 그쳐서도, 실험으로 만족해서는 더욱 안 된다. 한 번의 시도로 성공하지 못하여 멈추는 것이 아니라, 다시 또 시도해야 한다.

다양하게 시도되는 혁신실험

요즘 정부혁신과 관련하여 자연과학에서나 쓸 법한 '실험'이라는 단어가 자주 사용된다. 예를 들어서 'policy lab', 'living lab' 과 같은 용어들이 대표적이다. 용어상의 차이는 있지만, 핵심은 정부정책을 자연과학에서의 실험실과 같은 개념을 적용하는 '사회적 실험'을 실시해 보고, 이것의 결과를 토대로 정책을 본격적으로 추진하거나 확대하는 데 활용하기 위한 방법이다. 우리나라와 같이 정부정책의 파급력이 크게 작용하는 국가에서 충분히 시도해 볼 만한 의미 있는 혁신적 방법이다. 그동안 우리의 정부혁신은 시범 혹은 실험과정을 충분히 거치지 않은 가운데 범정부적으로 확대하여 추진하는 경우가 많았다. 가끔 시범사업이라는 이름으로 정책이 추진되곤 하는데, 시범사업이 본 사업을 위한 예비적 실험의 의미보다는 전국적으로 확대하거나 혹은 사업 중단을 위한 명분으로 형식적으로 추진되는 경우가 많았다. 혁신적 정책이 어떤 효과를 가져올지 가늠하기 어려운 경우가 많은 데도 우리는 쉽게 혁신적 정책을 결정하고, 또 가벼이 전국적으로 확대하여 실시하였다.

전국적 수준에서의 정부혁신 정책은 성공하기 쉽지 않다. 아무리 우리의 정치행정 구조가 중앙집권적이라고 해도, 과거 권위주의 정부 시절처럼 전 정부조직과 전 지방자치단체들이 일사불란하게 중앙에 있는 정책결정자의 뜻대로 움직이지 않는다. 이제는 다들 생각이 달라졌다. 다른 생각을 갖고, 다르게 행동하는 것이 지극히 정상적인 세상이 되었다. 겉으로는 다들 순순히 따라서 하는 것 같아 보여도 속을 들여다보면 그렇지 않은 경우가 다반사이다. 범정부적인 획일적 정부혁신과 정책들은 시간이 갈수록 성공보다는 실패하기 쉬운 상황으로 변한다.

전국으로 확산되는 지역의 혁신사례

그러나 다행히도 실험이라고 부를 만한 혁신사례들이 여기저기서 만들어지고 있다. 지역사회 단위에서 이루어지고 있는 작은 혁신사례가 대표적이다. 자치단체에서의 혁신사례, 지역사회 중심의 자발적인 사회혁신 사례, 마을 단위의 사례까지 다양하다. 이들은 중앙정부의 입장에서 보면 전국적인 사례가 아니니, 작고 사소한 사례에 불과하고, 전 정부적 정책에서 출발한 것이 아니니 실험이라고 부를 만하다. 물론 이들은 지역의 입장에서는 작은 실험이 아닌 본격적인 혁신활동이다. 결코 작고 사소하게 평가되어도 좋을 혁신이 아니다.

지역사회의 혁신사례들은 지역 전체를 움직이는 실천혁신이며, 중앙정부 입장에서 보면 지역에서의 작은 실험혁신이다. 그러나 얼마든지 전국적 확산이 가능한 실험적 혁신사례이다. 어린이 교통안전을 확보하기 위하여 부산에서 시작된 '옐로우 카펫yellow carpet'은 얼마 지나지 않아서 전국으로 확산되었다. 서천군에서 교통 오지에 살고 있는 주민들의 교통 기본권 확보를 위하여 도입한 100원 택시, 희망택시는 또 어떤가. 지역에서의 성공적인 혁신사례는 전국적으로 적용되는 중앙정부 정책을 안전하게 안내하는 역할을 한다. 지역의 혁신적 사례는 대형 선박을 항구로 안전하게 안내하는 도선사pilot의 역할과 같다. 서천군의 100원 택시는 대한민국의 대표적인 혁신사례로《뉴욕타임스》에까지 소개되었다.

Sept. 11, 2021

ASIA PACIFIC

'It's a Godsend': 9-Cent Taxi Rides in Rural South Korea

One county's plan to help older, carless citizens stuck in remote villages proved wildly popular and has been copied across South Korea, revolutionizing public transportation in the countryside.
By Choe Sang-Hun

〈신이 준 선물: 9센트의 택시〉로 소개된 서천군 100원 택시.
ⓒ *New York Times*(2021. 9. 11)

그렇다. 우리는 지역에서 성공한 많은 혁신사례에 주목해야 한다. 이들이 바로 리빙 랩, 폴리시 랩에서 말하는 혁신실험들이다. 특정 지역에서 실험된 혁신사례라고 해서 그 활용이 지역에 국한될 필요는 없다. 이웃하는 많은 자치단체들이 이 사례를 배우려고 한다. 한 지역에서 성공한 혁신사례는 순식간에 여러 자치단체로 확산된다. 정부가 주도했다면 오히려 잘 안 되었을 혁신사례의 전파가 오히려 자발적으로 이루어진다.

지역혁신의 강점

기초자치단체 수준에서 성공한 사례들을 유사한 수준의 기초자치단체가 벤치마킹하는 것은 쉬울 뿐만 아니라 성공 가능성도 높다. 사업의 규모도 작고, 비용도 적고, 문제의 발생 가능성도 미리 쉽게 확인할 수 있는 등 세세한 것들을 충분히 사전에 확인하고 검토할 수 있다. 설사 현장 활용에 실패한다고 해도 그로 인한 부작용이 최소화될 수 있다. 지역에서의 혁신적 사례들이 갖고 있는 장점은 한두 가지가 아니다. 지역사회 수준에서의 혁신적인 성공사례의 특징을 보면 이와 같은 장점이 더욱 명확하게 드러난다.

자발적 혁신

먼저 자발성이다. 이것이 지역 단위 혁신의 가장 중요한 특징이다. 자발성은 중앙정부나 혹은 공공부문에 의존하지 않고 스스로 직접 문제를 해결하고자 하는 것이다. 이것은 혁신의 가장 핵심적인 요소이다. 지역의 많은 혁신사례들은 공동체 구성원들의 자발적 문제 인식과 해결의 노력을 통하여 만들어졌다. 혁신의 본질이 지역혁신 사례에서 쉽게 발견된다. 지역이 나라의 출발이며, 지역의 사람이 국가와 국민을 형성한다. 지역은 제도로서의 지방자치제 이전부터 스스로 문제를 풀어낸 오랜 역사를 갖고 있다. 지역에서 오랫동안 형성된 공동체적 정체성과 협력의 관계가 자발적으로 문제를 푸는 기제로 작동한다.

문제 해결 중심의 혁신

지역 단위에서의 혁신은 당면한 지역의 문제를 해결하기 위한 혁신이라는 점에서, 처음부터 명확하게 문제 해결 지향적이다. 규범적 차원에서 접근된 것이 아니다. 만일 규범적 차원에서 시작하는 것이라면 성공하기 어려웠을 것이다. 거창한 규범적 가치의 실현을 위한 혁신이 아니라 현장에서 구체적인 삶의 문제를 해결하려는 혁신이다. 현장으로 가까이 가면 갈수록 풀어야 할 문제가 무엇인지 제대로 보인다. 지역혁신의 사례는 현장에서 출발하며, 현장의 문제를 가볍게 보지 않는다.

공동체 기반의 혁신

지역사회 구성원들 간의 공동체적 협력에 기반하고 있다. 지역사회의 혁신은 본질적으로 공동체성을 띠고 있다. 지역사회 구성원과 혁신의 추진 주체 간에 문제 인식이 공유되고, 함께 문제를 풀고자 노력한 자연스러운 결과이다. 혁신의 주체와 대상이 유기적으로 연결되어 있다. 본질적으로 지역의 혁신에서는 주체와 대상이 분리되지 않는다. 공동체적 해결은 문제를 인식하는 당사자와 문제를 푸는 당사자가 다르지 않음을 의미한다. 중앙행정기관이 추진하는 혁신이나 혹은 대규모 혁신은 도저히 흉내 낼 수 없는 역량으로, 이것이 지역 혁신이 갖는 강점이다.

비용을 최소화하는 혁신

적은 비용이다. 지역적으로 제한된 범위에서 시도되는 혁신활동이라는 점에서 중앙정부의 혁신과 비교하여 비용 부담이 상대적·절대적으로 적다. 만일 지역이 큰 비용을 부담해야 한다면 혁신 자체를 시도하기가 어려웠을 것이다. 물론 중앙정부에서는 적은 비용이 지역 단위에서는 큰 비용일 수 있다. 때문에 지역 단위에서는 비록 적은 비용이라고 해도 결코 사소하게 취급되지 않는다. 지역의 혁신비용은 결코 적은 것이 아니다.

갈등을 해결하는 혁신

지역의 혁신은 갈등을 해결해 가면서 추진되는 혁신이다. 아무리 작은 지역이라도 혁신에 따른 갈등은 존재한다. 모두의 생각이 같을 수 없기 때문에 혁신 추진에 따른 갈등의 발생은 당연하다. 큰 단위의 혁신만 갈등이 있는 것이 아니다. 전국적 수준의 혁신이 야기하는 갈등은 규모도 클 뿐만 아니라, 전국적 이슈라는 관점에서 해결하기 쉽지 않은 어려움이 있다. 그런데 지역혁신은 이 갈등을 피하지 않고 해결해 나가면서 완성된다. 이러저러한 시행착오들을 현장에서 해결해 나가면서 혁신이 완성되어 간다. 그렇다고 해서 지역에서 직면하는 갈등이 쉽게 해결될 수 있다는 것은 아니다. 갈등은 명확한 이해당사자가 존재한다는 점에서, 규모의 크기와 상관없이 해결하기 쉽지 않다. 우리는 작은 지역 단위의 혁신을 통해서도 충분히 성공적인 갈등 관리를 배울 수 있다.

지역 맞춤형 혁신

지역 수준의 혁신은 당사자 중심의 맞춤형 혁신이라고 할 수 있다. 문제에 직면한 당사자들이 직접 문제를 해결하기 위하여 나선 혁신이기 때문이다. 아무리 좋은 혁신이라도 내 맘에 들지 않고, 이해하기 어려운 경우들이 많다. 중앙정부가 추진하는 혁신은 대부분 전국적 표준형이기 때문에 지역적 특수성을 충분히 반영하기 쉽지 않다. 표준의 혁신은 전체적 관리의 입장에서는 유리할 수 있을지 몰라도, 결국 지역이 처한 특별한 상황과 일정한 거리가 있을 수밖에 없다. 중앙정부의 표준화된 혁신과 달리 지역혁신은 지역 주민 맞춤형 혁신이다. 혁신에서 지리적 범위는 의외로 중요하다. 전체적인 조망이 용이한 지리적 범위에서의 혁신은 지역이 갖고 있는 다양성과 특수성을 명확하게 확인하고 최대한 반영하는 데 유리하다. 반면 혁신의 지리적 범위가 넓을수록 지역의 다양성과 특수성을 반영할 가능성은 반대로 적어진다.

다시 생각하는 정부와 혁신

위에서 제시한 것들은 지역 수준의 혁신만이 아니라 전 정부 수준에서의 정부혁신이 성공하기 위한 조건으로 활용될 수 있다. 이 조건과 특징들은 큰 혁신이든 작은 혁신이든 늘 새겨 두어야 할 것이기 때문이다. 모두 혁신의 기본적인 특성을 담고 있기 때문이다. 중앙정부 입장에서는 지역사회 단위에서 만들어진 혁신사례는 작고 볼품없어 보일 수 있다. 그러나 중앙정부 수준의 큰 혁신은 외관상 그럴듯해 보이지만 실패하기 쉽다. 오히려 지역에서 성공한 작은 혁신사례를 잘 살펴보고, 이들을 전국적으로 확산할 수 있는 방안을 고민하는 것이 현명한 접근일 것이다. 이것이 중앙정부가 혁신을 추진하는 효과적인 방법이기도 하다.

지역에서 배우는 정부혁신

모든 혁신정책의 사례들을 지역에서 가져올 필요는 없다. 지역사회에서 시도할 수 없는 혁신도 많다. 중앙정부가 해야 할 혁신이 있고, 중앙정부만이 효과적으로 시도할 수 있는 혁신이 있다. 또 중앙정부가 할 수 없는 것도 많다. 중앙정부가 할 수 없는 것은 하지 않는 것이 아니라, 오히려 적극적으로 지역을 통해서 배워야 한다. 이미 지역에서 검증된 것이니 얼마나 안심하고 활용할 수 있겠는가. 지역에서 배우는 중앙정부의 모습, 그 자체만으로도 혁신적이다.

지역에서 다양한 혁신적 실험들이 활발하게 일어나고, 성공하도록 눈에 보이지 않게 지원하는 것이 중앙정부가 해야 할 중요한 혁신의 역할이다. 지역의 장점인 다양성과 특수성을 충분히 인정하고, 지역

2018년 12월 3일, 치매 어르신 보호를 위한 고양시의 〈꼬까신〉이
2018 정부혁신우수사례에서 대통령상을 수상하였다. ⓒ 고양시청

이 갖고 있는 혁신의 역량을 마음껏 발휘할 수 있는 여건을 만들어 주어야 한다. 지역의 다양성이 꽃을 피우도록 해야 한다. 다양성은 혁신의 다른 이름이기 때문이다.

전국에 243개의 자치단체가 있다는 것은, 243개의 혁신 주체가 존재한다는 것을 의미한다. 이들이 1년에 하나의 혁신사례를 만들어 낸다면, 전국적으로 243개의 혁신사례가 만들어지고, 이들이 모두 중앙정부의 전국적 혁신정책으로 확산될 수 있다. 중앙이 주도하는 혁신이 아닌 지역이 주도하는 혁신이 충분히 가능하다. 지역은 혁신의 무궁무진한 보물창고이다. 이제는 중앙정부가 지방정부로부터 혁신을 배울 수 있다. 중앙정부가 혁신하는 방법의 대전환이 필요하다.

제3장

정부혁신의
이상과 현실

정부혁신이라는 단어 자체는 좋은 의미를 담고 있고 또 필요한 것은 분명하지만, 이것의 실현과정은 쉽지 않다. 정부혁신은 현재의 문제를 기준으로 미래를 상상하고 설계하고 실현하는 과정이다. 현재의 문제는 비교적 명확하지만, 이후 미래와 관련된 모든 것들은 명확한 것이 하나도 없다. 모두 불확실하여 안갯속을 헤매는 것과 같으며, 그래서 선뜻 나서기도 꺼려진다. 게다가 우리가 마주하고 있는 현재는 이미 지나간 오랜 세월의 결과이기에 매우 견고한 관행으로 자리 잡고 있다. 혁신이 관행을 거스르는 것이라면 처음부터 어려움은 물론 실패까지 각오해야 하는 위험한 것이다. 혁신은 명확한 현실과 불명확한 이상의 대결과도 같다. 열정으로 혁신을 시작할 수 있지만, 가시밭길과 같은 혁신의 길을 갈 수 있게 하는 것은 냉정이다. 냉정함으로써 열정이 가득한 혁신이 그나마 안갯속과도 같은 미래로 한 발자국 더 나갈 수 있을 것이다. 혁신에는 열정도 필요하지만, 그만큼의 냉정도 필요하다.

진짜 혁신과 위장 혁신

지금의 정부, 혁신의 역사

세상이 존재한 이래로 혁신은 늘 있었을 것이다. 인류의 진보는 수많은 혁신이 누적된 결과라는 점에서, 혁신은 당연히 처음부터 존재하였으며, 지금도 진행형이라고 해도 과장이 아니다. 앞으로도 인류의 혁신은 멈추지 않을 것이다. 인류가 진보하는 과정에서 수없이 많은 수만 가지의 우여곡절이 있었을 것이며, 인류는 이것에 굴하지 않고 극복하며 나아갔으니, 길고 험난한 이 과정이 곧 혁신의 과정이자 혁신의 역사이다. 오늘날 인류의 문명은 수많은 혁신가들의 혁신의 유산이다.

정부혁신도 인류의 혁신과 같다. 우리가 정부를 만든 이래로 지금까지 정부혁신은 늘 존재하였다. 당연히 그 과정에서 성공한 혁신도 있고, 실패한 혁신도 있을 것이다. 비록 부침은 있었을지 몰라도 정부혁신을 위한 시도와 노력은 멈추지 않고 계속되었다. 지금의 정부는 과거와 비교하여 혁신적으로 발전하였으며, 그것은 많은 혁신가들의 고민과 열정, 노력의 결과이다. 혁신을 말하지 않고 지금의 정부를 말할 수는 없다.

▌성과의 불확정성

정부혁신의 성공과 실패를 가르는 기준을 분명하게 제시하는 것은 어렵다. 혁신의 성공 여부를 성과를 기준으로 확인할 수도 있는데, 성과 자체가 모호하여 특정하기 어려운 경우도 있고, 혁신정책의 특성에 따라서 성과 창출에 소요되는 시간도 다양하다. 혁신의 성과가 시작한지 1달도 안 되어 나오는 경우도 있지만, 10년 이상의 오랜 기다림이 필요할 수도 있다. 이쯤 되면 이것이 혁신의 결과인지조차 애매하다.

우리가 성과라고 확인한 것이 얼마나 유지될 수 있을지도 모를 일이다. 성공한 혁신이 어느 날 실패한 혁신으로, 반대로 실패로 낙인찍은 혁신이 어느 날 성공한 혁신으로 변신할 수도 있다. 혁신은 늘 가변적인 현실 위에서 이루어지는 것이니, 성과도 그 영향을 받아서 늘 가변적이다. 혁신의 성과는 불확정적이다. 생각보다 혁신의 성공과 실패를 특정하기란 어렵다. 그러니 혁신의 성공과 실패는 간단하게 판단할 일이 아니다.

더 중요한 것은 혁신의 성과라고 하지만, 성과를 창출한 과제가 혁신적인 것인지도 중요하다. 우리가 성과를 확인할 수 있지만, 그 성과는 혁신을 통해서도 혹 그렇지 않은 것을 통해서도 산출될 수 있다. 모든 것을 인과관계를 통해서 설명할 수 없듯이, 정부혁신의 추진계획과 성과 간의 인과관계가 모호한 경우도 적지 않을 것이다. 아마도 이 인과관계를 정확하게 따져 보겠다고 나서는 사람도 별로 없을 것이다.

애초부터 성과를 창출하지 못하는 혁신도 있을 수 있다. 혁신이 존재하지 않음에도 여러 가지 목적으로 혁신인 양 포장하는 경우이다. 특정한 상황을 모면하기 위하여 혁신적인 것처럼 포장을 한다. 혁신을 추진할 의지도 없고, 정책도 준비되지 않은 상태에서 말로만 혹은 문서로만 혁신이 존재한다. 그럼에도 우리는 또 혁신의 성과가 있다고 말한다. 제대로 된 혁신활동이 없는 데도 혁신의 성과는 존재하는 현실. 이것은 불가능한 일만은 아니다.

그래서 혁신의 외양이 아니라 실체가 중요하다. 정말로 정부가 말하는 정부혁신은 실체로서 존재하는 것인가. 한 번쯤 의심해 보는 것도 나쁘지 않다. 의도한 것은 아니겠지만 정부가 말하는 혁신이 모두 혁신은 아닐 수도 있다. 정부가 당초 제시한 혁신적 어젠다들은 마지막까지 계획대로 제대로 추진되었을까. 정부가 의도하였던 혁신 어젠다의 성과는 정말로 확보 가능한 것인가.

정부가 혁신을 말하고 있지만, 우리가 생각하는 혁신과 거리가 먼 것들도 없지 않다. 애초부터 실현 가능성이 없는 혁신의 말도 있다. 혁신이 상상에서 출발한다고 해도, 처음부터 되지 않을 것을 알면서 말한다면 어찌 그것을 혁신이라고 할 수 있을까. 진짜 혁신이 아닌 다른 목적을 갖는 혁신들도 있다. 일종의 유사 혁신pseudo innovation이라고 해야 할까. 그럴듯한 말로만 포장된 위장 혁신이다. 진짜 정부 혁신을 어떻게 알아볼 수 있을까.

▌혁신의 말과 실천

혁신이라는 단어 자체는 무척 매력적이다. 혁신을 실제로 추진하고 안 하고 이전에, 문제가 있음을 주저 없이 말하고, 문제의 해결을 위한 혁신의 필요성을 주장하고 나서면, 그 사람은 꽤 그럴듯해 보인다. 문제 의식을 갖춘 혁신적인 사람으로 좋은 평가를 받을 것이다. 얼마 가지 않아 이 사람은 리더로 추대받을지도 모른다. 겉으로 혁신을 드러내어 말하지 않지만 실제로 혁신을 추진하는 사람보다는 이런 사람이 확실히 더 그럴듯해 보인다. 말 한마디가 천 냥 빚을 갚는다는 것은 그저 빈말이 아니다. 혁신적 실천 자체도 중요하지만, 좋은 말과 언어를 사용하는 것이 혁신을 더욱더 촉진시킬 수 있다. 좋은 혁신의 언어를 찾고 사용하는 것도 중요한 일이다.

그러나 혁신을 말하는 것과 혁신을 실천하는 것은 당연히 별개이다. 어떤 것이든 실천은 수고와 노력, 인내 등 여러 가지 귀찮은 것들이 필요하기 때문이다. 그런데 혁신은 여기에 더하여 어느 정도 자기 희생도 요구한다. 혁신이 기존의 구조를 변화시키는 것이기 때문에 혁신에 반대하거나 저항하는 사람들도 있어서, 이들과의 사이에서 발생할 수 있는 갈등도 감내해야 한다. 이들의 날 선 비판도 극복해야 하고, 혹시 나타날 수도 있는 실패에 따른 비난도 각오해야 한다. 선한 의도로 시도한 혁신이라고 해서 모든 비판가들이 이 사정을 다 감안해 주지 않는다. 혁신을 말하면 주변 사람들은 비판이라는 이성을 갖고 혁신을 분해하여 문제를 찾아낸다.

그래서 처음에는 진정성을 갖고 혁신을 말하다가도, 이러저러한 장애물에 직면하고, 부딪히고, 비판과 비난을 받으면, 애초에 갖고 있었던 혁신의 의지가 약해진다. 날 선 문제 의식도 변한다. 고민 끝에 찾아낸 방법과 수단은 무디어진다. 현실적인 불가피성을 이유로 차선도 아닌 차차선을 선택하기도 한다. 이러한 상황에 직면하면 이상을 꿈꾸었던 혁신은 사라지고 현실과 타협한 혁신만 남게 된다.

어차피 현실을 무시한 혁신은 불가능하기 때문에, 열정적이고 무조건적인 혁신을 강조하기보다는 현실과 적당히 타협하는 가운데 조금이라도 개선하는 것이 좋지 않느냐고 자신의 변신을, 약화된 혁신의 의지를 정당화시킨다. 고개가 끄덕여지기도 한다. 오죽하면 그 열정적이던 혁신가가 현실과 타협하였을까. 그래도 이것은 그나마 나은 편에 속한다. 진즉에 혁신의 실천을 포기했거나 혹은 오히려 반혁신의 입장으로 변하였음에도 불구하고, 여전히 혁신가인 것처럼 위장하는 혁신도 존재한다. 이런 위장 혁신은 여간해서는 알아보기 어렵다. 혁신의 불확실성과 모호성, 예측의 어려움이 위장된 혁신의 원인이기도 하다.

위장 혁신

계획만 세우고, 실천을 위한 노력은 없는 혁신도 위장 혁신이다. 혁신을 제대로 실천하려면 그에 맞는 인력, 예산, 조직이 필요한데, 이것들을 충분히 확보하지 않은 혁신이다. 이런 가운데 주장되는 혁신은 모두 위장 혁신일 가능성이 높다. 이것은 또한 종이 혁신이며 서류 혁신이다. 서류만 보면 정말 그럴듯하다. 정부가 경천동지하게 변할 만한 혁신계획이다. 세상이 기막히게 변할 것 같다. 국민을 위한 참된 정부로 거듭나는 것은 시간문제인 것 같다.

정부가 만든 문서, 보도자료를 보면 대한민국 정부가 초일류 정부가 되는 것은 시간문제인 것처럼 보인다. 문서는 최고의 언어와 표현들로 가득 차 있다. 게다가 진정성까지 느낄 수 있을 정도로 잘 표현하고 있다. 또 서류상으로도 엄청난 혁신의 성과가 있는 것처럼 그럴듯한 실적까지 제시된다. 실제 변한 것은 아무것도 없음에도 말이다. 이 혁신을 주도한 혁신가는 대단한 혁신가로 평가받는다. 정부는 엄청나게 혁신된 것으로 평가받고 홍보된다.

이들의 진심이 부족함을 탓하고자 하는 것이 아니다. 혁신이 엉터리라고 주장하려는 것도 아니다. 본디 혁신이 말하듯이 쉽지 않은, 정말로 너무 어려운 것임을 말하려는 것이다. 제대로 준비하고 출발한 혁신도 성공하기 어려운데, 부족한 자원과 시간으로 혁신을 추진하는 것은 지극히 비현실적이다. 실현 가능성이 너무 낮다. 게다가 혁신의 대상으로 도출한 문제 자체를 부정하는 이해관계자가 오래전부터 강력하게 존재하고 있었다면, 그 혁신은 애초부터 성공할 가능성이 떨어진다.

그래서 혁신에 대한 문제 인식과 시도만으로도 가치가 있는 노력이라고 평가를 받을 수 있을 정도로 혁신은 어려운 것이다. 사람들과의 갈등 등 불편한 관계 때문에 많은 사람들이 문제를 제기하는 것조차 피하려고 하는 상황에서, 주저 없이 문제를 제기하고 혁신을 말하는 것만으로도 좋은 평가를 받을 수 있다. 문제를 푸는 것보다 제대로 된 문제를 출제하는 것이 더 어렵지 않은가. 혁신의 성과 이전에 혁신의 필요성을 말하는 사람을 소중하게 생각해야 한다.

진짜 혁신, 진짜 혁신가

위장 혁신은 우리가 현실에서 자주 볼 수밖에 없는 현실 속의 혁신이다. 그렇다고 진짜 혁신을 포기해서는 안 될 것이다. 어려움 속에서도 진짜 혁신을 추진하는 많은 혁신가들이 존재하기 때문이다. 이들이 있음으로써 여기저기서 진짜 혁신이 시도되고 있다. 중앙정부는 물론이고 지역에서 많은 활동가들이 어려움 속에서도 대한민국과 지역사회 공동체의 발전을 위해 끝없이 진짜 혁신을 시도하고 있다.

진짜 혁신을 하고자 하는 사람들이 혁신을 포기하지 않도록 해야 한다. 어떤 것이 진짜 혁신인지 가려내고, 이 혁신이 성공하도록 지원해야 한다. 진짜 혁신은 우리 눈에 잘 보이지 않을 수도 있다. 겉으로 말로만 그럴듯하게 하는 혁신이 아닌, 음지에서 진행되어 눈에 잘 띄지 않는 혁신을 찾아낼 수 있어야 한다.

공직사회 내에는 여전히 공적인 문제에 더 많은 관심을 갖고 있으며, 나와 상관없는 것이라고 외면하지 않는, 실천하고 있는 혁신가들이 있다. 공직사회가 보수적이라고 하지만, 그 속에는 누구보다 진보적이고 열린 공직자들도 적지 않다. 오히려 우리의 생각보다 훨씬 더 많은 공무원들이 스스로 혁신하려고 노력하고 있음을 알아야 한다. 이들에 의해 만들어진 진짜 혁신을 찾아내고, 이들의 진짜 혁신이 멈추지 않도록 뒤에서 밀고 또 밀어줘야 한다. 진짜 혁신, 진짜 혁신가를 찾아내자.

관행과 공존하는 혁신

관행, 혁신의 출발점

혁신은 관행의 반명제라고 할 만하다. 혁신을 주장할 때 관행에 대한 의심과 비판이 대표적인 근거로 활용되기 때문이다. 관행이 잘못된 것이라거나 문제가 있다는 의미가 아니다. 관행은 개인이나 공동체의 오랜 습관과 같은 것으로, 너무도 오래된 것이어서 주장도 없고 의문도 없는 중립의 영역이다. 관행은 있는 것을 있는 그대로 받아들이는 상태이며, 받아들임에 있어서도 의문과 질문이 존재하지 않는 상태이다. 관행은 그 자체로서 존재 가치를 증명할 정도이다. 관행도 변하지 않는 것은 아니지만, 다시 한참의 시간이 흐른 뒤에 또 다른 관행이 그 자리를 차지한다.

관행은 누군가에게는 정의처럼 여겨지기도 한다. 윤리도 좋은 관행의 또 다른 표현이다. 관행은 또 다른 누군가에게는 근본적인 의문의 대상이 되기도 한다. 이런 점에서 데카르트가 동의할지 모르겠지만, 'Cogito ergo sum(나는 생각한다. 그러므로 나는 존재한다.)'은 우리가 지금 말하고자 하는 혁신의 출발을 상징하는 표현이라고 해도 될 것이다. 데카르트 자체가 철학에서 혁신의 상징이듯이. 혁신가의 입장에서 관행은 혁신이 필요하다고 말할 수 있는 좋은 핑곗거리 중의 하나이다. 관행에 이의를 제기하는 것은 보통의 용기로는 할 수 없는 혁신적인 행동이기 때문이다.

우리의 일상, 관행

우리의 일상이나 공직자들의 일상은 관행적으로 지나간다. 구태여 큰 고민할 필요 없이 의식조차 되지 않는 관행을 따라 하루하루가 지나간다. 관행은 하루아침에 만들어진 것이 아니라 오랜 시간을 통해서 다듬어지고 축적되어 형성된 것이며, 특히 조직의 관행은 조직 안팎에 있는 많은 사람들에 의해서 만들어진 것이라서 단단하기가 바위와 같다. 그 단단한 관행 위에서 생활하고 일하는 것은 매우 안정적이다. 불안하지 않다. 회사에 갓 입사한 신입직원이 그 회사의 관행을 빨리 익히고 수용하면 조직의 구성원으로서 큰 어려움이나 갈등 없이 비교적 수월하게 생활할 수 있다. 반면 관행에 쉽게 익숙해지지 못하는 신입직원은 적잖이 고생해야 한다.

관행은 효과적이고 편리한 생활의 방법이고 일을 처리하는 방식이다. 아침의 시작을 관행대로 하고, 직장에 출근해서도 관행대로 업무를 처리한다. 공무원도 정치인도 모두 관행대로 움직인다. 관행대로 하면 고민을 덜하게 되고, 익숙한 방법과 절차대로 하면 되니 일하기도 수월하다. 관행은 같은 블록을 찍어 내는 프레임과 같아서, 빠르게 큰 오차 없이 어제 하던 방식대로 오늘의 일을 처리하게 도와준다. 그러니 사람들은 관행대로 하는 것에 별문제를 제기하지 않는다. 관행이 있으면 사람들을 설득하는 시간과 비용도 덜 든다. 반대로 관행에 어긋나면 문제와 갈등이 생기지만, 발생한 문제와 갈등은 또 다른 관행에 따라서 처리하려고 한다.

관행 자체가 효과성과 정당화의 근거로 활용되는 경우도 다반사다. 관행대로 하면 적어도 심각하거나 치명적인 비판을 받지 않는다. 설사 관행에 따라서 한 것이 문제를 야기하는 경우에도 문제에 대한 심각한 책임은 면제되고, 관행을 근거로 책임에 대한 관용이 이루어지기도 한다. 사람들은 관행을 쉽게 수용하는 편이다. 관행에 특별히 문제를 제기하지도 않는다. 관행에 문제를 제기하는 것은 사회에 적응하지 못하는 사람들의 좋지 않은 태도 정도로 치부되기도 한다.

관행의 함정

그러나 관행이 문제가 없음을 의미하지는 않으며, 드러난 문제를 해결하기 위한 정답도 아니다. 그럼에도 불구하고 관행의 힘은 강력하여 문제를 관행의 방식으로 수정하여 정의하고 해결하려고 한다. 반복되는 문제는 물론이고 새로운 문제에 대해서도 관행은 동일한 프로그램으로 대응한다. 그런데 우리가 직면하는 문제들은 갈수록 새로워진다. 같은 문제가 없는 세상으로 변화하고 있다. 이에 비례하여 관행의 문제 해결 능력은 현저히 떨어질 것이다. 아무리 강한 관행이라도 매일매일 새롭게 등장하는 문제에는 역부족일 것이다. 관행이 한계에 부딪힐 수밖에 없다. 관행이 강력한 것임은 분명하지만, 그럴수록 관행에 대한 의심도 증대된다.

관행적 사고와 행동은 또 다른 선택의 가능성을 고민하지 않게 한다. 과거부터 계속 써 왔던 방법에서, 지금 다수의 사람들이 활용하는 방법에서 벗어나지 않도록 한다. 관행은 관성과 같아서, 직진하고자 하는 물리적 속성과도 유사하다. 직진하는 물리적 속성을 거역하여 정지시키거나 거꾸로 가도록 하려면 직진하는 힘보다 더 강한 힘이 필요하다. 관행을 거스르는 것은 쉽지 않다. 혁신은 그런 관행을 넘어서고자 하는 시도이다. 관행에 문제가 있음에 의문부호를 다는 것이다. 다른 방법이 있을 수도 있다는 대안의 제기이다. 이런 의문과 주장을 하는 것은 하나같이 쉽지 않다. 관행에는 안락함과 손쉬움이 있기 때문이다. 관행에서 벗어나는 것에 대한 두려움으로 관행은 더욱더 혁신에 대한 강한 억지력을 갖는다. 관행에서 벗어나기란 여간 두려운 것이 아니다.

금기를 깬 혁신가, 현기영

현기영은 제주 출신이다. 1948년 이후 제주의 역사 한복판에는 4·3이 자리하고 있다. 제주의 역사임에도 오랫동안 4·3은 금기의 영역이었다. 4·3을 말하지 않는 것은 오래된 관행이었다. 그러니

1978년 창작과비평사에서 출간된
현기영의 소설 《순이 삼촌》.

4·3을 말하는 것은 금기를 깨는 것이고, 관행을 거스르는 것이다. 현기영은 37세가 되던 1978년에 소설 〈순이 삼촌〉을 썼다. 현기영은 4·3을 말하는 것이 어떤 것인지를, 어떤 위험이 기다리고 있는지를 잘 알고 있었다. 1979년 현기영은 연행되었고 고문당하였다. 끔찍한 고문에 현기영은 영혼과 육체가 제발 분리되기를 소망하였다고 한다. 〈순이 삼촌〉은 다시 금기가 되었다. 판매가 금지되었다. 관행은 일종의 금기의 울타리와도 같다. 금기의 울타리를 넘어가는 것, 관행을 넘어서는 것은 위험한 행동이 아닐 수 없다. 그래서 제주 4·3을 말한 현기영은 위험을 무릅쓴 혁신가이다.

오래전 한 증권회사의 TV 광고가 생각난다. "모두가 '예'라고 할 때 '아니오'라고 할 수 있는 친구, 모두가 '아니오'라고 할 때 '예'라고 할 수 있는 친구, 그 친구가 좋다. YES도 NO도 소신 있게"라는 카피였다. 광고 화면 속에서 모두가 '예'라고 이구동성으로 답할 때, 한 청년이 손을 번쩍 들고 '아니오'라고 당당히 외쳤다. 광고는 여기서 멈춘다. 만일 광고를 조금 더 길게 만들었다면 당연히 모든 사람의 시선이 이 청년에게 집중될 것이다. 그 시선은 응원의 시선이 아니라 의심의 시선일 것이다. 웬만한 사람이라면 번쩍 들었던 손을 슬그머니 내릴 것이다. 그 많은 다른 사람들의 시선이 여간 부담스러운 것이 아니다. 속으로는 '이게 아닌데'라고 하면서도, 자신의 생각을 자신의 마음대로 표현하지 못하고, 자신이 하고 싶은 행동으로 옮기지 못한다. 지금도 광고 속에서 '아니오'라고 외치던 청년의 모습이 떠오른다. 유명한 배우이다.

새롭게 개척되는 등산로

익숙한 관행에 문제를 제기하고, 관행과 다른 대안을 주장하는 사람들, 혁신가들은 이런 가볍지 않은 부담 혹은 다른 사람의 비판에 직면하지만, 결국 이를 넘어선다. 고비를 넘지 못하고 포기하는 사람도 있지만, 장애물을 넘고, 지지자를 결집하고, 새로운 대안을 모색하는 적지 않은 혁신가들이 있다. 이들은 남들이 감히 가 볼 생각을 하지 못하는 새로운 등산로를 개척하는 등산가와 같다.

히말라야 정상을 오르는 수많은 등산로가 있다. 새로운 등산로가 만들어지기도 한다. 그렇다고 새로운 등산로가 종전의 등산로를 대체하는 것은 아니다. 기존의 등산로도 여전히 정상을 오르는 유효한 등산로이다. 여기에 새로운 등산로가 추가된다. 그러나 새 등산로는 쉽게 만들어지지 않았다. 아무도 가 보지 않았던 위험한 길이기 때문이다. 그런데 모험적 등산가들은 위험을 무릅쓰고 새 등산로를 개척하였다. 수많은 희생 끝에 새 등산로가 만들어졌다. 새롭게 개척된 등산로에서 보는 풍경이 기존 등산로에서는 절대 볼 수 없는 절경이거나 혹은 등산 시간을 대폭 줄일 수 있다면 기존 등산로를 대체할 수도 있을 것이다. 정상에 오르는 길은 다양하다. 후배 등산가들은 오늘도 선배들이 개척한 많은 등산로 중에서 하나를 택하여 정상에 오르고 있다.

그렇다. 혁신은 기존의 모든 것을 대체하는 것은 아니다. 일부를 대체하거나 보완하는 역할도 한다. 일부를 대체하지만, 이것이 워낙 강력하면 주변으로 확산되어 더 많은 것을 대체한다. 저수지의 물이 오염되었다고 이 물을 완전히 새 물로 바꾸기는 어렵다. 오염된 저수지 물의 일부를 내보내고, 그만큼 혹은 좀 더 많은 새 물을 추가하면 된다. 깨끗한 새 물이 조금이라도 유입되면 저수지의 오염도는 낮아질 것이다. 새 물이 내리 유입되고 오염된 물이 계속 흘러 나가면 저수지의 오염도는 속속 낮아질 것이다. 반면 새 물이 더 이상 유입되지 않으면 저수지 물도 더 이상 깨끗해지지 않는다. 그리고 시간이 지나면 저수지의 오염도는 원래대로 돌아갈 것이다. 저수지가 저수지다우려면 늘 새 물이 들어와야 한다.

혁신의 요요 현상

혁신은 관행의 부정에서 시작되지만, 혁신이 관행을 온전히 제거하기란 쉽지 않다. 우리가 바라는 것은 혁신적 활동이 기존의 강력한 관행에 조금이라도 늦게 물들도록 버티게 하는 것일지도 모른다. 혁신이 이루어지고 난 후, 이것이 기존과 같은 관행이 되는 것은 시간문제이다. 혁신 자체가 관행이 되어 버리거나, 혁신이 관행에 물들어 버린다. 이것은 혁신에게 주어진 운명과도 같다. 혁신 자체가 허술하고 약점이 많으면, 오히려 혁신이 기존의 관행을 더욱더 강화시킨다. 혁신의 역효과이다. '구관이 명관'이라는 말이 혁신의 그림자 속에서 웃음을 지을 것이다.

몸으로 비교하면, 다이어트는 '몸 혁신'이다. 세상에서 가장 힘든 혁신일 것이다. 몸 혁신을 해 봤던 대부분의 사람들이 공통적으로 겪는 것이 바로 요요 현상이다. 몸 혁신의 상태를 유지하는 것은 너무도 어렵다. 제대로 유지하지 못하면 몸 혁신 이전의 상태보다 더 악화된 상태로 역전된다. 마찬가지로 혁신에도 요요 현상이 있다. 제대로 혁신하지 않으며, 혁신의 결과를 제대로 관리하지 않으면 혁신한 만큼 혹은 그 이상의 부정적 요요 현상이 발생한다. 혁신과 요요 현상은 벗어나기 힘든 악순환 관계에 있다.

요요 현상 없는 혁신은 어떻게 가능할까. 몸 혁신이 제대로 되기 위해서는 자신의 몸 상태, 습관 등을 면밀하게 분석해야 하듯이, 혁신도 혁신 자체를 제대로 분석해야 한다. 그리고 할 수 있는 것과 할 수 없는 것을 잘 구분해야 한다. 혁신의 한계나 속성에 대한 인식을

다시 생각하는 정부와 혁신

전제로 혁신을 추진해야 한다.

각고 끝에 혁신적 성과를 얻었어도, 얼마 지나지 않아서 사람들은 그 성과를 기억하지 못한다. 언제 혁신이 있었냐는 듯 잊어버린다. 혁신가에게는 정말 안타까운 일이다. 혁신은 일정한 기간 동안의 집중된 노력과 결과물이지만, 관행은 혁신의 추진기간과는 비교할 수 없을 정도로 오랫동안 자리 잡은 것으로 굳어진 체질과 같다. 혁신이 일시적 운동이라면, 관행은 만성적 체질이다. 체질을 하루아침에 바꿀 수 없듯이 혁신도 단기간에 관행을 대체할 수 없다. 물론 혁신이 관행처럼 지속적으로 이루어진다면, 체질과 같은 관행을 어느 정도는 바꿀 수 있을 것이다. 그러나 한두 번의 혁신으로 관행을 바꿀 수는 없다. 365일 24시간의 혁신은 아니어도, 간헐적으로라도 멈추지 않고 혁신이 이어진다면 시간은 오래 걸리겠지만 관행의 변화도 가능할 것이다.

모든 길은 누군가 새로 만든 길

관행에서 벗어나는 것은 도전이고 모험이다. 위험을 무릅쓰는 것이다. 남들이 갔던 길은 안전하다. 새로운 맛은 없지만. 다시 등산로를 생각해 보자. 앞서 갔던 사람들의 길이 등산로이다. 평탄하다. 원래 있었을 돌도 치워져 있고, 풀과 나무도 없어서 길을 잃을 염려도 별로 없다. 야간 산행을 해도 두려움이 없을 정도의 좋은 길이다. 단지 내가 만든 길이 아니어서 조금 아쉬울 뿐이다. 그러나 아무도 길을 내지 않았던 산을 오르는 것은 어떤가. 엄두를 내기조차 힘들다.

길이 없다며 더 이상 산을 오르기를 포기하거나, 용기를 내어 조금 오르다가 돌아서고 만다. 길 없는 곳에 길을 내는 것은 어렵다.

그러나 모든 길은 누군가에 의해서 처음 만들어진 것이다. 쉽게 만들어진 길은 하나도 없다. 길이 없지만, 누군가 용기를 내어 나아감으로써 비로소 그때 길이 되었다. 위험한 길일 수 있다. 길을 만들지 못할 수도 있다. 그러나 누군가가 지나감으로써 비로소 길이 생긴다. 혁신은 가 보지 않은, 만들어지지 않은 길을 가는 것과 같다. 처음에 가졌던 두려움은 결국 길을 만들어 냄으로써 누구도 알 수 없는 기쁨으로 변한다. 새로운 길을 처음 만든 경험과 기쁨은 또 다른 길을 만들어 낼 수 있는 용기와 혁신의 원천이다.

혁신과 관행은 공존할 수 있다. 중병에 걸렸을 때, 병을 이기려고 하지 말고 병과 함께하라는 말이 있듯이, 혁신이 관행과 공존하는 것도 고려해 볼 만한 방법이다. 다만 이들이 공존하는 가운데 혁신이 제자리를 잡기보다는 관행에 압도되어 묻힐 가능성을 경계해야 할 것이다. 혁신적 사고와 방안이 관행 속에서도 살아남을 수 있도록 해야 한다. 그래서 누군가가 제안하는 혁신적인 방안에 대한 관심과 지지가 필요하다. 관행 속에서 혁신가가 알아서 살아남으라고 하면 살아남기 힘들다. 혁신의 가치와 의미를 인정하고, 나아가서 더 많은 결과를 만들 수 있도록 영양분을 공급해야 한다. 그래서 누구나 다 혁신이 더 이상 새로운 것이 아닌 것처럼, 혁신 관행으로 만들어야 한다. 혁신이 관행이 될 수 있다면 더 바랄 나위가 없을 것이다.

정부혁신과 정책의 창

정책의 시간

아주 오래전이기는 하지만 정책학을 공부하면서 흥미로운 용어를 접하였다. 처음 접하는 용어들은 웬만하면 다 기억에 남는데, 그중에서도 특히 '정책의 창policy window'은 단연 첫 번째로 꼽힌다. 지금 생각해도 누구인지 잘 만들었고, 많은 의미를 담고 있는 용어라는 생각이 든다. 정책학을 조금이라도 접한 사람이라면 이 용어를 모르는 사람이 없겠지만, 간단히 풀이하면 '문제를 해결하기 위한 정책이 결정되고 추진되는 절묘한 기회 혹은 상황'을 의미한다.

정책의 창이 열리면 정책결정 등 정책과정이 순조롭게 진행되며, 반대로 정책의 창이 닫혀 있으면 좋은 정책이라도 쉽게 추진되지 못한다. '정책의 창' 용어 하나를 갖고서 정책과 관련된 참으로 많은 것

125

제 3 장 정부혁신의 이상과 현실

을 설명할 수 있으니, 이 용어를 만든 사람의 덕을 많은 사람들이 보고 있다.

그런데 재미있는 것은 정책의 창이 우리가 아는 일반적인 창과는 다르다는 것이다. 집에 있는 창이야 집주인 마음대로 필요하면 언제든 여닫을 수 있지만, 정책의 창은 누구나 마음대로 열고 닫지 못한다. 정책의 창은 정책을 주도적으로 추진하는 사람이 필요하다고 마음대로 열 수 있는 것도 아니고, 정책을 반대한다고 해서 마음대로 닫을 수 있는 것도 아니다. 아무도 마음대로 정책의 창을 여닫을 수 없다. 심지어 누가 정책의 창을 열고 닫는지 누구도 모른다. 바람에 의해서도 열리고 닫힌다는 의미이다. 예측 못한 태풍이라도 오면 오랫동안 묵었던 법률이 순식간에 개정될 수 있다.

정책의 창이 언제 열리고 닫힐지를 알 수가 없다. 정책의 창이 열릴 때 정책을 추진하면 기가 막힐 텐데, 그 시간을 알지 못하니 정책

LH 사태로 「이해충돌방지법」은 발의 8년만에 국회에서 통과되었다. ⓒ KBS

을 추진하고자 하는 사람 입장에서는 여간 답답한 것이 아닐 것이다. 다만 아무리 정책의 창이 열려서 정책추진에 우호적인 상황이 만들어진다 해도, 미리 잘 준비된 정책이 없으면 열린 창도 소용이 없다. 정책을 만들다 보면 어느새 창이 닫힌다. 정책의 창이 시사하는 바 중의 하나는 바로 준비된 정책의 중요성이다.

▍혁신정책은 복잡한 정치과정

이미 여러 번 언급하였지만 정책은 정치 그 자체라고 할 수 있다. 우리는 정치를 복잡하여 풀기 쉽지 않은 것으로 이해하듯이, 정책도 정치 못지않게 복잡하다. 간단한 정치가 없듯이 간단한 정책도 없다. 정책과 관련하여 많은 이론과 모델이 등장한 것도 정책의 복잡성 혹은 추진의 어려움 때문일 것이다.

정책은 의도적인 것이며, 정책을 통해서 다양한 변화들을 만들어내고자 하는 것이기에, 정책에는 늘 혁신성이라는 특성이 포함되어 있다. 특히 어떤 정책이든 다양한 이해관계자들이 관련되어 있으며, 따라서 그 정책으로 이익을 보는 사람도 있고 손해를 보는 사람도 있다. 그래서 정책에는 늘 양면성이 존재한다. 만일 더 혁신적인 변화를 일으키는 정책이라면 이해관계자의 관계도 비례하여 크게 변화시킬 수 있으니 정책과정은 더욱 복잡해질 수밖에 없다. 아무리 좋은 정책이라도 모든 사람의 지지를 받을 수 없는 이유가 바로 여기에 있다.

정책에서 순응, 즉 정책이 지지받는 경우는 별 고민거리가 되지 않는다. 고민되는 것은 정책에 대한 저항, 즉 불응의 경우이다. 때문에 정책의 내용과 추진방법 등 많은 것들이 이러한 저항을 고려하여 결정된다. 특히 정책을 어느 때 추진할 것인가의 문제, 즉 정책을 추진하는 시기도 저항을 극복하기 위하여 고려해야 할 중요한 사항이다. 정책을 구상함에 혁신적 정책을 통하여 달성하고자 하는 바람직한 상황을 우선적으로 고려하겠지만, 그 이상으로 정책추진과정에서 직면하게 될 어려움, 갈등, 부작용도 고려하지 않으면 안 된다.

두 얼굴을 가진 정책의 창

난세가 영웅을 만든다고 하듯이, 정책도 좋은 때를 잘 만나면 좋은 정책이 될 수 있다. 모든 것에는 때가 있다는 말은 전혀 틀린 말이 아니다. 정책이 때를 잘 만나면 쉽게 실현될 수 있지만, 그렇지 못하면 애써 만든 좋은 정책이 아주 사소한 상황하에서도 어처구니없이 좌절된다. 좋은 정책이 실현되는 것이 아니라 타이밍이 맞은 정책이 실현되어 좋은 정책이 된다.

정책의 창은 큰 사건에도 열리지만 작은 사건에도 열린다. 정책의 창이 열리면 정책을 둘러싼 논쟁이 급격하게 줄어든다. 정책추진의 당위성이 압도적으로 강조되는 반면, 정책을 반대하는 목소리는 급격하게 작아진다. 정책추진으로 인해 손해를 보는 이해관계자들조차도 제 목소리를 내지 못하는 상황이 정책의 창이 열린 순간이다. 그래서 혁신적 정책을 구상하는 사람들은 정책의 창이 열리기만을 기다리기보다는 적극적으로 정책의 창을 열기 위한 의도적인 노력을 펼친다. 예를 들어서 각종 정책세미나, 홍보활동, 시민단체와의 협

다시 생각하는 정부와 혁신

력, 전문가 그룹과의 소통 등이 활용된다.

　정책의 창이 열리면 정책을 추진하는 당사자들은 빠른 속도로 정책을 결정하고 집행하고자 한다. 정책의 창이 언제 닫힐지 모르기 때문이다. 정책의 창이 닫히기 전에 모든 것을 처리하려고 한다. 다만 정책의 창이 열려 있을 때는 정책대안에 있는 약점이 제대로 검토되지 못한다. 문제가 있는 정책이 제대로 해소되지 못한 채 집행되기도 한다. 정책의 창이 열리는 것은 정책 담당자에게는 절호의 기회이지만, 제대로 검토되지 않아 허점이 많은 정책이 통과되면, 이때의 정책의 창은 불행의 창이 된다. 정책의 창은 혁신의 창이기도 하지만 불행의 창이기도 하다. 정책의 창은 양면을 갖고 있다.

정권 초기, 정부혁신의 호기?

　정책의 창은 언제 열리고 닫힐까. 정책의 창이 열리는 대표적인 순간은 새로운 정권이 들어설 때이다. 정권 초기는 새 정부에 우호적인 정치 환경이 조성되어 있을 뿐만 아니라 정권 담당자의 권력이 최고조에 달해 있는 시기라는 점에서, 새 정부가 추진하는 혁신적인 정책에 대한 반대는 정권에 대한 반대를 의미하기에 제 목소리를 내기 쉽지 않다. 정권과 여당에 유리하게 열리는 정책의 창이다. 그래서 혁신적 정책들은 정부 출범 초기에 마련되어 공직사회에 빠르게 적용할 수 있다.

　반대로 정책 관리자의 정당성이 약화되었을 때도 정책의 창은 열린다. 정부가 추진하는 정책들이 제대로 실현되지 못하여 정부와 여당에 대한 국민들의 신뢰가 낮아지는 경우이다. 정치인이나 고위공직자들의 부패가 발생하는 경우에도 혁신을 위한 정책이 쉽게 추진될 수 있다. 건설 비리가 발생하면 건설 관련 혁신정책이 쉽게 추진된다. 이들은 모두 특정한 정책의 밀접한 이해당사자들임에도 불구하고, 약화된 정당성으로 혁신적 정책에 저항하지 못한다. 이와 같은 것은 기득권에게 불리하게 작용하는 정책의 창이라고 할 수 있다.

혁신에도 때가 있다는 말을 정말로 자주 한다. 혁신 전문가들은 이구동성으로 정부 출범 초기가 정부혁신의 절대적 호기라고 말한다. 이것은 거의 진리와도 같이 통용된다. 정부가 출범한 초기 상황의 특별함 때문이다. 이때는 모두가 긴장하는 시간이다. 사소한 이슈에 대해서도 쉽게 이의나 반론을 제기하지 못한다. 문제를 제기하였다가 자칫 권력 담당자로부터 불이익을 받을 수 있다는 불안감의 결과이다. 정부가 추진하는 혁신에 대해서 비판한다고 실제로 불이익을 입는 공무원이 있는지 여부와 상관없이, 공무원들의 의식에는 이와 같은 인식이 자리하고 있다는 평가이다.

혁신에 비판적인 공무원들은 정부가 추진하는 혁신정책들을 적극적으로, 진심으로 추진하지 않는다. 외양만 그럴듯하게 갖출 뿐이다. 정부 출범 초기에 혁신정책에 대한 공직사회의 수용성이 높아 보이지만, 실제 속을 들여다보면 반드시 그렇지는 않다. 마지못해 하는 경우가 많다. 공무원이라고 해서 새 정부의 모든 정책에 동의할 수는 없다. 다만 공무원 신분이기 때문에 새 정부의 정책을 수용하고 추진하지 않으면 안 된다. 이럴 경우 공무원의 행동은 소극적일 수밖에 없다. 그리고 정부의 정통성이 크게 약화되는 경우, 이러한 행동은 더더욱 강화될 가능성이 높다. 외관만 가지고 혁신의 진실성을 말하는 것은 한계가 있다. 다들 알면서 아닌 척, 모르는 척, 혹은 하는 척 할 뿐이다.

정부혁신의 동력, 2년?

정책의 창은 정책추진에 영향을 미치는 환경의 가변성을 반영하는 용어이기도 하다. 올해 농사와 다음 해 농사가 같을 리가 없다. 하늘에서 내리는 비의 양과 햇빛의 정도가 다르기 때문이다. 농부가 마음대로 할 수 없는 환경이다. 정책 환경도 마찬가지이다. 같은 정책이 같은 결과를 만들어 내지 못한다. 좋은 정책이라고 쉽게 추진되지 않는다. 정책추진에 영향을 미치는 조직 내외부의 요인들은 변화무쌍하다. 안타까운 것은 어떤 요인이 정책에 영향을 미치는지 사전에 충분히 알기 어려우며, 이미 영향을 미치고 있는 요인도 제대로 눈치채기 어렵다. 영향 요인에 대한 예측도를 높이려 하지만 한계가 있다.

제대로 된 혁신은 언제 시작되어야 할까. 언제가 혁신의 적기인가. 혁신은 정부 출범 초기에만 가능한가. 정부가 출범한 지 3년이 지나면 혁신을 추진하지 못하는가. 정부는 5년 동안 유지되는데, 혁신은 2~3년 밖에 추진되지 못하는 것이 현실이다. 정부 출범 초기의 정부 혁신의 특징에 대한 다음과 같은 평이 있다. 예시하면 다음과 같다.

새 정부 출범하고 한 1년 정도 지나야 혁신을 추진할 수 있는 환경이 조성된다. 혁신계획을 세우고, 관련 부처에 정책을 배당하고, 예산을 배정하는데 최소한 1년의 기간이 필요하다. 정부 출범 후 1년간은 혁신 준비기이다.

정권 출범 초기 1~2년 사이에는 정부혁신 정책들이 비교적 속도감 있게 추진되고, 공직사회도 혁신을 예의주시한다. 외견상 정부혁신을 적극 지지하는 태도를 보인다.

혁신이라는 용어만이 아니라 변화, 개혁 등 유사한 용어들도 활발하게 사용되고, 이를 정책, 조직, 예산 등 다양한 영역에서 활용한다. 장관들도 혁신의 추진을 적극적으로 강조하고 부처 정책에 반영하려 한다.

정부혁신을 추진하기 위한 각종 특별조직, 위원회, TF들이 만들어져 활동한다. 이 조직에는 부처에서 높은 평가를 받는 공무원들이 주로 배치된다.

정부나 혹은 개별 부처들은 출범 후 2년 차만 되어도 혁신 성과들을 홍보한다. 조직 개편에서부터 새로운 정책추진에 이르기까지 다양한 실적들을 홍보한다.

이러한 것들은 새 정부 출범 이후 2년 이내에 정부혁신과 관련하여 쉽게 들을 수 있는 표현들이다. 그러니 정부 출범 초기를 정부혁신의 호기라고 하는 것은 틀린 말이 아니다. 그런데 이런 현상들이 정부 후반기로 들어가는 3년 차 이후부터 눈에 띄게 감소하니 정부 출범 초기는 혁신의 호기임이 분명하다. 3년 차 이후부터 혁신이라는 단어는 물론이고 분위기도 찾아보기 어려운 상황이 된다. 대통령의 주변은 물론이고, 각 부처의 장관들도 혁신에 대해서 별로 언급하지 않는다. 공무원은 정부혁신 관련 업무를 후순위로 미룬다. 언론도 관심을 갖지 않는다. 이것이 우리가 오랫동안 반복적으로 경험하는 정부혁신 시간에서 볼 수 있는 모습들이다.

사라진 1년의 복원

정부혁신의 시기나 타이밍은 성공적 추진을 위해서 중요하다. 시기와 타이밍을 제대로 맞추지 못하면 실패할 가능성이 높다. 그러나 정책의 창이 열리기를, 정책의 타이밍이 맞아 떨어지기를 마냥 기다리고만 있을 수는 없다. 쉽지 않지만 정책의 창을 열고, 정책의 타이밍을 만들어 내려는 것도 필요하다. 야구는 9회 말 투아웃의 상황에서도 역전이 가능하고, 게임 종료와 함께 던진 슛으로 승리를 거머쥔 농구 경기를 수도 없이 보지 않았는가. 역전의 승리는 남은 시간이 부족하여 불가능하다고 포기하기 전에 마지막까지 최선을 다하였기 때문에 가능하다.

마지막까지 정책의 창을 두드려 보고, 절묘한 타이밍을 만들어 보자. 멈추지 말고 한 번 더 뛰어 보자. 사람들은 생생한 권력에 수동적으로 복종하기도 하지만, 그 반대로 레임덕이라는 불리는 시기임에도 최선을 다하는 권력에 자발적 지지를 보내기도 한다. 자발적 지지를 받는 힘없는 권력에서 혁신의 성공 가능성이 더 높을 것이다. 정

제 3 장 정부혁신의 이상과 현실

부혁신은 정부 출범 초기에만 가능하다는 왜곡된 신화 자체를 혁신해 보자. 정권 중반은 물론이고 후반에도 정부혁신이 가능함을 증명해 보자. 무엇이 제대로 된 정부혁신인지 보여주자.

혁신의 시간은 절대적이면서 상대적이다. 정권의 시간, 공무원의 시간, 국민의 시간, 정책의 시간은 모두 다르다. 각자가 시간을 어떻게 인식하는가에 따라서 혁신의 시간은 최고의 시간이 될 수도, 최악의 시간이 될 수도 있다. 정부혁신의 관점에서 보면 5년의 기간 중 첫 1년과 마지막 1년은 절대시간 1년이 아니다. 첫 1년을 잘 준비하면 이것은 5년의 시간과 같다. 마지막 1년을 잘 마무리하면 지나간 4년과 맞먹는 효과를 거둘 수 있다. 그동안 우리에게 늘 마지막 1년은 사라진 시간이었다.

어느 정부이든 정부혁신에서 최고의 열정과 집중의 시간은 첫해이다. 이 시기의 정부혁신에서 최고의 가치는 의심의 여지없이 시민이다. 그러나 시간이 흐르면서 이 집중과 열정은 약해지고, 최고의 가치로 인식되었던 국민은 뒤로 쳐지고, 마침내 사라진다. 그래도 마지막 남은 1년을 제대로 활용하면 조금이라도 회복할 수 있다. 회복의 원동력은 초심, 처음 1년의 마음에 있다. 바로 국민에 대한 존중이다. 다시 국민 속으로, 국민과 함께하는 정부혁신이다. 첫해에 가졌던 정부혁신의 첫 마음으로 돌아가는 것이다. 그러면 사라진 1년은 빛나는 1년이 될 것이다. 사라진 1년을 복원하고, 완전한 5년을 만들어야 한다.

외국의 혁신사례: 약인가 독인가

Reinventing Government

오래전 정부혁신에 관심이 있는 행정학자들이 한때 유행처럼 탐독하였던 책이 있다. David Osborne과 Ted Gaebler의 책 *Reinventing Government*(1993)이다. 필자도 이 책을 구입하여 읽었던 기억이 있다. 이 책은 1994년 대표적인 기업연구소인 삼성경제연구소가 《정부혁신의 길》로 번역하여 출간하였다. 민간 경제연구소가 정부혁신에 대한 책을 번역하여 발간하였다는 것이 화제가 되기도 했다. 당시 유행하였던 정부혁신의 흐름인 신공공관리New Public Management, NPM의 내용을 담고 있는데, NPM의 가장 큰 특징은 정부에 시장의 개념을 도입하는 것이었다. 또한 이 책에는 기존의 우리나라 행정학 교재에 충분히 소개되지 않은 내용들도 많아서 정부혁신을 공부하는 사람들에게 많은 도움을 주었다. 정부혁신의 교과서처럼 읽혔다고 해도 과언이 아니다. 이 책의 목차를 보면 책의 성격과 어떤 정부혁신을 제안했는지 그대로 드러난다. 다음은 이 책의 목차이다. 일부러 원문을 그대로 실었다.

1. Catalytic Government: Steering Rather Than Rowing
2. Community-Owned Goverenement: Empowering Rather Than Serving
3. Competitive Government: Injecting Competition into Service Delivery
4. Mission-Driven Government: Transforming Rule-Driven Organizations
5. Results-Oriented Government: Funding Outcomes, Not Inputs
6. Customer-Driven Government: Meeting the Needs of the Customer, Not the Bureaucracy
7. Enterprising Government: Earning Rather Than Spending
8. Anticipatory Government: Prevention Rather Than Cure
9. Decentralized Government: From Hierarchy to Participation and Teamwork
10. Market-Oriented Govenment: Leveraging Change Through the Market
11. Putting It All Together

다시 생각하는 정부와 혁신

BP, NPM, Benchmarking

　정부혁신과 관련한 정부의 정책이나 학자들의 정부혁신 연구를 보면 공통점이 발견된다. 바로 외국의 사례들이다. 정부든 학자든 외국의 사례를 적극적으로 소개하고, 우리도 정부혁신을 촉진하기 위하여 이 사례를 적용할 것을 제안하였다. 일종의 벤치마킹할 우수사례Best Practice, BP로 소개되었다. 이 당시 정부혁신이 강조되면서 동시에 BP, NPM, Benchmarking과 같은 용어들도 크게 유행했다. 일부러 이 단어들을 영어 그대로 표현하였다. 이 용어들을 논하려고 하는 것은 아니다. 지금도 여전히 자주 사용되고 있으니 강력한 힘과 유용성을 갖고 있는 단어임이 충분히 입증되었다.

　외국의 혁신사례가 우리에게 도움이 되는 경우가 많다. 필자도 수도 없이 많은 외국의 사례들을 조사하였고, 이를 연구나 정책 제안에 활용하였다. 우리가 경험하지 못했던 것들이라서 그런지 새로운 것을 찾아내고 알게 되었다는 데에 적지 않은 흥분이 생긴 적도 있다. 그리고 이것이 우리 문제를 해결하는 정답이 될 수 있겠다는 생각도 들었다. 일목요연하게 정리된 외국 사례들은 정말로 매력적이었다. 흠잡을 데가 없어 보였다. 한때 외국 사례를 남들보다 먼저 찾아내려고 노력한 적도 있었다.

　물론 이러한 식의 접근에 대한 문제 인식과 반성 아닌 반성은 늦게 이루어졌다. 외국의 좋은 혁신사례가 우리에게도 좋은 사례인가에 대한 생각이 가끔 들었다. 분명 좋은 외국 사례도 많지만, 우리에게 맞지 않는 사례도 많았을 것이다. 외국의 사례를 폄하하려고 하는 의도는 전혀 아니다. 외국의 우수사례는 당연히 좋은 것이며, 우리가 배울 장점도 많다. 기회가 되면 더 배워도 좋다. 다만 우리가 이것을 어떻게 활용하는가가 문제의 핵심이다.

우리의 혁신 도구, 외국의 혁신사례들

외국의 사례는 아직 이것을 활용해 본 경험이 없는 우리에게는 혁신 그 자체일 수 있으면서, 동시에 우리가 혁신사례를 학습할 수 있는 유용한 도구이다. 우리가 처음 시도하고자 하는 혁신정책의 경우, 이미 외국에서 성공적인 사례로 입증된 것들은 우리에게 정말로 좋은 모방의 사례가 된다. 그래서 그동안 있었던 외국의 많은 혁신사례들이 우리의 정부혁신 목표처럼 활용되었다. 외국 사례를 도입하는 것을 혁신하는 것으로 인식하였다. 그래서 혁신과 관련한 평가에서 외국의 혁신사례 도입에 가점을 부여하는 것을 당연시하기도 하였다. 외국 사례가 없으면 좋은 득점을 받을 생각을 말아야 할 정도로 유행하기도 했다.

BP나 Benchmarking 모두 성공적 사례를 활용하고자 하는 국가나 조직의 실정에 맞게 조정하여 활용하는 것을 권고하고 있지만, 가끔은 도가 지나쳐서 외국 사례를 우리가 그대로 따라 해야 할 혁신의 목표 그 자체로 그대로 수용하기도 하였다. 특정 부처를 거론할 수는 없지만, 오래전 어느 중앙부처는 새로운 정책을 도입하면서, 도입의 근거 중 하나로 아프리카 작은 국가의 정책을 소개하였다. 필자도 처음 들어본 국가였다. 이 정책사례를 찾아낸 것이 신기할 정도였다.

부처가 왜 외국의 사례를 찾아서 인용하려고 했는지 충분히 이해가 된다.

새로운 정책을 도입하기 이전에 우리보다 앞서 실행한 외국의 정책사례를 열심히 찾아보고 또 적용해 보려고 하는 노력은 칭찬할 만하며, 앞으로도 계속 권장되어야 한다. 과거와 달리 이제 전 세계 국가들이 매우 긴밀하게 연계되어 있으며 국제적 표준규범의 영향을 받고 있다는 점에서, 외국의 사례들이 우리의 혁신 추진에 큰 도움을 줄 수 있다. 앞으로도 계속 이어져야 할 도구이자 방법이다. 외국의 사례 자체는 전혀 문제되지 않는다.

사라진 인형

그러나 당초 좋은 도입 취지와 달리, 외국 사례들이 우리 정부정책에 도입된 후 제대로 작동하지 않고 겉보기만 좋은 인형처럼 장식되어 있는 경우가 많았다. 지금은 많이 사라졌지만 한때 유행하였던 성과관리제도인 BSC^{Balanced Score Card, 균형성과관리}, 지금도 인사정책의 하나로 활용되고 있는 고위공무원단제도^{미국의 Senior Executive Service 혹은 영국의 Senior Civil Service}, 조직 운영의 효율성을 제고하기 위해 도입된 팀제가 대표적인 사례들이다.

BSC는 공공부문 내 성과관리를 강화하기 위하여 정부 부처와 공공기관들이 경쟁적으로 도입하였지만 실질적인 시스템으로 작동되지 못하고 형식적 운영에 그친 경우가 많았다. 지금은 BSC를 활용하는 기관을 찾아보기 쉽지 않다. 그나마 일부 공공기관이 기관의 상황에 맞게 수정하여 활용하고 있으니 다행이라고 해야겠다. 역시 BSC 자체에는 아무 문제가 없다.

우리 공직사회 내 만연한 부처 간 칸막이의 제거와 인사의 순환, 정책적 연계의 강화를 목적으로 도입된 고위공무원단제도는 본래의 도입 취지를 대부분 상실하고 형식적인 제도로 전락한지 오래되었다. 팀제도 명칭상으로는 유지되고 있지만, 당초의 도입 취지인 조직 운영의 수평성 강화와 의사결정의 신속성 확보라는 의미는 사라진 지 오래되었다. 팀제를 위한 팀제 정도로 남아 있다. 역시 고위공무원단제도, 팀제도 그 자체로서는 문제가 없다.

많은 제도들이 유행을 따라서 경쟁적으로 도입되었지만, 얼마 가지 않아서 사라지고, 형식적으로 유지되고 있을 뿐이다. 예쁘고 신기해서 구입하였지만, 곧 싫증 나서 구석 어딘가에 박혀 있는 인형. 기억조차 없는 인형이 된 외국의 혁신사례들이다. 아무 문제 없던 외국의 좋은 사례들이 우리나라에 와서 제대로 대접을 받지 못했다.

우리도 선진국이고, BP가 있다

우리는 그동안 혁신이라는 그럴듯한 명분 아래 움직이지 않고 보기만 좋은 예쁜 인형 모으기에 몰입한 것은 아닌가. 이런 사례들은 일일이 열거할 필요가 없을 정도로 많다. 지금도 정부는 아직 우리가 모르고 있는 외국의 정책들이 어디에 있는지 찾고 있지 않은지 모르겠다. 차라리 거리에 수도 없이 많이 설치되어 있는 인형 뽑기같은 기계라도 있으면 쉬울 텐데, 이제는 남아 있는 외국의 혁신사례가 얼

OECD에서도 우리나라의
정부혁신 사례 10선을 뽑았다.
ⓒ 대한민국 정책브리핑

마나 될까. 별로 없을 것 같다. 그리고 이미 우리도 우리가 그토록 따라 하고, 또 배우려고 했던 그런 선진국이 되지 않았는가.

필자처럼 연구논문을 쓸 때도 이와 유사한 현상이 반복적으로 나타났다. 우리가 논문을 작성하면서 인용하는 선행연구의 절대적인 부분은 외국학자의 연구결과나 혹은 외국의 정책사례들이다. 논문에 인용되는 국내학자의 연구논문은 외국 논문과 비교하여 절대적으로 부족하다. 외국에서 먼저, 그리고 더 많이 연구되었기 때문이라고 그 이유를 댈 수 있지만, 우리 스스로의 연구와 우리나라의 정책사례도 분명 적지 않을 터인데 연구에의 인용은 늘 부족하다. 우리나라에서 만들어지고 추진되었던 중앙과 지방의 좋은 정책들이 있다. 과거 정부의 좋은 정책들도 많고, 서울이 아닌 경상도와 전라도의 기초자치단체들의 좋은 혁신적 정책도 있다. 이들보다는 외국의 사례가 더 선호되는 것이 우리 혁신정책의 현실이다. 우리가 우리 사례를 모르고 있는 것인지, 아니면 애써 외면하고 있는 것은 아닌지 모르겠다.

회수를 건너 탱자가 된 귤

정부가 추진하였던 혁신적 정책구상들을 다시 한번 돌아보자. 새로운 정책을 준비할 때 반드시 등장하는 것이 외국 사례이다. 거의 필수적으로 정책도입의 배경 중의 하나로 등장한다. 필자도 새로운 정책을 연구할 때 외국의 연구와 정책, 제도적 사례를 자세히 살펴보았다. 이런 접근이 문제될 것은 전혀 없다. 다만 외국의 혁신적 제도와 정책사례를 살펴보되, 이때 꼭 확인해야 할 것은 외국의 현재의 정책내용만이 아니라, 이것이 처음에 어떻게 논의가 시작되었고, 어떤 과정을 거쳐서 결정 및 추진되었고, 추진의 어려움들은 어떻게 극복하였는지 등이다.

우리가 놓쳐서는 안 되는 것이 바로 정책의 배경이자 맥락이다. 배경과 맥락을 통해서 현재의 정책과 제도가 만들어진 역사를 충분히 알 수 있다. 우리가 외국의 사례를 학습하고 활용함에 있어서 현재의 내용만이 아니라 그것을 만들어 낸 이들의 고민, 논쟁, 극복의 과정과 내용을 간과해서는 안 된다. 외국의 사례가 우리에게 의미가 있는 것은 지금의 결과가 아니라 지금을 가능하게 한 과정일 것이다. 이것을 모르면서 어찌 외국의 사례를 안다고 하겠는가. 어떻게 배웠다고 할 수 있겠는가. 무엇을 활용하겠다는 것인가.

외국의 사례는 혁신 학습의 좋은 대상이 되지만, 우리가 그대로 흡

내 내어 수용해야 하는 대상은 아니다. 학습과 시사점의 도출, 도입 가능성의 논쟁, 효과적 도입 전략 등 우리 몸에 제대로 맞도록 하는 맞춤의 단계를 거쳐야 한다. 굴이 회수를 건너도 탱자가 되지 않도록 해야 할 것이다.

우리는 외국의 선례가 없으면 새로운 혁신적 정책이나 제도를 도입하기를 주저한다. 우리는 그동안 선행이 되는 외국의 사례를 근거로 새로운 정책 도입의 필요성과 성공 가능성을 주장하였다. 어떤 나라이든지 외국의 사례를 찾아내야 했다. 특히 우리는 새로운 정책을 빠르게 도입하는 편으로, 외국의 사례도 빨리 찾아낸다. 외국의 사례가 갖고 있는 맥락을 자세히 살펴볼 여유는 당연히 부족하다. 과연 이렇게 찾아낸 외국의 사례는 우리가 새로 도입하고자 하는 혁신적 정책에 얼마나 의미 있는 도움이 될 수 있을까.

우리가 만드는 혁신의 사례

이제는 우리가 이미 갖고 있는 사례를 찾아보거나, 정 없으면 우리가 사례를 처음 만들어 내는 혁신적 도전을 하는 것도 좋지 않은가. 우리 스스로 사례가 되는 것이 가장 혁신적이지 않은가. 우리 스스로가 혁신사례가 되는 과정에서 실패도 있고 성공도 있을 것이다. 멈추지만 않으면 실패는 성공 이상으로 값지다. 실패하였다고 멈추면 성공은 기대할 수 없다. 실패를 두려워하고 회피하려는 태도가 항상 외국의 사례에 집착하게 만든 것이 아닐까.

우리가 인용한 외국 사례들도 수많은 실패의 경험 속에서 만들어진 것일텐데, 그 사례를 배우겠다는 우리는 정작 그 보물과도 같은 실패들을 모르고 있다. 우리가 도입하였던 외국에서의 성공 사례들이 우리나라에 와서 실패 사례가 되었다. 그리고는 우리는 외국 사례가 문제가 있다고 지적한다. 우리는 실패하지 않았으며, 외국의 사례가 우리나라에 와서 실패하였다고 말하고 싶은 것인가.

이와 같은 풍토에서 제대로 된 혁신, 의미 있는 실패를 경험하기란 어렵다. 우리는 혁신을 강조하면서, 늘 성공만 있는 혁신을 기대한다. 이런 생각을 하는 순간 혁신은 이미 사라진 것과 같다. 실패 없는 혁신은 없다. 혁신은 문제 인식에서 출발하는 것이지, 성공을 전제로 시작되지 않는다. 혁신의 결과로서 성과라는 결실을 만날 수 있는 것이지, 성공을 위해서 혁신하는 것은 아니다.

성공적 결과를 강조하면 할수록 우리는 도전과 실패는 회피하고 그저 안전한 선택을 한다. 그럴수록 혁신은 더 멀리 달아난다. 종전과 별로 다르지 않은 정책을 추진하면서 우리는 그것을 혁신이라고 강변한다. 우리가 그동안 말했던, 시도했던 혁신이라 불리는 사례를 다시 보자. 정말 이들이 혁신적인 사례인가. 얼마나 혁신적이었나. 실패를 회피하기 위하여 현실과 타협한 결과는 아닌가.

실패 없는 혁신은 없다

실패를 회피하는 혁신은 혁신이라 부르기 어렵다. 실패를 걱정할수록 우리 생각의 범위는 좁아지고, 행동은 제약된다. 이전에 경험하였던, 무난하였던 것들에서 벗어나지 못하고 그 안에 갇힐 뿐이다.

우리만의 특별한 사례를 만들어 내지 못한다. 실패에 대한 두려움과 성공에 대한 과도한 기대가 결국 외국의 사례를 소개하고 적용하는 모방혁신을 초래하였다.

물론 이런 말은 현실을 모르는 이상주의들이나 하는 것이라는 비판도 받는다. 실패는 누가 감당할 것이며, 실패하면 누가 도와주나. 실패하면 그 결과는 너무도 치명적인데. 모두 맞는 이야기이다. 실패를 부정하고, 비판하고, 실패가 새로운 시도로 연결되지 못하는 여건 속에서, 실패할지도 모를 혁신을 시도하라고 하는 것은 가혹하다. 충분히 동의한다.

그렇다. 이런 여건조차 변화시키지 못하면서 실패할 수 있는 혁신을 요구하면 안 된다. 실패를 의미 있게 평가하고, 실패한 사례나 혁신가를 다시 지원할 수 있는 토대가 정말 제대로 마련되어야 한다. 혁신에 우호적인 문화도 필요하다. 실패도 성공이라고 인정해 주는 그럴듯한 혁신의 문화가 있어야 한다. 실패하지 않은 사람보다 실패한 사람을 더 높게 평가할 수도 있어야 한다.

멈추지 않는 실패, 혁신의 지름길

실패에도 좋고 나쁨이 있을 것이다. 좋은 실패가 되어야 할 것이다. 좋은 실패란 무엇일까. 무조건적인 시도가 아니라 충분한 고민과 준비가 있는 시도이다. 열정과 몰입이 있는 시도이다. 그럼에도 일부가 부족하여 실패한, 마중물이 조금만 더 있었다면 성공할 수 있었을 시도이다. 실패하였지만 좋은 혁신들을 만들어 보자. 그리고 이를 시도한 혁신가들이 기가 죽지 않도록 하자. 오히려 더 강하게, 더 활기차게, 더 다양하게 혁신을 시도할 수 있도록 만들어 보자.

우리가 부러워하는 수많은 외국의 사례들도 사실은 계속된 실패 속에서 만들어진 것이 아닐까. 실패는 멈추는 것이 아니라 다시 시작 하는 것 아닌가. 우리나라 구석구석에 있는 지방자치단체의 혁신적 도전, 민간기업의 혁신적 제품 개발, 그리고 수많은 사회혁신 사례들 이 있다. 이들이 대한민국을 움직인 혁신의 동력이다. 이들이 멈추지 않도록, 우리 스스로 혁신의 선도적 사례를 만들어 낼 수 있어야 한 다. 실패가 힘이 되고, 희망이 되어, 어느덧 성공에 이르는 혁신적 시 도가 멈추지 않도록 하는 것이 정부가 해야 할 일이다. 실패는 혁신 으로 가는, 성공으로 가는 가장 빠른 지름길이다. 실패가 성공으로 기록되고 기억될 수 있도록 하자.

야구는 '희생'이라는 플레이를 공식적으로 기록한다. 팀을 위한 개 인의 희생이며, 그 결과는 승리와 직결되기에 득점 이상의 가치를 갖 는 것으로 평가된다. 희생은 개인에게는 실패일 수 있지만, 팀에게는 승리이다. 그래서 야구에서 '희생'은 실패가 아니라 '성공'이다.

다시 생각하는 정부와 혁신

> 야구는 특히 희생을 공식적으로 기록하는 스포츠입니다. 스스로 아웃을 감수하고 동료를 내보내는 희생은 팀 득점을 위한 전략이나 작전이기 때문이지요. 기록으로까지 남기는 희생의 의미를 늘 생각 해야죠.
>
> — 박노준 총장,《연합뉴스》, 2024. 3. 30.

정부혁신의 꽃, 자율혁신

정부혁신의 대상, 제도와 사람

정부혁신에서 대표적인 논쟁거리 중의 하나는 혁신의 주체 혹은
대상에 대한 것이다. 정부혁신의 주체는 누구이며, 대상은 무엇인가.
정부혁신이 갖고 있는 다양한 특징들이 이 간단한 표현에 함축되어
있다. 누가 혁신을 주도하는가가 혁신의 주체에 대한 문제라면, 무엇
을 혁신시킬 것인가는 혁신의 대상에 대한 것이다. 혁신은 주체와 대
상 간의 관계 속에서 진행된다는 점에서, 이를 제외하고 혁신의 핵심
을 논의하는 것은 무의미할 정도이다. 주체와 대상은 단순한 관계처
럼 보이지만, 이 관계가 쉽게 설정되기도 어렵고, 또 설명하기도 까다
롭다. 혁신의 주체와 대상으로 긴밀하게 묶여 있는 관계이지만, 각자
가 지향하는 혁신의 방향과 전략, 과제는 제각각일 수 있다.

혁신은 무엇인가를 크게 변화시키는 것이다. 이런 혁신의 주체는 당연히 사람이다. 그렇지만 혁신의 대상은 다양하다. 사람도 있고, 시스템도 있고, 법과 제도도 있고, 문화도 있다. 심지어 환경도 혁신의 대상이 될 수 있다. 혁신의 대상이 되지 못할 것은 없다. 여기서 혁신의 대상이 되는 시스템, 법과 제도, 문화는 사람과 구분되는 것 같지만, 이들이 사람에 의해서 형성되고 운영되는 것이라는 점에서, 이것들은 사실상 사람의 다른 표현이라고 해도 과언이 아니다. 이것들은 사람에 의하여 만들어지고, 운용되고 유지되며, 사라지기도 한다.

혁신의 대상이 법과 제도라고 하지만, 결국 이것의 본질은 사람에 대한 혁신과 같다. 따라서 본질적인 측면에서 정부혁신의 주체와 대상은 모두 사람이다. 결국 혁신은 대상의 외관에도 불구하고 모두 사람을 대상으로 하는 것이라는 점에서 결코 간단하지 않다.

제도혁신과 사람혁신

예를 들어보자. 정부의 투명성을 높이는 것도 정부혁신의 중요한 목표이자 전략적 방향 중의 하나로 자주 활용된다. 정부의 기록물 관리나 정보공개를 위한 혁신은 정부의 투명성을 높이기 위한 대표적인 정부혁신 사례에 해당한다. 기록물 관리의 핵심은 충실한 기록, 기록물의 보존과 관리를 위한 제도의 설계 및 적용으로써, 대표적인 제도혁신 사례로 인용된다. 그런데 이것은 제도혁신이면서 동시에 공무원에 대한 혁신사례이다. 기록물 관리제도의 혁신은 외관상 법과 제도, 시스템의 혁신에 해당하지만, 이 혁신으로 인하여 기록물의 생산 및 관리와 관련한 모든 사람이 영향을 받는다.

특히 기록을 남겨야 하는 일선의 공무원이 이 제도혁신에 대해서 민감하게 반응한다. 기록을 충실하게 작성하고 기록물로 남긴다는 것은 공무원 당사자에게 직무수행 중에 발생할 수 있는 책임에 대한 명확한 증거를 남긴다는 것의 다른 표현이기도 하다. 책임에 민감할 수밖에 없는 공직자 입장에서 기록물 관리를 강화하는 혁신은 여간 껄끄러운 것이 아닐 수 없다. 외관상 제도와 시스템의 혁신이지만, 이것은 사람의 혁신을 유도하기도 한다.

정보공개 혁신도 마찬가지이다. 정보공개의 혁신은 결국 「정보공개법」의 혁신으로 귀결되는데, 정보공개를 확대하면 할수록 정부 내 각종 의사결정과 관련한 공무원들은 정보의 생산^{이것이 앞서의 기록물 생산과 동일}에 소극적으로 변하지 않을 수 없다. 성공적인 정책의 추진과 후대에 교훈을 남기기 위하여 최대한 자세하게 기록을 남기는 것이 좋은데, 이것은 또한 공개되어야 하는 정보를 의미한다. 제도와 시스템의 개선은 결국 사람과 밀접하게 관련되어 영향을 미친다.

외관상 제도혁신으로 분류되는 정부혁신 정책들이 많은데, 이들은 거의 대부분 공직자와 긴밀하게 얽혀 있다는 점에서, 결과적으로 사람을 대상으로 하는 제도혁신이다. 때문에 제도 중심의 혁신을 쉬운 정부혁신 과제라고 말하는 사람도 있지만, 제도혁신의 핵심이 종국에는 사람이라는 점에서 결코 쉽게 추진할 수 있는 혁신이 아니다. 사람을 변화시키는 혁신만큼 어려운 것이 어디 있겠는가. 정부혁신의 주체와 대상은 늘 사람이다. 그래서 정부혁신은 늘 어렵다. 한 번도 쉽게 진행되는 정부혁신이 없다.

사람의 본성, 자율혁신과 타율혁신

한 가지를 더하면, 정부혁신에서 자주 반복되는 논란 중 하나가 공무원이 정부혁신의 주체인가 아니면 대상인가 하는 것이다. 우리는 통상적으로 공직사회 내 공직자의 자율혁신이 가장 바람직한 혁신이라고 말한다. 타율혁신이 아닌 자율혁신을 강조하는 것은 공무원을 혁신주체로 설정하는 것이며, 반면 톱 다운의 타율혁신을 강조하는 것은 공무원을 혁신의 대상으로 보는 것이다. 공무원을 어느 관점으로 보는가에 따라 정부혁신의 가치와 방법, 전략 등 많은 것이 달라진다. 정부혁신의 주체와 대상, 자율혁신과 타율혁신이 실타래처럼 얽혀 있다. 실마리를 찾지 못하면 엉킨 실타래는 더 엉키게 된다.

어떤 종류의 혁신이든 바람직하기로는 자율혁신이 첫 번째라는데 이의를 제기하기 어렵다. 공직자가 스스로 알아서 문제를 인식하고, 이것에 기초하여 제대로 자율적인 혁신을 실행할 수 있다면 혁신의 진정성과 지속성을 동시에 확보할 수 있다. 그런 점에서 자율혁신이 선호될 수 있다. 그런데 이런 인식과 달리 대부분의 사람들은 이러한 자율혁신이 현실에서 잘 작동할 것이라고 긍정적으로 생각하지 않는 경향이 있다. 공직사회의 속성상 공무원들이 스스로 혁신하는 것이 어렵다는 것이다. 혁신은 자신의 뼈를 스스로 깎는 것과 같은데, 그동안의 경험으로 공직사회에서 이것을 기대하기 어렵다는 것이다.

이것은 공직자에게 근본적인 문제가 있다고 지적하는 것이 아니다. 사람이 갖고 있는 보편적인 본성을 말하는 것이다.

이와 같은 인간의 본성에도 불구하고 공공부문과 민간부문 도처에서 다양한 자율적 혁신사례가 발견된다. 누가 시키지 않았는데 자발적으로 고민하고, 자율적으로 혁신적 대안을 제시하고, 이것을 자율적으로 실천한 사례들이 있다. 이것은 무엇을 의미하는 것일까. 자율혁신이 어려운 것은 맞지만, 자율혁신이 충분히 가능하고 또 실천되고 있다는 것이다. 인간의 본성에는 타율적인 혁신도 있지만, 반대로 자율적 혁신의 본성도 같이 존재한다. 인간의 본성에 공존하는 두 가지 혁신의 본성이 어떻게 작동하는가. 혁신의 어려움을 풀 수 있는 중요한 단초 하나가 바로 여기에 있다.

자율혁신과 타율혁신의 공존

타율적 정부혁신이 우리가 그동안 주로 경험하였던 혁신이지만, 자율적 정부혁신도 능히 가능함을 많은 사례들을 통해서 확인할 수 있다. 물론 자율혁신과 타율혁신을 혼용하여 활용하는 경우가 많기 때문에 혁신을 단순히 자율과 타율로 구분하는 것이 바람직한지는 의문이다. 타율혁신도 한계가 있지만 자율혁신도 한계가 있다. 주체별로, 분야별로, 어젠다별로 다양한 상황이 존재하기 때문에 단 한 가지 관점의 혁신전략이 활용되지는 않는다. 경우에 따라서 단일한 관점이 작용하기도 하고, 혹은 복합적인 관점이 작용하기도 한다. 하나의 혁신사례에서 자율과 타율이 공존하는 경우도 다반사이다.

인간 본성에 존재하는 자율과 타율의 공존을 고려하면, 정부혁신에서 공무원은 혁신의 주체이면서 동시에 대상이 된다. 공무원이 혁신의 자발적 주체가 되어 제대로 된 혁신을 추진할 수 있다면 더할 나위 없이 바람직하다. 그러나 현실적인 여건은 이렇게 공무원이 자율혁신의 주체가 되도록 허용하지 않는다. 그렇다고 공무원을 혁신의 대상으로만 설정하면 이것도 제대로 된 혁신을 어렵게 한다. 현실적인 것은 혁신의 시기와 방법, 문제의 특성, 어젠다 등을 고려하여 최선의 관점을 찾아내는 것이다.

자율혁신의 가능성을 기본 전제로 하되, 최적의 혁신을 위한 타율혁신의 가능성도 모색할 수 있어야 한다. 단 자율혁신이든 타율혁신이든 공무원이 정부혁신에서 핵심적 역할을 할 수밖에 없다는 점에서, 공무원이 혁신에 대한 기대와 희망을 갖도록 하고, 혁신에 우호적 문화를 조성하고, 충분한 혁신 역량을 갖출 수 있도록 혁신의 조건을 확보하여야 할 것이다.

자율혁신의 상징, 남양주의 한 파출소장

다행인 것은 우리 공직사회에도 민간 혁신가를 뺨칠 정도의 혁신가가 많다는 점이다. 장수의자 혹은 효도의자로 불리는 혁신을 만들어 낸 남양주의 한 파출소장이 바로 우리가 말하는 혁신가이다. 이것은 작은 사례 같지만 정말 대단한 혁신사례이다. 파출소장은 문제를 놓치지 않았고, 문제의 원인을 찾아내려고 하였고, 문제를 해결하기 위한 방법을 찾았고, 이를 적극적으로 실천했다.

장수의자 사용법을 설명
하고 있는 남양주경찰서
별내파출소 유석종 소장
(《세계일보》, 2019. 4. 29.)

이 문제를 파출소장이 인식하지 않는다고, 해결하려고 나서지 않는다고 뭐라고 할 사람은 없다. 그런 문제까지 신경 쓰지 않아도 파출소장으로 해야 할 일이 산더미이기 때문이다. 그런데 이 사례를 보면, 파출소장의 역할이 어떻게 생각하는가에 따라서 얼마든지 확장될 수 있음을 제대로 보여주는, 또 제대로 실천한 혁신사례이다.

혁신이라는 것은 고정관념의 울타리를 넘어가는 것임을 상징적으로 보여준 사례이다. 별내파출소장과 같은 혁신가들이 전국 도처에 있을텐데, 공무원은 무조건 혁신과 거리가 먼 사람들로 획일적으로 도매금으로 취급하는 것은 정말 어리석은 것이다. 중요한 것은 이와 같은 현장의 혁신가들이 마음껏 나설 수 있는 정부가 되는 것이다. 공무원을 혁신의 대상이 아닌 주체가 될 수 있도록 만들 수 있어야 한다.

제3장 정부혁신의 이상과 현실

혁신은 문제를 해결하는 것이다. 문제를 사소하다고 간과하지 않는 것이며, 문제가 어렵다고 회피하지 않는 것이다. 내 문제가 아니라고 다른 사람에게 넘기지 않는 것이다. 문제로 인하여 어려움을 겪는 사람이 있음을 생각하는 것이다. 그들의 어려움을 가볍게 여기지 않으며, 나의 어려움처럼 받아들여서 풀려고 하는 것이다. 이런 사람들이 우리 주변에 많지 않은가. 이들이 우리가 원하는 혁신가들이다. 이들이 지금처럼 계속할 수 있다면, 계속할 수 있는 풍토를 만들 수 있다면, 그것이 바로 성공한 정부혁신이다. 남양주에서의 혁신이 대한민국의 혁신이다.

혁신의 지도, 선명한 미래

'경험하지 않음'에 대한 두려움

혁신은 현재의 문제를 해결하기도 하지만, 우리가 앞으로 직면할 미래를 바람직한 방향과 모습으로 변화시키고자 하는 의도적이고 적극적인 노력이다. 혁신이라는 용어를 구태여 붙이지 않아도, 우리가 만드는 각종 계획들은 가깝거나 혹은 조금은 먼 미래를 상상하면서 마련된다. 현재보다 당연히 더 바람직한 모습을 그리게 된다. 우리는 현재의 상황에 어떤 의도적인 작용을 가하지 않아도 시간의 자연스러운 흐름에 따라서 미래의 상황에 도달한다. 작은 나무가 시간이 지나면 큰 나무가 되는 것과 같은 자연스러운 변화이다. 혁신은 이렇게 시간에 따른 자연스러운 변화를 거부한다. 혁신은 자연스러운 변화 대신 의도적인 변화, 만들어 내는 변화를 선택한다. 혁신은 관성에

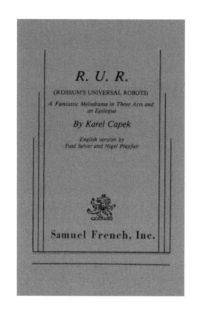

차페크의 *R. U. R.*로 세상에서 처음으로 '로 봇'이란 말이 등장하였다. 당초 로봇은 기술 문명의 비인간성을 상징한 것이었지만, 로봇 이 사랑이 가능함을 보여주며, 인간도 기술 문명의 위협 속에서 살아남는 것으로 묘사되 었다.

의해서 수동적으로 만들어지는 미래가 아니라, 의도된 단절을 통해 서 만들고자 하는 미래를 구상한다. 그런 의미에서 혁신은 시간의 흐 름이라는 관점에서 보면 '단절적 혁신'이라고 할 수 있다. 그래서 단 절적 혁신이 그리는 미래의 모습은 현재를 기준으로 하면 쉽게 상상 하지 못할 수 있다. 100여 년 전 차페크^{Capek, Karel}의 희곡 *Rossum's Universal Robots*에 '로봇'이라는 상상의 개념이 등장하였을 때, 과 연 지금과 같은 로봇을 상상이나 하였을까. 지금 로봇은 혁신의 상징 이다.

　미래는 아직 오지 않은 상상의 모습이기에 현재에 있는 우리에게 는 불확정적이고 추상적이다. 혁신은 상상을 통해서 만들어 낸 미래 로 가기 위한 것이기에 짙은 안갯속을 들어가는 것과 같이 불안하다.

우리는 사실 안갯속에 위험한 것이 하나도 없음에도 불구하고, 한 치 앞도 볼 수 없다는 이유로 불안해하고 두려워한다. 미래는 아직 경험하지 못한 세계이다.

누군가는 불안이 아직 경험하지 못함에서 나오는 것이라고 하니, 미래에 대한 불안함을 느끼는 것은 사실 지극히 정상적인 반응이다. 아직 경험하지 않음을, 볼 수 없음을 두려워하는 사람들은 당연히 안 갯속으로 들어가기를 주저한다. 볼 수 없으니 예측도 힘들고, 설사 예측해도 틀릴 가능성이 높다. 예측이 되지 않으면 선뜻 앞으로 나서기 쉽지 않다.

인간적인 내비게이션

사람은 좌표 위에 있는 것과 같다. 혁신은 현재의 좌표에서 미래의 어느 좌표로 이동하는 것이다. 다만 이것이 가능하려면 현재의 좌표와 미래의 좌표를 알고 있어야 한다. 현재의 좌표는 그나마 조금이라도 노력하면 확인할 수 있지만, 미래의 좌표는 희미하게라도 알기 쉽지 않다. 노력한다고 쉽게 알 수 있는 것도 아니다. 그래도 불확실하지만 미래의 좌표를 설정하지 않으면 혁신의 방향도, 전략도, 방법도 크게 흔들릴 수밖에 없다. 미래의 좌표는 혁신을 안내하는 길잡이가 될 수 있다.

자동차에 설치된 내비게이션은 엄청난 혁신적 제품이다. 우리가 한 번도 가 본 적 없는 길을 가는 두려움을 순식간에 사라지게 만든 제품이니, 정말로 인간적이기까지 한 혁신적 제품이다. 내비게이션은 우리가 현재의 지점에서 가고자 하는 지점, 즉 정확한 좌표로 안내한다. 그것도 많은 길 중에서 가장 빠른 길로 안내한다. 단순히 지도책을 전자적 정보 시스템으로 대체한 것이 아니다. 사람에게 있을 '보이지 않음'과 '경험하지 않음'에 대한 두려움이 사라지게 만든 혁신적 제품이다.

이제 우리 자동차에는 내비게이션이 있어서 가 본 적이 없었던 모르는 길도 아무 거리낌 없이 갈 수 있으며, 짙은 안갯속에서도 용감하게 길을 나설 수 있다. 운전자는 내비게이션의 안내를 따라가다가도 익숙한 지역이 나타나면 그때부터는 내비게이션의 안내와 무관하게 운전하기도 한다. 누가 상상이나 했겠는가. 내비게이션이 자동차의 필수품이 될 줄을. 지도를 사라지게 할 줄을. 내 차에도 어느 순간부터 지도책이 보이지 않는다. 예전에 가끔 보이던 지도책 파는 가게도 이제는 찾기 힘들다.

지도의 발견과 문명의 혁신

인류의 혁신적 발명품 중의 하나로 지도가 꼽힌다. 지도는 인류의 발전과 불가분의 관계에 있다. 수천 년에 걸친 인류 문명의 혁신은 지도의 발전과 함께 이루어졌다. 이미 기원전부터 당시의 혁신가들은 지도를 만들었고, 미지의 땅으로 진출하였고, 더 정교한 새로운 지도를 만들었다. 당시 지도는 혁신 그 자체였다. 이 넓고 넓은 세상을 좌표로 압축하였고, 어느 나라가 어느 좌표에 있는지 보여주었다. 수많은 사람들이 한 번도 가 본 적 없는 그곳을 상상할 수 있도록, 그

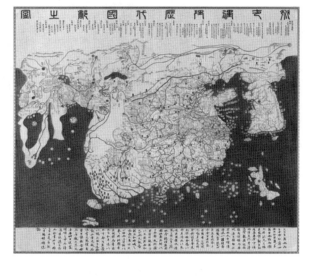

〈혼일강리역대국도지도(混
一疆理歷代國都之圖)〉. 현재
남아 있는 세계지도 가운데
가장 오래되고 널리 알려
진 것은 1402년에 제작된
〈혼일강리역대국도지도〉이
다. 이 지도의 후대 사본은
네 건이 남아 있는데 모두
일본에 소장되어 있다. 규
장각에 있는 것은 일본 류
코쿠대학에 소장된 지도의
모사본으로, 이찬 교수가
제작하여 기증하였다.
　　ⓒ 서울대학교 규장각

리고 용기를 내어 갈 수 있도록 만들었다. 사람의 이동을 확장시켰
다. 지도는 국가를 그대로 요약한 정보이기 때문에 아무나 가질 수
있는 것이 아니었다. 오랫동안 지도는 권력이었다.

　지도는 단순히 땅의 요약에 그치지 않았다. 지도는 시간의 흐름에
따라서 문명의 지도가 되었다. 지도는 길을, 도시를, 문명을 만들
었다. 우주로 가는 길을 가능하게 한 것도 지도이다. 이 모든 것이 혁
신이고, 혁신의 결과이다. 내비게이션이 엄청난 위력을 발휘하는 것
도 지도가 있기 때문이다. 지도가 있음으로써 시간이 압축되고, 거리
가 압축되었다. 시간과 거리의 압축을 가능하게 하였으며, 이것은 인
간에게 엄청난 상상력의 확장을 가져왔다. 상상을 통해서 지도를 만
들었고, 지도로 인하여 그 상상력은 경계가 없을 정도로 확장되었다.
이보다 더한 혁신적 발견도 드물 것이다.

지도는 물리적 자연의 모습을 표현하기도 하지만, 시간의 진행과 이것에 따른 변화된 모습을 표현하기도 한다. 각종 청사진이 이에 해당한다. 오래전에 우리가 만들었던 '경제개발 5개년 계획'도 마찬가지 역할을 했다. 지금도 종종 기업에서 사용하는 전략 지도도 같은 것이다. 정부혁신의 지도도 있다. 국민의 삶의 질을, 정부의 바람직한 모습을, 혁신적인 정책의 성과를 담고 있는 지도가 정부혁신의 지도이다. 이제 지도는 현재의 모습만이 아니라 미래의 모습까지 나타낸다.

▍혁신의 지도로 그리는 미래 정부

혁신의 길에 나서기 전에 미리 혁신의 지도를 만들고, 혁신의 결과를 상상하면서 갈 수 있다면 우리 앞의 짙은 안개도 사라지고, 용기도 더 늘어나고, 닥칠 위험도 능히 감당할 수 있을 것이다. 이미 우리는 혁신의 지도를 경험하였다. 노무현 정부는 '혁신의 지도^{혁신 로드}맵'를 만들었고, 이를 통해서 정부혁신을 체계적으로 추진하고자 하였다. 지금 보면 초보적인 지도라고 할 수 있지만, 당시에는 그것만으로도 매우 혁신적인 것이었다. 당시 로드맵은 혁신과제, 과제 간의 연계, 과제의 시간적 흐름, 결과를 반영하였다는 점에서 충분히 입체적인 지도라고 할 수 있었다.

혁신 로드맵을 통해서 어디로 갈지, 이를 위해서 무엇을 해야 할지, 무엇을 달성할 수 있을지를 미리 알 수 있었다. 명확한 미래상의 제시는 혁신가에게도 도움이 되지만, 혁신을 의심스럽게 바라보고 있는 사람들을 설득하는 데도 큰 도움을 준다. 일단 해 보자는 혁신의 의지에 선명한 안내 지도가 더해진다면 혁신의 추진동력은 배가되고 앞으로 용기 있게 나갈 수 있을 것이다. 이미 메타버스^{metaverse}는 미래의 모습을 현재인 것처럼 입체적으로 실감 나게 보여주고 있으니, 이것도 혁신의 지도이다.

정부혁신을 제대로 하고자 한다면 혁신의 전략 지도를 만들어야한다. 혁신의 전략 지도에는 많은 것이 담길 수 있다. 이 지도는 성과 지도이며, 데이터 지도이며, 자원 동원 지도이며, 정책 지도이며, 이해관계자 지도이며, 리스크 관리 지도이다. 그래서 혁신의 전략 지도는 융합의 지도이며 입체의 지도이다. 물을 건너고, 산을 넘는 지도이기도 하다. 혁신을 추진하면서 이 지도는 계속 수정되고 보완되어야한다. 혁신의 지도는 마지막까지 계속 만들면서 가는 진행형의 멈추지 않는 지도이다. 한 번 수립하면 다시는 보지 않는, 활용하지 않는, 수정되지 않는 지도가 아니라, 실제로 살아 숨 쉬는 지도여야 한다.

혁신의 지도, 안갯속에서 벗어난 미래

혁신의 지도는 1차원의 지도가 아닌 시공간이 결합된 3차원의 입체지도여야 한다. 혁신은 진공 속에서, 1차원 속에서 진행되지 않는다. 혁신의 환경은 항상 변화한다. 오늘과 내일이 같지 않다. 계절의 변화와도 같다. 정책도 계절과 떨어질 수 없는 불가분의 관계이다. 어느 계절이냐에 따라서 정책의 의미와 효과가 달라진다. 정책은 지역에 따라서도 다르게 인식되고, 다르게 영향을 미친다. 우리가 이미 경험하였던 부동산정책은 계절에 따라서, 지역에 따라서 다른 의미가 부여되고, 다른 영향을 미친다. 겨울의 부동산정책과 여름의 부동산정책이 같을 수 없다. 서울의 부동산정책과 목포의 부동산정책은 분명히 달라야 한다. 대한민국은 생각보다 넓고 복잡하다. 대한민국의 봄, 여름, 가을 그리고 겨울은 아직도 선명하다.

혁신의 지도가 만들어진다면 미래를 감싸고 있는 안개가 걷히고, 보이지 않던 길도 제법 선명하게 드러날 것이다. 혁신을 통해서 만들고자 하는 미래는 이제 더 이상 안갯속에 있지 않다. 우리가 원하면 얼마든지 명확하게 볼 수 있는 미래가 되었다. 미래를 상상 속에만 둘 필요는 없다. 이제는 미래를 현재의 모습처럼 충분히 구체화시킬 수 있다.

열정과 냉정의 혁신

혁신의 온도

만일 혁신에 온도가 있다면 뜨거울까 차가울까. 몇 도나 될까. 별 공상을 다해 본다. 정말로 혁신으로 가득 찬 사람의 체온을 측정하고 싶은 생각마저 든다. 아니면 번뜩이는 아이디어가 떠오르는 그 순간 사람의 체온을 재 보는 것도 흥미로울 것이다. 상상하건대 혁신적인 생각이나 행동을 하는 상태에서의 체온이 그렇지 않은 상태보다 조금이라도 더 높지 않을까. 뇌도 활발하게 작용하고, 몰입하는 열정도 상승하니 체온도 따라서 올라가지 않을까 짐작해 본다.

혁신에는 열정이 필요하다. 혁신은 무엇인가를 해 보고 싶고, 풀어 보고 싶은 열망을 의미하니, 주변에서 혁신적인 사람들을 보면 거의 대부분 열정으로 가득 차 있는 것 같다. 어떤 때는 웅변가라 해도 과언이 아닐 정도로 혁신적 상상과 해법에 대한 열변을 토한다. 혁신과 열정은 같은 말처럼 쓰여도 무방할 듯하다. 열정이 있어야 비로소 혁신이 시작될 수 있다. 열정은 뜨겁다. 혁신가는 문제를 보면 뜨거운 논쟁을 벌이고, 또 문제를 해결하기 위한 대안을 논의할 때도 열띤 논쟁을 벌인다. 혁신의 전 과정이 열정의 과정이라고 해도 과언이 아닐 것이다. 혁신의 열정은 《냉정과 열정 사이》의 준세이처럼 머뭇거리는 열정도, 냉정으로 끝나는 열정도 아니다. 혁신은 열정 그 자체이다.

미국사회에 역사적 전환을 가져왔던 한 사람이 있다. 마틴 루터 킹 Martin Luther King Jr. 목사이다. 킹 목사는 1955년 앨라배마주 몽고메리의 시내버스 흑인 차별대우 반대운동을 시작으로 1968년 저격으로 사망할 때까지 미국의 흑인인권운동을 이끌었다. 1963년 8월 28일, 킹 목사는 워싱턴 D. C. 링컨 기념관 발코니에서 워싱턴 기념탑을 바라보며 연설하였다. 연설의 제목은 '나에게는 꿈이 있습니다I have a dream'이다.

> I have a dream that one day this nation will rise up and live out the true meaning of its creed: "We hold these truths to be self-evident: that all men are created equal."
>
> (나에게는 꿈이 있습니다. 언젠가 이 나라가 일어서서 "모든 인간은 평등하게 창조되었다는 것이 자명한 진리로 간주된다."는 신조의 진정한 의미를 실현해 낼 것이라는 꿈입니다.)

1963년 8월 28일, 워싱턴 D. C. 링컨 기념관 발코니에서 연설하는 마틴 루터 킹 목사.
© EBS

1968년 2월 4일, 킹 목사는 자신의 고향 애틀랜타의 한 교회에서 설교하였다. "만일 여러분이 제가 드럼메이저Drum Major였다고 말하고 싶다면, 정의에 헌신한 드럼메이저였다고 말하십시오. 평화에 헌신한 드럼메이저였다고 말하십시오. 그 밖의 다른 것은 하나도 중요하지 않습니다. 저는 다만 헌신했던 삶을 남겨 두고 싶습니다". 이것이 킹 목사의 마지막 설교가 되었다. 이후 이 설교의 제목은 '드럼메이저 설교'가 되었다.*

킹 목사는 미국의 역사를 바꾼 열정으로 가득하였던 혁신가였다.

* Drum Major: 행진 악대 맨 앞에 나서 이끄는 사람.

열정과 신념

열정은 신념의 에너지원이기도 하다. 열정이 있음으로써 자신이 믿는 신념이 유지된다. 신념이 있음으로써 열정이 만들어지고, 열정이 있음으로써 신념이 유지된다. 열정과 신념은 서로 앞서거니 뒤서거니 한다. 이 두 가지가 끝없이 유지된다면 얼마나 좋을까. 당연히 쉽지 않다. 열정이 먼저 식기도 하고, 신념이 소리 없이 사라지기도 한다. 혁신가에게 신념은 여전히 살아 남아 있는데 열정이 식어 버리고 사라져 버리면, 그는 하루 종일 거리를 배회하는 공상가가 될지도 모른다.

어떻게 뜨거운 열정을 가질 수 있을까. 한번 가진 뜨거운 열정을 어떻게 식지 않도록 유지할 수 있을까. 열정을 만들기도 어렵지만, 식어 가는 열정을 붙잡기도 어렵다. 혁신의 열정이 다행히 좋은 성과로 연결된다고 해도, 그 열정이 계속 유지되기 어렵다. 열정은 에너지가 아닌가. 성과를 만들어 내기 위해서는 많은 에너지가 소모되기 마련이니, 중간중간에 열정이라는 에너지를 더 채우지 않으면 결국 탈진된다. 열정의 탈진은 혁신의 탈진이다. 줄어들 수밖에 없는 열정이기에, 이를 보충할 수 있는 특별한 노력과 시간이 필요하다.

혼자서 하는 혁신도 있지만, 많은 혁신은 누군가와 같이하게 된다. 지금 전 세계를 호령하고 있는 빅테크 기업들은 거의 대부분 혁신가 혼자서 창업한 것이 아니다. 이 기업들은 대부분 마음이 잘 맞는 여러 명의 혁신가들의 협력으로 만들어졌다. 오프라 윈프리도 자신의 성공 비결을 자기 혼자만의 능력이 아니라 여러 사람과의 협력의 결

166
다시 생각하는 정부와 혁신

과라고 하지 않는가. 나 혼자만의 열정과 에너지로 할 수 있는 혁신에는 한계가 있다. 다른 사람들도 많은 혁신적 열정을 갖고 있기에, 나의 부족하거나 혹은 줄어드는 열정을 그들과 함께함으로써 채울 수 있다.

혁신의 온도, 36.5도

함께 혁신하겠다고 나선 다른 사람들도 나만큼의 혁신적 열정을 갖고 있을까. 나만큼 뜨거운 열정을 갖고 있는지 궁금하다. 그 사람의 열정의 온도를 알 수 있을까. 열정의 온도를 잴 수 있다면 협력과 혁신이 훨씬 쉬울 것이다. 우리는 자신의 체온도 잘 모르지만, 남의 체온은 더더욱 잘 모른다. 그러나 가끔 다른 사람의 체온을 알 수 있을 때가 있다. 바로 악수할 때다. 악수할 때 다른 사람의 체온을 비로소 제대로 느낀다. 1~2초에 불과한 짧은 악수의 순간에도 상대방의 체온을 제대로 느낀다. 상대방의 손이 따뜻하다고 느낄 때, 아마도 사람들은 그 사람의 손을 조금 더 오래 잡고 싶어 할 것이다.

혁신하는 이유는 나만을 위한 것도, 남들만을 위한 것도 아니다. 바로 우리를 위한 것이다. 지금 악수하고 있는 우리들을 위한 것이다. 딱 우리의 체온만큼 온도를 느낄 수 있는 혁신이라면 족할 것이다. 우리의 체온은 의외로 따뜻한 온도이다. 혁신의 온도는 아마도 36.5도가 아닐까. 이것은 그리 낮은 온도가 아니다. 그렇다고 높은 온도도 아니다. 정말로 악수하기 딱 맞는 적당한 온도이다. 계속 잡고 있을수록 더 좋은 온도이다.

그런데 혁신은 열정만으로, 따뜻한 체온만으로 되는 것은 아니다. 혁신에 열정적인 감정이 과도하게 더해지면 오히려 혁신을 망칠 수 있다. 혁신에는 열정이 필요하되, 이것만으로 충분한 조건이 되지 못한다. 거기에는 열정 이상의 섬세함과 꼼꼼함도 필요하다. 혁신가 앞에 있는 모든 사람들이 혁신가의 마음을, 뜨거운 열정을 이해해 주는 것은 아니다. 혁신가 앞에 있는 사람들은 혁신가를 지지하기도 하지만 정말 강하게 반대하기도 한다. 생각이 다른 사람들을 설득하고, 다른 사람과 함께할 수 있고, 어려움을 같이 넘을 수 있는 그런 수준의 따뜻한 열정이면 좋겠다.

혁신은 장애물 경기

왜 그런지 혁신 앞에는 늘 장애물이 있다. 혁신은 꼭 장애물 넘기와 같다. 혁신은 앞에 있는 장애물들을 넘어가야 한다. 어떤 장애물은 뿌리까지 제거해야 하고, 어떤 장애물은 건너뛰어야 한다. 어떤 장애물은 스스로 알아서 피해야 한다. 어렵지만 당연히 장애물 스스로가 혁신가를 피하게 만드는 전략이 그중 효율적인 전략일 것이다. 그 방법의 하나가 바로 설득이다. 좋은 혁신에는 효율적인 설득이 따른다. 저항하는 상대방에 대한 설득은 열정으로도 가능하지만, 열정의 반대편에 있는 냉정으로도 가능하다. 설득은 혁신에 대한 완벽한 몰입과 희생으로도 가능하지만, 얼음같이 차가운 냉정으로도 가능하다. 열정과 냉정은 혁신의 장애물을 넘어가는 중요한 수단이다.

열정적인 혁신가는 웅변가와 같다. 말 한마디 한마디가 청중의 엄청난 박수를 이끌어 낸다. 순식간에 청중석을 열광의 도가니로 만들어 낸다. 그러나 냉정한 혁신가는 사람들의 눈에 그렇게 친근하게 보이지 않는다. 이 사람의 주변에는 사람이 모이지 않을 수도 있다. 그러나 이 사람이 떠나고 난 뒤에 비로소 그 사람이 혁신가임을 기억하게 된다. 경우에 따라서는 아무도 기억하지 않는 혁신가가 될 수도 있다. 그저 몇 사람만이 그 냉정한 사람이 자신들을 위한 진정한 혁신가였음을 기억할 수도 있다. 냉정한 혁신가는 아무도 자신을 기억해 주지 않을 것임을 다 알고 있었을지도 모른다.

열정과 냉정이 함께하는 혁신

한 사람이 열정과 냉정을 기막히게 균형적으로 갖추고 있으면 얼마나 좋을까. 아마 혁신가들도 이것을 꿈꾸고 있을지 모른다. 그러나 쉽지 않다. 우리가 기억하는 많은 혁신가들을 보자. 이들은 열정과 냉정 두 가지를 갖춘 경우가 별로 없다. 열정 아니면 냉정 한 가지만 갖추고 있을 뿐이다. 어쩌면 혁신가는 열정이나 냉정 중에서 한 가지만 갖추고 있어도 족할 것이다. 울림이 크고 오래가는 혁신은 혼자의 힘으로 이루어지기 어렵다. 열정적인 혁신가 옆에 냉정한 참모가 있다면, 혹은 냉정한 혁신가 옆에 열정적인 참모가 있다면 더할 나위 없이 좋을 것이다. 그러면 우리가 원하는 혁신이 가능하고, 우리가 원하는 성과를 얻을 수 있을 것이다.

대장장이는 이 두 가지를 모두 갖추고 있다. 쓸모 있는 연장을 만들기 위해서는 먼저 뜨거운 쇳물을 만들어야 하고, 수십 번의 담금질을 하고, 그리고 뜨거운 쇠를 차가운 물에 식히고, 다시 달구고, 이를 반복하는 과정을 거쳐서 쓸모 있는 연장 하나를 만들어 낸다. 뜨거운 쇳물만으로 연장이 되는 것도 아니고, 차가운 물이 있다고 쓸모 있는 연장이 만들어지는 것도 아니다. 뜨거움과 차가움이 같이 합작하여 신비로운 조화를 만들어 낸다.

혁신은 열정과 냉정의 조화를 거쳐서 만들어진다. 대장장이처럼 이 두 가지를 혼자서 다 갖출 수 없다면 같이하면 된다. 열정을 가진 사람과 냉정함을 갖춘 사람이 함께할 수 있다면 혁신의 절반은 이미 성공한 것이다. 열정과 냉정이 함께하는 혁신을 상상해 보자.

다시 생각하는 정부와 혁신

정부혁신의 중심, 국민

다시 「헌법」이다. 아니 늘 「헌법」이어야 한다. 국민이 늘 가장 앞에 있음을 기억하면 된다. 정부혁신의 출발점이자 종착점은 국민이다. 국민을 중심에 두지 않는 정부혁신이라면, 정부혁신이라고 부를 수 없다. 정부혁신은 정부와 국민을 가깝게 만드는 노력이다. 정부가 국민과 같은 생각을 하고, 국민과 같은 방향을 보도록 하는 것이 정부혁신이다. 정부와 국민은 상대방이 아니라 늘 같은 편이다. 정부가 조금만 노력해도 국민은 그것을 잘 안다. 정부가 국민의 입장에서 생각하고 결정하면, 설사 그것이 잘못된 결과를 가져올지라도 질책하지 않는다. 정부의 진심이 무엇인지 알고, 잘하려고 노력했음을 잘 알고 있는데 뭐라고 하겠는가. 정부혁신에서 중요한 것은 그 결과가 아니라 처음의 출발하는 마음과 어려움을 극복하는 수고의 과정이다. 이것이 국민들에게는 더욱 값진 결실로 받아들여진다. 원주시향 지휘자는 사람은 모두 마음속에 악기 하나씩은 갖고 있다고 했다. 심금이라는 악기이다. 이 악기는 마음으로 연주하고 마음으로 듣는 악기이다. 심금은 아주 짧은 순간에 울리지만, 그 여운은 아주 멀리, 오래 간다. 심금을 울리는 정부혁신도 가능하지 않을까.

국민과 정부는 같은 편

세상에서 가장 쉬운 단어, 국민

우리는 정부혁신의 핵심으로서 늘 '국민'을 언급한다. 지극히 당연한 말이다. 정부혁신의 시작에서부터 마지막까지 늘 국민이 핵심을 차지한다. 이 말을 부정하거나 혹은 강조하기를 주저하는 사람은 없을 것이다. 정부도, 전문가도 그리고 국민 스스로도 정부혁신의 핵심은 국민이어야 한다고 말한다. 국민은 정부혁신이 필요한 가장 중요한 이유이며, 혁신적 정책의 정당성을 확인할 수 있는 근거이며, 혁신의 성과를 확인할 수 있는 궁극적 기준이다. 국민을 제외한 정부혁신을 상상하기란 어렵다.

국민은 가장 쉬운 단어이다. 국민이라는 단어를 모르는 사람이 어디 있겠는가. 설명할 필요가 없는 대표적인 단어일 듯하다. 그런데 조금만 곰곰이 생각해 보면, 국민만큼 쉬운 단어도 없지만 국민만큼 쉽고 정확하게 설명하기 어려운 단어도 없다. 대한민국을 구성하는 주체라는 정해진 답변은 간단하지만, 조금 더 들어가서 현실 속에 존재하는 국민의 의미, 존재의 가치 그리고 그 실체가 무엇인지 명확하게 설명하기는 쉽지 않다. 국민의 실체는 무엇인지, 특히 정부혁신에서 국민은 어떤 의미를 갖고 있는지, 정부혁신에서 국민은 어떤 역할을 할 수 있는지 등등의 질문에 대한 답변이 간단하지 않다. 답을 쉽게 할 수 있을 듯하면서도 선뜻 답하지 못하는 곤란한 질문들이다.

그렇다. 우리가 익숙하게 사용하는 단어라고 해서 쉽게 정의하고, 쉽게 설명할 수 있는 것은 아니다. 그 단어가 일상 속에서 익숙하게 사용되고 있지만, 정말로 중요한 의미를 담고 있다면, 그 무게가 결코 가볍지 않다면 간단하게 설명하기 어렵다. 행복, 윤리, 공직, 봉사, 성실, 협력, 지속성, 발전은 우리가 일상에서 자주 사용하는 단어이지만, 그 뜻을 특정한 맥락에서 쉽게 설명하기 쉽지 않다. 언어는 절대성과 상대성을 동시에 갖고 있는데, 앞서 예로 들었던 단어들은 특히 사용자의 가치와 환경, 맥락에 따라서 다른 의미로 사용된다. 같은 단어를 말하지만, 서로 전하고자 하는 의미는 다르다.

서로 다르게 사용하는 말, 국민

국민이라는 단어를 간단하게 설명하는 것이 어려운 이유는 국민이라는 단어 자체의 복합성과 더불어 이 단어를 사용하는 사람들의 가치와 맥락의 차이 때문일 것이다. 국민이라는 단어가 포괄하는 범위가 매우 넓고, 국민이라고 표현하지만 위정자, 공직자, 국민들은 이 말을 각각 다른 의미로 사용한다. 위정자들은 국민의 뜻에 따르는 정치를 한다고 하고, 공직자들은 국민에 대한 공복으로서 역할을 다 하겠다고 하는데, 위정자가 말하는 국민과 공직자가 말하는 국민이 다르고, 정작 주체인 국민이 생각하는 국민도 다르다. 특히 위정자들은 정치적 상황에 따라서 국민이라는 단어를 각자의 상황에 맞게 재단하여 사용하고 있지 않는가. 위정자들은 늘 국민을 강조하고 국민의 뜻을 받든다고 하는데, 정작 국민들은 위정자들을 불신한다.

정부혁신에서도 국민은 일상적으로 등장한다. 정부혁신의 궁극적 대상인 국민은 어떤 국민인지, 국민의 참여를 강조하는데 어떤 국민이 참여하고 있는지, 국민들이 정부정책에 만족한다고 하는데 그 국민은 또 어떤 국민인지 모두 제각각이다. 각자의 상황과 주관적 판단에 기초하여 국민이 정의되고 활용된다.

국민의 성향을 보수와 진보로 구분한다고 할 때, 보수와 진보의 사전적 구분에도 불구하고, 정작 대상인 국민은 자신이 보수로 혹은 진보로 분류되는 것에 선뜻 동의하지 않는다. 국민은 보수적인 정책을 지지하기도 하지만, 동시에 진보적 정책도 지지한다. 국민의 삶이라는 관점에서 보면 진보와 보수의 구분은 위정자들에게만 쓸모 있는 것일지도 모른다.

국민은 다양한 가치관을 가진 사람들로 구성되어 있어서 다양성 그 자체이다. 국가나 사회를 개인들의 집합체로서의 공동체로 표현하지만, 다양한 가치들이 공동체를 구성하고, 그 안에서 다양한 가치들이 경쟁하기도 하고 협력하기도 한다. 공동체의 핵심은 다양한 가치를 선호하는 다양한 국민들의 공존에 있다. 선거를 통해서 특정한 가치를 지향하는 정부가 구성되었지만, 그 정부가 국정운영이나 정부혁신의 핵심으로 고려해야 할 국민은 특정 가치로 묶여 있는 공동체가 아니라 다양한 가치로 구성된 전체로서의 공동체이다. 선거에서는 특정한 가치를 지향하는 정부가 선택되지만, 선거 후의 정부는 다양한 가치들이 공존하는 공동체 모두를 위한 정부가 되어야 한다.

국민이 주체인 줄 모르는 정부혁신

정부 입장에서 보면 국민은 지지자이자 비판자이다. 어떤 정부이든 지지와 비판을 모두 수용하는 가운데 국정운영이 이루어져야 한다. 정부의 혁신은 국민을 대상으로, 국민과 함께, 국민을 위하여 추진되는 것인데, 그 국민은 정부혁신에 지지를 보내기도 하지만, 반대로 비판도 한다. 지지와 비판을 보내는 모든 국민이 정부혁신의 핵심적 주체이다. 외견상 정부혁신의 주체는 정부일 것 같지만, 사실은 국민이 핵심이다. 시간이 조금만 지나면 정부혁신의 진짜 주인이 누구인지 곧 알게 되는데, 이상하게도 정부혁신 초기에는 모른다. 정부는 정부가 주인인 줄 착각한다.

주체에는 늘 책임이 따른다. 정부혁신의 주체가 국민이라면, 정부혁신의 절반 혹은 그 이상의 책임도 국민에게 있다. 정부혁신에 대한 책임이 정부보다 국민에게 더 많이 부과되어야 한다. 제도상 혹은 형식상 정부에 정부혁신에 대한 더 많은 책임이 부과되어 있는 것 같지

다시 생각하는 정부와 혁신

만, 사실은 국민에게 더 많은 책임이 부여되어야 한다. 정부를 구성한 주체가 국민이며, 정부혁신의 방향을 결정하는 것도 국민이기 때문이다. 그러나 불행한 것은 정부보다 더 많은 책임을 갖고 있는 국민에게 정작 그에 비례하는 권한은 부여되어 있지 않다는 점이다. 정부혁신의 영역만이 아니라 다른 영역에서도 국민이 행사할 수 있는 권한은 제한적이다. 너무도 적어서 눈에 거의 띄지 않을 정도이다. 권한의 축소가 역으로 주체로서의 위상을 약화시킨다.

정부는 혁신을 추진하면서 국민의 뜻을 헤아리고, 국민을 위하여 추진한다고 한다. 그런 정부의 마음은 진심이라고 믿어도 될 것이다. 그래서 정부는 혁신을 위한 국민들의 제안을 받기 위해 다양한 온-오프라인 창구를 마련하여 운영하며, 또 정부혁신 홍보도 적극적으로 하고 있다. 진심으로 가득할 새 정부가 출범한 초기에는 그래도

광화문 촛불집회의 한 장면. ⓒ YTN

국민들이 혁신적인 제안을 적지 않게 한다. 정부도 이 중 일부를 선정하여 추진하겠다고 홍보한다. 그런데 이후에 국민들의 혁신적 제안이 선정되어 제대로 정책화되어 추진되고 있는지는 알기 어렵다. 만일 구체적으로 정책화되었다면 정부는 이를 대대적으로 홍보하였을 텐데, 그런 사례는 찾아보기 어렵다. 정권이 중반을 넘어서면서부터는 국민들의 혁신적 제안에 대한 소식이 들리지 않는다. 아마도 개점휴업 상태일 것이다.

국민 없는 정부혁신 장터

정부가 멋지게 만들어 놓은 정부혁신 참여 시스템은 일종의 장터와도 같다. 국민이 제안하고, 이 중에서 좋은 제안을 정부가 선정하여 정책이라는 상품으로 만드는 것이니 혁신을 거래하는 장터와 같다. 왜 혁신의 장터에 국민이 보이지 않을까. 우리가 장터에 가는 이유는 간단하다. 무엇인가 볼거리, 살거리, 놀거리가 있기 때문이다. 장터에서는 흥정도 하고 거래도 이루어진다. 간혹 말싸움도 있지만 대개 장터는 흥겨운 곳이다. 다들 즐거워하는 곳이다. 장터에 사람이 없다는 것은 장터가 볼 것이, 살 것이, 흥정할 것이, 놀 것이 없다는 것이다. 심지어 말싸움조차 없다. 아무리 풍악을 울려도 사람들이 모이지 않는다. 특히 여러 번 속아 본 사람들은 절대로 가지 않는다. 그동안 수도 없이 속았는데 또 속을 리가 만무하다. 참된 마음으로 제대로 된 물건을 팔려고 해도 사람들이 선뜻 나서지 않는다.

그럼에도 여전히 정부는 혁신에 참여하지 않는 국민을 탓한다. 국민들은 혁신에 관심이 없다고 평가 절하한다. 국민이 참여 의식이나 공적 마인드가 약하다고 비판하기도 한다. 우리는 이런 것을 적반하장 反荷杖이라고 부른다. 이미 국민들은 정부혁신 장터에서 한두 번 속은 것이 아니다. 정부혁신이 어떠했는지를 너무도 잘 알고 있다. 그러니 정부혁신은 물론 정부혁신을 추진해야 할 정부에 대한 믿음이 사라졌으며, 국민이 정부혁신 과정에 참여하지 않는 것은 너무도 당연하다.

믿음이 사라졌다고 해야 할 것을 멈출 일은 아니다. 믿음은 기본 중에 기본이니 다시 믿음을 되살려야 한다. 정부는 돌아선 국민의 마음을 얻기 위해서 더 노력하고 더 노력해야 한다. 오랜 시간이 걸릴 것이다. 하루아침에 어떻게 돌아선 국민의 마음을 다시 얻을 수 있겠는가. 돌아선 국민의 마음을 다시 잡기 위하여 그동안 정부는 얼마나 진심 어린 수고를 하였을까. 절대적으로 진정성 있는 정부의 마음과 태도, 노력, 시간이 필요하다. 정부의 진정성이 있고 없음을 국민들은 너무도 잘 안다.

국민과 정부는 같은 편

국민의 마음이 돌아오지 않으면 정부가 찾아 나서야 한다. 국민에게 설명하고 또 설명해야 한다. 진정성 있게 실천하고 또 실천해야 한다. 국민은 어느 위정자보다도 현명하다. 무엇이 참인지 거짓인지를 너무도 빨리 알아챈다. 정부의 노력이 진정성이 있는 것인지, 아니면 일회성 행사용인지 정확하게 구분한다. 정부만 모를 뿐이다.

정부가 진정으로 혁신을 원한다면 국민에게 말하면 된다. 정부의 역량에 한계가 있다고, 정부만으로는 문제 해결이 어렵다고, 혁신적 아이디어가 부족하다고 고백하면 된다. 문제를 같이 확인하고 분석하자고, 대안을 같이 논의하자고, 혁신적 정책을 같이 추진하자고 하면 된다. 정부가 갖고 있던 공공정보를 더 공유하겠다고, 일을 더욱 투명하게 처리하겠다고, 자원은 더욱더 절약하겠다고 하면 된다. 국민이 위기에 처하지 않게 하겠다고, 늘 국민의 편에 서 있겠다고 하면 된다. 이것이 정부혁신의 방향이고, 정부혁신을 통해서 만들고자 하는 우리의 모습이다. 국민과 함께하지 못할 것이 무엇이 있겠는가. 국민은 늘 정부 편이고, 정부는 국민 편 아닌가.

정부혁신과 공동체

최고의 가치, 혁신

혁신을 주장하는 이유나 추진하고자 하는 혁신과제는 천차만별이다. 한 조직 안에서 다른 것은 물론이고, 심지어 부서 안에서도 다르니, 한 나라에서의 혁신의 다양성은 말할 것도 없다. 혁신에는 일사불란함이 있을 수 없다. 정권 초기의 일사불란하게 움직이는 것처럼 보이는 혁신은 누구나 다 숨죽여야 할 특별한 시기이기에 나타나는 일시적 현상일 뿐이다. 혁신은 시대라는 맥락의 변화에 따라서도 다른 모습으로 나타난다. 혁신의 이유가 하나만 존재하는 것도 아니고, 늘 같은 것도 아니다. 한때 최고의 혁신 가치이자 목적이었던 것이 역사의 뒤편으로 사라지고, 그 자리를 새로운 것이 차지한다. 이것은 지극히 정상적인 변화이다. 능률이 혁신의 최고 목적이었던 시대가 있었고, 시민이 최고의 가치이던 시대가 있었다. 절약과 감축이 최고로 인정되던 시대도 있었다.

혁신이 주장되지 않았던 시대는 없었다. 원시 공동체사회에서도 생존을 위한 혁신이 존재하였을 것이고, 지배와 복종의 시대가 꽃을 피웠던 중세에도 혁신은 효과적인 통치의 수단으로 활용되었다. 산업사회의 등장과 자본주의의 확대는 혁신을 최고의 가치로 만들었다. 현대는 어떠한가. 혁신은 더욱더 높은 곳으로 올라가 있다. 위정자들은 혁신의 숭배자이고, 새로운 대통령은 혁신의 전도사이다. 다만 혁신을 받들고 활용하였던 그들이 권력을 갖고 있었던 시대가 다르고, 그들을 둘러싸고 있는 환경이 달랐을 뿐이다. 정부를 구성하는 공무원도 모두 다르다. 모든 것이 다르지만, 이들은 한결같은 목소리로 모두 혁신을 말한다. 모두 시대가, 국민이, 국가가 혁신을 요구한다고 말한다. 그러나 이들이 말하는 혁신은 모두 다르다.

지금은 어떤 시대인가. 지금은 어떤 혁신을 필요로 하는가. 국민이 말하는 혁신은 어떤 것인가. 공무원들은 또 혁신을 어떻게 생각하고 있을까.

다시 생각하는 정부와 혁신

정부혁신의 중심, 국민

원론적으로 생각해 보자. 정부혁신이라면, 먼저 정부가 무엇인지를 생각해 볼 수 있다. 즉 정부의 존재 가치나 이유의 재확인을 통해서 정부혁신의 의미를 도출할 수 있다. 우리는 「헌법」을 통해서 정부가 무엇인지, 정부혁신은 왜 필요한지를 명확하게 확인할 수 있다.

대한민국 안에 존재하는 모든 것의 출발점은 국민이다. 정부는 국민의 삶과 안전을 확보하기 위하여 존재하는 것이니, 정부의 존재 가치는 정부가 아닌 국민을 통해서 증명되어야 한다. 그러면 정부혁신의 가장 첫 번째 목적은 국민의 관점에서 확인될 수 있어야 한다. 국민의 생각과 뜻을 통해서 정부혁신의 가치와 방향, 전략과 과제들이 도출되어야 한다. 국민은 정부혁신에서 선택이 아닌 필수이자 가장 중심에 자리하고 있다. 중심에 국민이 없는 정부혁신은 그 자체로서 어떤 정당성도 주장할 수 없다.

그렇다. 언제 어느 때고 정부혁신은 정부 스스로가 아닌 국민을 위해서 필요한 것이다. 정부혁신을 통해서 정부와 정책에 대한 국민의 신뢰가 확보되고, 국민의 관점에서 정부의 존재 가치가 인정된다면, 그 이상 의미 있고 바람직한 정부혁신은 없을 것이다. 반대로 정부에 대한 국민의 팽배한 불신은 정부와 정부혁신이 국민의 인정을 받지 못하고 있음을 보여주는 것이다. 국민을 중심에 두지 못하는 정부혁신은 영혼이 없는 혁신이다. 혁신의 본질적인 가치와 목적이 실종된 혁신이다. 국민은 진정한 혁신의 출발점이다.

▌나의 또 다른 이름, 공동체

국민의 또 다른 이름은 공동체이다. 사회라고 불러도 좋다. 동네라고 불러도 되고, 이웃이라 불러도 된다. 조직이라면 구성원이라 해도 될 것이다. 우리가 살고 있고, 우리가 서로 어울리는 공간이다. 우리가 있음으로써 공동체가 존재하고, 공동체가 유지됨으로써 우리가 존재할 수 있다. 공동체를 떠난 나와 우리를 상상할 수 없다.

그런데 지금 우리에게 공동체는 무엇인가. 눈을 잠깐만 감으면 좋은 장면보다는 쓸쓸한 장면들이 떠오른다. 불안, 외로움, 소외, 갈등, 경쟁, 질시, 무시, 분노, 비난, 격차, 높은 담장과 같은 것이 떠오른다. 반면 평온, 협력, 공존, 배려, 위로, 칭찬과 같은 긍정적인 이미지는 쉽게 떠오르지 않는다. 우리가 몸담고 있는 공동체의 모습이다. 이미 우리들의 마음이 그렇게 변해 버렸다. 아쉬운 것은 이렇게 변해 버린 우리의 마음을, 우리의 공동체를, 우리 스스로도 제대로 알아채지 못하는 상태가 되었다. 각자도생이라는 단어가 생경한 것이 아니라 너무 익숙해져 버렸다.

정부혁신을 말한다는 것은 곧 우리가 존재하고 있는 공동체의 혁신과 발전을 말하는 것이라는 점에서, 지금 우리가 살고 있는 공동체는 어떤 모습인지, 우리가 지향해야 할 공동체는 어떤 모습인지 먼저 제대로 확인해야 한다. 우리가 기대하고 소망하는 공동체의 모습이 정부혁신의 가치와 방향, 그리고 과제에 고스란히 담겨 있어야 한다. 정부혁신의 모습에서 우리가 그리고 싶은 국민의 모습을, 공동체의 모습을 볼 수 있어야 한다.

빈곤은 여전히 심각한 사회문제이다. 우리도 어느 순간 우리 자신의 과오가 아님에도 빈곤의 상황에 처할 수 있다. 빈곤은 우리 모두에게 현재이자 잠재적인 문제이다. 그런데 빈곤을 공동의 사회문제가 아닌 개인의 문제로 치부하는 경우도 많다. 빈곤을 공동체인 사회가 직면한 문제로 인식하자는 것은 빈곤에 대한 개인의 책임을 면제

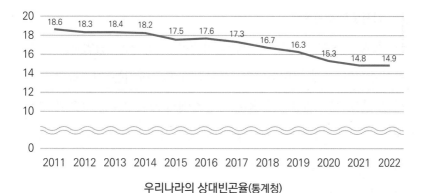

우리나라의 상대빈곤율(통계청)

하자는 것이 아니다. 빈곤문제에 내재되어 있는 다양한 속성과 특징, 구조를 공동체의 관점에서 깊게 살펴보자는 것이다.

　모든 사람들이 빈곤으로부터 벗어나려고, 빈곤에 빠지지 않으려고 노력하지만 뜻대로 되지 않는다. 우리는 분명히 최선을 다해서 노력했지만, 빈곤은 우리를 떠날 생각을 하지 않는다. 아마르티아 센^{Sen,} ^{Amartya Kumar}의 지적처럼, 빈곤은 우리가 자유를 누리지 못하도록 하는 것이라는 점에서, 빈곤으로부터 벗어난다는 것은 자유로운 시민이 될 수 있는 중요한 조건이다. 자유로운 공동체를 지향하기 위해서는 빈곤의 고통을 겪고 있는 사람들이 갖고 있는 개인적 속성과 더불어 사회적 구조와 속성을 제대로 들여다보아야 한다. 오늘의 빈곤은 혼자 풀어내야 하는, 구제의 대상이 되는 사회문제가 아니라 우리 모두가 함께 풀어내야 할 공동체적 과제이다.

각자도생의 공동체

한때 학생들에 대한 무상급식이 논란이 된 적이 있었다. 지금은 무상급식이 크게 확대되었지만, 여전히 일부에서는 이것을 불편해하고 있다. 복지예산을 공동체의 관점에서 보기보다는 개인에 대한 지원 정도로 보는 사람들도 많다. 아직도 각자도생이 앞서는 공동체의 모습이다. 공동체적 관점이 약하면, 그늘진 곳에서 벌어지는 일을 양지에서 충분히 알기 어렵다. 부유한 사람이 배고픔을 느끼는 것은 다이어트를 할 때이다. 가난한 사람의 배고픔이 생명의 고통이라면, 부유한 사람의 배고픔은 체중 감량을 위하여 잠시 참아야 하는 시간이다. 우리는 다른 사람들의 처지를 잘 알고 있다고, 이해한다고 말하지만, 그것은 아주 제한적일 것이다. 다른 사람들의 배고픔, 아픔, 슬픔, 고통을 얼마나 똑같이 느낄 수 있겠는가. 공동체에 대한 충분한 이해는 이성과 감성을 모두 필요로 한다.

위정자, 정부, 전문가 그리고 언론은 늘 공동체의 중요성을 강조한다. 그러나 이들이 살며 느끼는 공동체는 전체 공동체의 극히 일부이다. 이들이 살고 있는 공동체의 밖에는 더 넓은, 그러나 참으로 다른 공동체가 존재한다. 더 많은 사람들이 생활하는 공동체이다. 이들이 쉽게 공감하기 어려운 공동체가 존재한다. 어찌 보면 우리에게 공동체는 하나가 아니라 여러 개인지 모르겠다. 우리가 공동체는 하나라고 착각하는 것은 아닌가. 어쨌든 공동체를 강조하고, 공동체를 이해하는 자세와 노력은 그 자체로 소중하다. 그러나 이런 인식을 실천의 장으로 연결하기 위한 노력은 이와는 별개이다.

지금의 공동체는 각자도생의 장으로 평가되고 있다. 각자가 알아서 살아 내야 하는 무너지고 해체된 공동체이다. 낯선 사람의 도움이 방송에 미담으로 소개되는 사회이다. 무너진 공동체에서는 우리 모두가 안전하기 어렵다. 공동체의 문제에 적극적으로 대응하기 위해서는 과거와는 다른 정부의 적극적이고 특별한 역할이 필요하다. 일을 늘리고 규모를 늘리는 정부에서 질을 높이고, 구석구석을 살피고, 어두운 곳을 더 찾아 나서는 정부가 필요하다. 한때 수출을 늘리고, 기업을 성장시키고, 국가의 경제 규모를 키우는 것이 중요하고 절실했던 시대도 있었다. 그러나 이 과정에서 우리는 공동체 구석구석에 눈길을 제대로 줄 여유가 없었다. 빛이 있으면 어두운 곳이 있는 것이 당연하다고 생각했다. 그리고 그 결과는 지금 우리가 직면한 공동체의 붕괴이고 소멸이다.

다시 헌법, 다시 국민

내셔널 미니멈^{national minimum}이 강조된 지 벌써 여러 해가 지났다. 국가 공동체의 각 구성원들이 최소한의 생활 수준을 누릴 수 있어야 한다는 것이다. 그러나 의미 있는 기준선의 도출은 여전히 지지부진하다. 이것은 단순한 소득에만 국한되는 것이 아니라 주거, 환경, 교육, 보육, 안전, 휴가 등 다양한 영역에까지 확장되어 진척될 수 있어야 할 것이다. 이것은 「헌법」에 규정된 대한민국 국민으로서 당연히 갖추어야 할, 국가가 마련하고 제공해야 할 것들이다. 이것은 국민에게 특별한 편익이 아니라 보편적으로, 기본적인 것으로 갖추어져야 할 것들이다. 정부의 역할은 이것들이 공동체 구성원에게 충분히 확보되도록, 넉넉하게 누릴 수 있도록 하는 것이다. 최저 기준을 충족함에 그치는 것이 아니라 그 이상이 실현되도록 해야 한다. 최저 기준은 더 높은 기준으로 올라감으로써 의미가 있다.

'최저 임금'이 있다. 최저 임금은 말 그대로 기준의 설정을 위한 최저의 선이지 최적의 선은 결코 아니다. 내셔널 미니멈은 절대값이면서 상대값이어야 한다. 기본적인 수준을 확보하고 높이는 것은 물론이고 구성원 간의 상대적 격차도 줄어들게 해야 한다. 정부는 이런 노력을 통해서 각자도생의 공동체가 아닌 연대와 협력의 공동체를 복원할 수 있다.

문재인 정부는 정부혁신을 위한 방향이자 도구로서 '사회적 가치'를 강조하였다. 사회적 가치의 핵심은 공동체이다. 단순한 집합체가 아니라 사람들이 어울려 살아갈 만한 좋은 공동체이다. 사회적 가치는 무너진 공동체의 복원을 강조하였다. 물론 쉬운 것이 하나도 없다. 각자도생의 사회가 된 상황에서 같이 어울려 살아가는 좋은 공동체를 복원한다는 것은 정말로 어려운 일이다. 정부가 혁신을 통하여 공동체를 복원한다는 것은 예전에는 제대로 시도해 보지 않았던 의미 있는 접근이었다. 이것은 매우 어려운 일이지만, 이를 통해서 정부의 존재 가치를 명확하게 재확인하고, 공동체가 조금이라도 더 나아질 수 있다. 정부혁신의 필요성과 방향을 사회적 가치에서도 찾아볼 수 있다. 잠들어 있는 「헌법」을 깨워야 한다. 다시 국민이어야 한다.

누구도 섬이 아니다 No Man Is an Island

어느 사람이든지 그 자체로서는 온전한 섬은 아닐지니

모든 인간이란 대륙의 한 조각이며

또한 대양의 한 부분이리라.

만일 흙덩이가 바닷물에 씻겨 내려가게 될 지면

유럽 땅은 그만큼 작아질 지며

만일에 모랫벌이 그렇게 되더라도 마찬가지이며

그대의 친구들이나 그대의 영지가 그렇게 되더라도 마찬가지리라.

어느 누구의 죽음이라도 나를 감소시키나니,

나란 인류 속에 포함되어 있는 존재이기 때문이리라.

누구를 위하여 종은 울리나.

이를 위해 사람을 보내지는 말지어라.

종은 바로 그대를 위하여 울리나라.

— John Donne (1572~1631),

Devotions upon Emergent Occasions (Meditations 17)

국민다운 국민 위한 정부혁신

남들이 부러워하는 대한민국

20세기 들어와서 우리나라만큼 단기간에 급성장한 나라도 드물다. 급속한 성장 속도만이 아니라 성장률도 높아서 우리나라는 OECD 회원국 중 상위권을 차지하였다. 경제영역의 경우 세계 10대 강국에 들었다고 해도 무리가 아닐 정도로 높은 수준이다. 200개가 넘는 전 세계 국가를 생각해 보면, 분명히 우리는 이제 종합적으로 최상위권 국가임이 분명하다. 정치, 경제, 사회, 정부 등 많은 영역에서 급성장하였으니, 우리는 충분히 우리나라를 자랑스러워 해도 된다.

우리나라의 급속한 성장 속도와 세계 최고 수준의 경쟁력에도 불구하고 아직 미덥지 않은 부분들도 남아 있다. 다른 국가들이 우리의 경제성장 속도와 높은 경제 수준을 부러워하고 있지만, 정작 우리 스

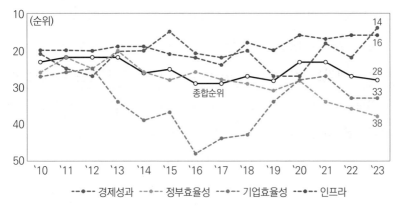

IMD가 평가한 우리나라 국가경쟁력 순위 추이(2010~2023, 기획재정부)

스로는 자랑스럽게 생각하지 못하는 부분들이 있다. 안전, 환경, 인권, 행복 등 삶의 질과 관련한 부분은 여전히 크게 개선되어야 할 우리의 숙제이다.

　이런 문제 인식은 겸손의 태도에서 나오는 문제가 아니라, 우리가 현재 처해 있는 심각한 현실을 반영하고 있는 것이다. 우리보다 앞서 있다고 하는 선진국들도 모든 면에서 높은 수준을 보이는 것은 아니다. 우리처럼 이러저러한 문제들을 갖고 있다. 다만 우리의 경우 양극단적인 모습을 보이는 것 아닌가 하는 염려도 든다.

▎ 거울에 비친 우리의 자화상

　거울을 들여다보면 우리의 본 모습, 자화상이 보인다. 머리는 단정한지, 옷매무새는 잘 정리되었는지, 웃고 있는지 그대로 드러난다. 거울을 보지 않으면 제대로 볼 수 없는 우리 모습이다. 남들이 우리의 모습을 제대로 봐 주는 것도 필요하지만, 더 중요한 것은 우리 스스로가 우리의 자화상을 있는 그대로 볼 수 있어야 한다. 단정한 줄 알았던 머리는 부스스하고, 웃고 있는 줄 알았던 얼굴은 꽤 화난 표정이다. 생각해 보지 않았던 우리의 본 얼굴을, 본 모습을 거울속의 자화상을 통해서 비로소 제대로 본다. 왜 내가 화를 내고 있지. 나는 늘 웃고 있는 줄 알았는데. 뒤늦게야 나의 모습을 본다.

정부를 비추는 거울이 있다면, 우리나라 정부는 어떻게 비춰질까. 우리가 생각하던 모습 그대로 비춰질까. 아니면 우리가 미처 생각도 못했던 모습이 비춰질까. 거울에 비친 정부의 모습을 한번 있는 그대로 그려 보면 어떨까. 우리나라를 거울에 비추어 보지 않아도 우리는 우리나라의 본 모습을 잘 알고 있지 않을까. 우리는 우리나라가 아직 제자리 잡지 못한 것, 엉성한 것, 눈가림한 것이 무엇인지를 사실 잘 알고 있다. 구태여 이러저러한 통계자료까지 인용할 필요도 없다.

OECD가 발표하는 각종 데이터를 통해서도 우리나라의 현재 상황을 쉽게 확인할 수 있다. 어떤 영역의 데이터들이 다른 나라들과 비교하여 낮은 수준인지 쉽게 찾아낸다. 사회, 환경, 안전 영역의 데이터들이 아직 국제적으로 낮은 수준으로 나타나고 있다. 자살률은 OECD 국가 가운데 가장 높다. 교통사고 사망자 수, 상대적 빈곤율, 온실가스 배출량 등 개선이 필요한 데이터들이 한두 가지가 아니다. 우리가 부족한 것이 무엇인지는 해외여행을 가 보면 쉽게 느낄 수 있다. 자랑스러운 것도 많지만, 숨기고 싶은 것도 많은 것이 우리나라의 본 모습이다.

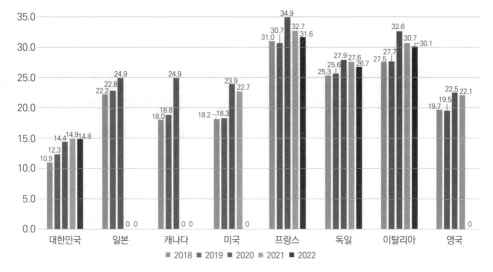

G20 주요국의 공공사회복지지출 추이(통계청, Kosis)

지금, 새로운 혁신을 시작할 때

국제적으로 낮은 평가를 받은 분야의 수준을 단기간에 높이기는 어렵지만 불가능한 것은 아니다. 이미 우리는 그 짧은 기간 동안 다른 국가들이 상상하기 힘들 정도로 높은 수준까지 올라간 경험을 하지 않았는가. 단기간의 극적인 변화를 혁신이라고 부른다면, 우리는 이미 여러 번의 성공적인 혁신을 경험하였다. 미흡한 부분도 많지만 성공한 부분이 더 많지 않은가. 부족한 부분 때문에 너무 부끄러워하지는 말자.

기업은 물론이고 정부도 혁신적 성장을 강조한다. 성장이 결과를 의미한다면 혁신은 이를 실현하는 방법이다. 혁신 없는 성장은 불가능함을 의미하기도 한다. 또 혁신이냐고 눈살을 찌푸릴 수도 있다.

제 4 장 정부혁신의 중심, 국민

새 정부가 들어서면 늘 반복적으로 하는 식상한 말이라고 폄하하지도 말자. 어느 정부이고 정부 출범 초기에 혁신을 강조할 때는 분명 바탕에 진정성이 깔려 있다. 혁신의 방법과 내용에 동의가 안 되고, 또 혁신 결과가 성공적이지 않을지라도, 혁신을 시작할 때의 진정성까지 애써 부인할 필요는 없다. 오히려 혁신을 말하지 않음을 비판하자.

혁신성장은 포괄적인 것이어서 다양한 것들과 연계되어 논의하는 것이 필요하다. 혁신성장과 함께 사용할 수 있는 용어로 혁신정부, 혁신사회, 혁신국민, 혁신공기업, 혁신지방정부 등 다양한 사례를 들 수 있다. 얼마든지 다양하게 상상할 수 있다. 혁신성장은 특정한 분야에 국한될 필요가 없으며, 국가 운영 전반에 걸쳐서 적용할 수 있다. 부분의 혁신은 전체의 혁신의 마중물이 될 수 있고, 전체의 혁신은 부분의 혁신을 촉진하는 촉매제가 될 수 있다.

우리는 하루가 다르게 분출되는 각종 문제들에 직면해 있다. 새롭게 등장하는 것들도 있지만, 매번 반복적으로 등장하는 것들도 많다. 우리는 반복적으로 발생하는 줄 알면서도 미리 제대로 준비하여 대응하지 못한다. 문제에 너무 익숙해져 버려서 문제인 줄조차 모른다. 만성인 상태에서 시간이 너무 많이 흐르면 그때는 누구도 풀 수 없는 난제가 된다. 늘 지금이 바로 혁신이 필요한 시점이다. 늦었다고 생각할 때가 가장 빠른 때라고 하는데, 정말 맞는 말이다. 혁신을 시도하는 순간이 가장 빠른 때이다.

다시 생각하는 정부와 혁신

퇴적층을 걷어 내는 혁신

우리에게는 혁신이 절실하다. 문제를 사후약방문식으로 처리하는 것도 문제를 감당할 수 있을 때나 가능하다. 어딘지 모르지만 임계점 이내에서나 가능하다. 어쩌면 두려운 것은 지금 이 순간이 이미 혁신으로도 감당하기 어려운 수준을 넘은 상황일지도 모른다는 점이다. 절대 그럴 리가 없을 것이라고 희망하지만 절박함을 인식하는 것 자체가 희망이 존재함을 보여주는 것이다. 절박함을 느끼는 만큼 가능성이 존재한다. 우리 주변에는 절박함을 인식하지 못하는 경우가 얼마나 많은가. 절박함을 인식하지 못하는 것은 문제가 없음이 아니라 미래에 대한 희망의 기대가 약함을 의미한다.

정부혁신이 필요하다는 인식은 정부에 문제가 있음을 지적하는 것인 동시에 정부에 여전히 희망이 남아 있음을 의미한다. 정부의 문제 해결 능력에 한계가 있다는 말이기도 하지만, 정부가 문제를 제대로 풀어낼 수 있는 가능성을 여전히 갖고 있다는 의미이기도 하다. 그러나 정부가 희망이 될 수 있기 위해서는 전제조건이 필요하다. 정부혁신을 어렵게 하는 정부의 무거운 등짐을 벗어던져야 한다.

지난 수십 년 동안 켜켜이 누적된 퇴적층이 우리 사회와 정부를 무겁게 누르고 있지 않은가. 나라가 커지고 부자가 되는 과정에서 우리가 미처 치우지 못한 것들이 있다. 이미 걷어 냈으면 좋았을 것들을 우리는 그동안 미루고 또 미루었다. 시간이 없다는 핑계로, 더 중요한 것들이 있다는 핑계로 뒤로 미루었다. 불평등, 인권, 안전, 환경, 성차별, 수도권 집중, 정부의 권한 확대, 벼랑에 처한 자영업자 문제들은 쌓이고 쌓여서 이제는 쉽게 치우기 어려울 정도의 퇴적층이 되었다. 혁신이 제대로 숨을 쉬지 못하게 하는 퇴적층이 너무 두껍다. 묵고 또 묵은 짐이다.

우리의 몸은 무거워졌고, 머리는 어지럽고, 더 이상의 좋은 생각이 나지 않는 나라가 되었다. 늘 하던 방식에 너무 익숙해져 버렸다. 계절이 겨울에서 봄으로 바뀌었는 데도 여전히 겨울옷을 입고 있다. 더우면 옷을 벗고, 추우면 옷을 입어야 하는데, 우리는 계절의 변화를 잊어버렸다. 이 두꺼운 퇴적층을 걷어 내야 변화하는 계절을 제대로 누릴 수 있다. 그냥 있어서 될 일이 아니다. 크게 변화해야 한다. 당연한 것들이 당연할 수 없음을 아는 순간이 혁신의 출발이다.

문제를 피하지 않는 적극혁신

혁신에 대한 알레르기도 있다. 그러나 피할 일이 아니다. 그럴수록 혁신을 정면으로 다루어야 한다. 피하거나 외면하거나, 혹은 아닌 척하지 말자. 문제를 제대로 인식하였다면 혁신을 말해야 한다. 혁신을 말하지 못하는 것은 문제를 회피하는 것일 뿐이다. 문제를 말하면서 혁신을 말하지 못하는 것 또한 모순이다.

소극적 정부혁신이 아닌, 적극적 정부혁신이 필요하다. 크게, 세게. 그리고 전방위적인 혁신이 필요하다. 문재인 정부는 사회적 가치를 향한 정부혁신을 강조했다. 이 혁신은 이전 정부에서는 발견하기 어려운 혁신의 가치이자 방향이었다. 전통적인 혁신이 아닌 사회적 가치를 지향하는 혁신에 대해서 처음에는 많은 사람들이 어색해 하였다. 반대하기도 했다. 심지어 '사회적'이라는 용어가 '사회주의'를 의미한다고, 문재인 정부가 사회주의 정부를 지향한다고 비판하는 학자도 있을 정도였다.

사회적 가치에 기반하는 문재인 정부의 혁신은 효율성보다는 공정과 투명을, 안전을 강조하였고, 혁신의 주체로서 정부만이 아니라 국민을 강조하였다. 혁신의 가치와 전략에서 발상과 패러다임의 전환이 이루어진 것이다. 정부는 가치를 지향하는 혁신을 제시하였는데, 학계는 오히려 이를 따라가지 못하는 상황이었다. 우리가 직면한 문제를 정면으로 다루는 혁신이 필요하다. 그동안 다루어 보지 않았다고, 쉽지 않을 것이라고, 저항이 심할 것이라고 피할 일이 아니다. 우리가 문제를 외면하면 할수록 혁신을 누르는 퇴적층은 더욱더 두껍고 무거워질 것이다.

국민다운 국민 위한 정부혁신

이제는 나라다운 나라, 국민다운 국민, 정부다운 정부를 위한 제대로 된 혁신이 필요하다. 사회적 가치를 최우선으로 하는 정부혁신이 왜 필요하였는지를 기억해야 한다. 사회적 가치가 아닌 다른 가치를 강조하는 혁신이어도 상관없다. 국민다운 국민을 위한 혁신이라면 무엇이어도 좋다. 흔들리는 정부혁신 앞에 나라다운 나라, 국민다운 국민을 기대하긴 어렵다. 문제를 절실하게 인식하는 만큼, 혁신의 필요성도 절실하게 인식할 수 있어야 한다.

그러기 위해서는 정면으로 오는 바람에도 흔들리지 말아야 한다.

우리가 흔들리는 순간 혁신은 순식간에 쏜살같이 우리 옆을 지나가 버린다. 혁신을 꽉 잡고 있지 않으면 어느 순간에 모래와 같이 빠져 나간다. 혁신은 늘 도망갈 준비가 되어 있다. 국민을 위한 혁신다운 혁신, 제대로 된 혁신을 놓치지 말아야 한다. 예전 노무현 정부 시절의 이야기다. 당시 청와대 경호실도 혁신을 추진하였다. 그 당시 경호실의 구호는 "바람 소리도 놓치지 않는다"였다. 참으로 어려운 일이다. 그러나 불가능한 일도 아닐 것이다.

이제라도 성장에 대한 몰입 때문에 놓쳤던 문제들을 제대로 보아야 한다. 성장의 빛에 눈부셔서 오랫동안 제대로 보지 못했던 어두운 그림자를, 그 그림자 속에 가려져 있는 것들을 볼 수 있어야 한다. 선진국이 되었다고 멈추어 버린 혁신의 동력을 되살려야 한다. 어두운 그림자에 빛을 비출 수 있는 그런 혁신의 동력을 회복하여야 한다. 새로운 정부혁신을 시작할 때가 되었다.

다시 생각하는 정부와 혁신

심금 울리는 정부혁신

원주시향이 연주한 심금

원주 혁신도시에 있는 한 공공기관 강당에서 열린 연주회를 관람할 기회가 있었다. 오랜 역사와 전통이 있는 원주시향의 연주회이기에 큰 기대를 갖고 기다렸다. 본 연주회가 시작되기에 앞서 지휘자는 이날 연주회의 취지와 연주할 곡목을 쉬운 용어로 설명하였다. 사람들은 정식 연주회 관람 이상으로 집중하였다.

지휘자는 사람들이 모두 악기 하나씩을 갖고 태어난다고 말하였다. 그 악기의 이름은 다름 아닌 '심금心琴'이라고 하였다. 굳이 풀이하자면 마음을 울리는 '마음의 거문고'이다. 지휘자는 객석에 있는 청중들의 심금을 울리는 연주를 하고 싶다고 하였다. 당연히 이날의 공연은 성공적이었다. 청중들의 마음이 울렸다. 청중들은 공연 내내 아

2015 예술의전당 교향악축제에서 연주하는 원주시립교향악단

껴없는 박수를 보냈다. 아마도 그날 객석에 있었던 모든 청중들은 '마음의 거문고'를 같이 연주하였을 것이다. 이날 연주회는 연주자와 관람자가 함께 심금을 연주한 합동공연이었다.

누군가의 마음을 울릴 수 있다면 그것이 무엇이든 참으로 대단한 것이다. 우리는 영화를 보면서, 노래를 들으면서, 라디오의 사연을 들으면서 눈물을 흘린다. 모두 우리의 심금이 울린 결과이다. 우리가 영화를 다 본 다음에 결론적으로 슬프고 감동스러우니 마지막에 눈물을 흘리는 것은 아니다. 영화가 끝나지 않았어도, 영화 속의 아주 짧은 장면, 몇 초 밖에 안 되는 순간의 장면에서 우리는 자신도 모르게 눈물을 흘린다. 물론 그 이전에 심금을 울리게 하는 장면들이 분명 누적되었을 것이지만. 우리는 기껏해야 3~4분밖에 안 되는 가수의 노래에도 감동하고 눈물을 훔친다. 노래를 하는 가수의 마음과 노래를 듣는 관객의 마음이 일치되었기 때문이다. 가수는 관객이 눈물을 흘리도록 억지를 쓰지 않는다. 가수는 그저 마음으로 노래하였으며, 관객도 귀가 아닌 마음으로 들었을 뿐이다.

▍나 혼자 볼 수 없었던 꽃, 내일이면 늦으리

심금의 원리는 아주 간단하다. 자세히 설명하지 않아도, 구구절절 호소하지 않아도 좋다. 서로를 알지 못해도 좋다. 어떤 조건도 요구하지 않는다. 그런데 신기하게도 형용할 수 없는 그 무엇인가가 기가 막히게 일치하는 순간 사람들의 심금이 울린다. 심금은 자기가 의도하는 것이 아니다. 억지할 수 있는 것도 아니다. 배운 적이 없음에도 연주되는 악기이다. 자연의 이치와도 같아서 반드시 일어날 수밖에 없는 현상이다. 억지가 사라진 곳에 순리가 조용히 자리 잡았을 뿐이다. 애를 쓰면 쓸수록 심금의 소리는 울리지 않는다.

어느 봄날 잠실 불광사의 송암스님은 갈매리 보현사에 계시는 광덕스님의 전화를 받았다. 광덕스님은 산책하다 진달래꽃이 야단스럽게 피었다며 지금 와서 보라는 것이었다. 송암스님은 오늘은 일이 있어서 내일 가겠다고 하자, 광덕스님은 "내일이면 늦으리. 오늘이어야해." 송암스님은 만사를 제쳐 놓고 보현사로 갔다. 꽃을 혼자만 볼 수 없어서 절 식구들을 데리고 갔다. 광덕스님은 "봄꽃은 하루하루 빛깔이 다르거든. 그래서 굳이 오늘 오라고 한거야." 언덕을 오르니 지천으로 피어 있는 진달래꽃. 광덕스님은 꽃이 좋다고 상좌를 부른 것이다.

아마도 그날 송암스님은 난리가 난 진달래꽃도 보았지만, 광덕스님의 마음도 읽었을 것이다. 오늘 지나면 더는 볼 수 없을 꽃을 상좌 스님에게도 보여주고 싶었던 스님의 마음을. 송암스님과 광덕스님 간의 백여덟 가지 일화를 담은 책의 제목이 바로 《내일이면 늦으리》 이다.

심금은 단순하다. 심금이라는 악기의 줄은 1~2줄밖에 안 될지도 모른다. 아무리 명연주자라도 1~2개의 줄로는 화려한 연주가 어려울 것이다. 심금은 1~2줄밖에 없는 아주 소박한 악기인데 어떻게 사람의 마음을 울릴 수 있을까. 소박한 악기임에도 어느 악기보다 울림이 크고 깊다. 엄청나게 요란하고 대단하다고 해서 심금이 울리는 것이 아니다. 너무나도 작고 보잘 것 없는 것에 오히려 심금이 울리기도 한다. 내가 처한 상황과 일치하는 경우, 내가 원하는 것이 실현되는 경우, 내가 경험했던 것과 같은 상황인 경우, 절박한 나의 상황을 대변하는 경우, 나를 진심으로 이해하는 경우 비로소 심금이 터져 나온다. 심금의 진짜 핵심은 만 갈래로 엮여 있는 진심이다. 상대방의 진심과 나의 진심이 단단하게 엮이는 그 짧은 순간에 심금이 울린다. 심금은 절대로 혼자 연주할 수 없다. 함께 연주하지 않으면 안 되는 악기가 바로 심금이다.

▎심금 울리는 혁신

국민에게 감동을 주는, 국민의 심금을 울리는 혁신이란 무엇일까. 우리의 심금은 언제 울렸던가. 아마도 모든 사람들의 마음속에는 몇 번의 심금이 울렸던 기가 막힌 경험들이 생생하게 자리하고 있을 것이다. 소방관의 불꽃같은 투혼, 의사의 열정적인 수술 장면, 땀 흘리면서 수해현장을 복구하는 장병들, 오지의 보건소에서 발로 뛰는 의사, 분교에서 학생들과 고군분투하는 선생님, 매주 복지시설에 봉사를 나가는 공무원 봉사단체, 비가 오는 길에서 리어카 끄는 노인을 뒤에서 비를 맞으면서 밀어 주는 경찰관, 어두운 새벽길을 깨끗하게 청소하는 미화원, 긴박한 국제통상의 현장에서 끈질기게 협상하는 공무원, 질병 확산을 막기 위해 땀투성이의 옷을 입고 애쓰는 일선 공무원들, 저개발국의 뜨거운 오지에서 비 오듯 땀 흘리는 해외 봉사단원. 우리는 이들에게 감동한다. 이들을 보는 것만으로도 우리의 심금이 울린다.

우리에겐 세계 최고가 많다. 스마트폰, 자동차, TV, 건축물, 선박, 섬유 등 다양하다. 이것들은 정말 자랑스러운 것이어서 우리의 어깨를 들썩거리게 만든다. 그러나 이들로 인해 우리의 심금이 울리는 것은 아니다. 이것들을 만들어 내기 위해서 눈에 보이지 않는 곳에서 땀 흘리고 열정을 쏟았던 이들을 봄으로써 비로소 심금이 울린다. 정부혁신을 통해서 세계 최고의 수준으로 올라선 것도 많다. 대표적으로 전자정부 수준을 들 수 있다. 늘 세계 최고 수준이다. 그런데 우리가 감동하는 것은 세계 최고 수준의 전자정부 평가가 아니다. 이를 만들기 위하여 노력하였던 수많은 사람들의 열정과 땀이 우리의 마음을 움직인다. 이들의 노력 속에 진실한 마음이 있기 때문이다.

작은 혁신, 그러나 큰 울림

눈에 잘 띄는 큰 혁신과 더불어 잘 보이지 않는 작은 혁신도 소중하게 여겨야 한다. 작은 혁신은 너무 작아서 혁신이라고 불리지 못할 정도이다. 한 사람의 행동일 수 있고, 한 부서의 일일 수도 있다. 한 동네의 것일 수도 있다. 그러나 이것들이 큰 혁신 이상으로 감동을 만들고, 심금을 울린다. 남양주 장수의자가 그렇고, 부산의 옐로우 카펫이 그렇다. 고양시의 효도신발은 또 어떤가. 폐교 직전까지 몰렸지만, 이제는 서로 가고 싶어 하는 남한산초등학교의 혁신도 있다. 어느 것보다 울림이 큰 작은 혁신사례들이 너무도 많다.

좋은 정부혁신을 위해서는 국민의 심금을 울릴 수 있는 시도와 노

〈PD수첩〉의 '행복을 배우는 작은 학교들'에 등장한 학교 전경 ⓒ MBC

력이 자연스럽게 일어나는 환경을 만들어야 한다. 소방관이 위험을 무릅쓸 수 있도록 안전장비를 강화하고, 벽지와 낙도에도 선생님과 의사가 충분하고, 복지시설에도 봉사하겠다는 사람들이 넘쳐 나도록 하면 된다. 그러면 정부혁신은 정말 크게 성공한 것이다. 국민의 심금을 울릴 수 있는 것들을 만들어 냈으면 그것이 성공적인 정부혁신이다. 지금은 불가능해 보이는 이런 것들이 가까운 미래에 현실이 될 수 있다는 상상만으로도 가슴이 뛰지 않는가.

　사람들은 작은 것에 감동하고, 작은 것에 감사해 한다. 큰 것은 감동을 주기 어렵다. 큰 정부혁신일수록 힘이 든다. 작은 정부혁신이라고 우습게 보면 안 된다. 국민이 감동하는 혁신은 작은 혁신이다. 심금을 울리는 혁신을 하자.

정부혁신과 BP

BP 강조하는 정부혁신

정부기관이나 공공기관을 대상으로 연례적으로 성과에 대한 다양한 평가가 이루어진다. 이중에서 혁신활동에 대한 평가도 중요한 부분을 차지한다. 혁신에 대한 평가에서 늘 중요시되는 것으로 BP^{Best Practice}가 있다. BP는 말 그대로 우수한 사례를 의미하는데, 워낙 BP라는 단어가 굳어져서 대부분 우수사례라는 단어 대신 BP 혹은 BP사례라는 표현을 사용한다. 성과는 일반적으로 계량적 숫자를 통해서 표현되지만, 숫자로 표현하기 애매한 경우도 있다. 이때는 특정한 우수사례^{BP}를 제시하여 혁신활동과 성과를 표현한다. 물론 BP에서 계량적 성과를 제외하는 것은 아니다. 모든 성과를 계량적 숫자로 표현하는 것 자체가 쉽지 않다는 점에서, 이와 같은 BP를 활용하는 것은 바람직한 혁신 성과 관리의 방법이다. BP사례는 숫자가 갖는 한계를 충분히 보완해 줄 수 있다.

그래서 혁신활동을 평가할 때 평가주체나 대상자 모두 비계량적인 성과로서 BP의 활용을 강조한다. 대부분의 평가편람에도 BP가 중요한 평가지표로 제시되어 있으며, 여기에 적지 않은 가중치가 배정되어 있다. 당연히 피평가기관들은 BP를 발굴하려고 노력한다. 처음부터 BP 개발을 목적으로 혁신활동도 하지만, 일반적으로는 혁신활동의 결과로 BP가 만들어진다.

평가과정에서 다양한 사례들이 BP로 선정되어 좋은 평가를 받게 되면, 이것은 평가주체나 피평가기관 입장에서 매우 중요한 홍보자료가 된다. 평가주체는 선정된 BP의 우수성과 혁신성을 홍보함으로써 혁신정책의 의미와 타당성을 정당화할 수 있으며, 피평가기관도 BP를 통해서 혁신에 대한 자신들의 열정과 노력, 성과를 대외적으로 알릴 수 있다. BP는 평가자와 피평가자에게 모두 도움이 되는 귀한 소재이다.

혁신 학습의 도구, BP

좋은 BP사례가 선정되어 수상하면, 다른 기관들도 이 사례를 학습하려고 하며, BP사례를 만든 기관을 방문하여 한 수 배우기도 한다. BP로 높은 평가를 받거나 수상을 한 기관은 이를 배우러 온 기관들로 인하여 한 차례 홍역을 앓기도 한다고 한다. 배울 수 있는 것이 있고, 또 배우고자 하는 것이니 좋은 일이다. 통상 BP는 혁신적 노력이자 성과라는 점에서, BP에 대한 학습은 곧 혁신에 대한 학습이자 확산이다. 혁신의 추진과 확산과정에서 BP의 효용성은 매우 높다.

BP는 다양한 곳에서 만들어지고, 다양한 용도로 활용된다. 민간기업의 BP를 공공기관이 활용하기도 하고, 지역에서의 BP가 중앙정부에 의하여 활용되기도 한다. 혁신을 추진하고자 계획하는 기관들은 국내의 BP도 살펴보지만, 외국에서 만들어진 사례들도 BP로서 적극 활용한다. 우리가 경험하지 못한 외국의 사례들은 오래전부터 우리에겐 신기하기도 하고 경외의 대상이기도 했다. 남들이 잘 모르는 외국의 사례를 알고 있다는 것 자체가 지식이었고, 해당 분야에서 전문성의 상징이었다.

정부도 새로운 정책^{혁신적 정책}을 추진할 때 외국에서 만들어진 사례를 먼저 소개하고, 이를 그대로 혹은 일부 변형하여 활용하는 정책을 혁신정책으로서 제시하였다. 외국의 사례를 둘러싸고 논쟁이 벌어지는 경우도 있지만, 대개는 좋은 사례로서 수용되었다. 정부는 외국의 사례를 우리가 공부하거나 따라서 해야 할 선도적 사례로서 설명하고, 대다수의 사람들은 외국의 사례 자체를 잘 모르는 경우가 많기 때문에 애초부터 외국 사례의 적정성 여부에 대한 깊은 논쟁이 불가능하다.

외국의 사례이든 국내의 사례이든, 이렇게 새로운 사례를 학습하고 활용하는 것은 혁신활동에서 중요한 부분이기 때문에 적극 장려할 일이다. 그래서 정부는 혁신을 추진하는 과정에서 늘 BP를 학습하게 하고, 이를 적극 수용하도록 하고, 이 BP 자체를 거의 그대로 활용하거나 혹은 변형된 것이라도 확산하는 정책을 추진하였다. 정부나 공공기관 모두 이와 같은 방식의 혁신활동을 예전부터 지금까지 일상적으로 하고 있다.

선행 BP를 학습하고 이것을 현장에 활용하는 것은 좋은 혁신활동 방법이다. 기관이 추진하고자 하는 혁신정책과 관련성이 있는 BP를 제대로 선정하여 학습하고, 이것을 기관에 맞게 수정하여 잘 활용하면 이보다 더 좋은 효과적 혁신방법과 실천이 어디 있겠는가. 실제 사례로서 BP를 활용하는 것은 혁신의 타당성을 규범적으로만 주장하는 것이 아니기 때문에 조직 대내외적으로 효과적인 전략이다. 게다가 외부 기관이나 외국 정부의 BP 활용을 통해서 우리가 원하는 혁신적 성과를 얻을 수 있다면 이보다 더 좋은 것이 어디 있겠는가.

혁신을 어떻게 하느냐, 모두들 좀 당황해 하는데, 배우고 실천하는 것입니다. 그다음에 한 발 더 나아가면 연구하고 창조하는 것입니다. 혁신의 과정이 대체로 모방에서부터 시작해서 창조적 활동으로 그렇게 발전해 가는 것입니다. 그래서 배우고 모방하고 실천하고, 아울러서 부단히 연구해야 됩니다. 치열하게 연구해야 됩니다. 그 연구 과정 중의 하나가 학습과 토론, 이런 것입니다. 그래서 학습과 토론을 오늘 또 합니다 (…)
— 노무현 대통령 정부혁신 장·차관 워크샵 모두발언 중에서(2004. 10. 30.)

BP에서 배워야 할 것들

우리가 학습하여 활용한 BP를 통해서 우리가 원하는 결과를 만들어 낸다면 문제가 없다. 그런데 이런 좋은 의도와 상관없이 문제는 다른 데서 발생한다. 우리가 학습하고 활용하고자 하는 BP는 거의 모두 우리가 만든 것이 아닐 뿐만 아니라, 우리가 처한 환경적 조건과 많이 다른 곳에서 만들어진 것이다. 예를 들어서 어떤 정책이 미국에서 성공적이고 우수한 사례로 평가받았을 지라도, 정작 이 BP는 지금 우리가 있는 대한민국이 아닌 다른 국가에서 만들어졌다는 것이 가장 근본적인 약점이다. BP는 특정한 조건과 맥락하에서 만들어지는 것이라는 점에서, 우리가 활용하고자 하는 BP의 효과가 우리만의 특별한 환경에서 동일하게 재생되지 않는다.

외관상 같은 정책이지만 다른 효과를 만들어 낸다. 이것은 너무도 당연하다. 같은 정책이라 해도 시대, 장소, 사람에 따라서 당연히 다른 결과를 만들어 낸다. 같은 효과를 기대하는 것 자체가 어불성설이다. 그런데 우리는 그동안 이와 같은 우를 오래도록 반복하였다. 우리는 BP의 효과가 나라나 조직이 다름에 따라서 제대로 재생되지 않음을 몰랐던 것일까. 아니면 알면서도 반복한 것일까. 전자라면 참으로 어리석은 것이고, 후자라면 참으로 나쁜 것이다. 왜 이런 문제가 반복적으로 벌어진 것일까. 혁신의 현장에 있는 사람들은 이런 일이 왜 벌어지는지 말하지 않아도 충분히 짐작할 것이다. BP가 문제인가, 아니면 우리가 문제인가, 아니면 우리의 환경이 문제인가.

BP란 무엇일까. 좋은 사례이다. 사례가 만들어진 특정한 시간과

210
다시 생각하는 정부와 혁신

장소, 이를 수행한 사람들 간의 관계와 상호작용 속에서 만들어진 성공적인 모범 사례이다. 좋은 사례는 쉽게 만들어지지 않는다. 수많은 BP를 조사해 보면 공통점이 있다. 예를 들어서 갈등, 오류, 시행착오, 실패, 반복, 모험, 시간 등이다. 물론 소수이겠지만 어떤 BP에서는 '우연'과 같은 것이 결정적인 성공요인으로 작용하였을지도 모른다. BP는 바로 이와 같이 다양한 요소들의 복합적인 작용의 결과물이다. 손쉽게 만들어진 BP는 하나도 없다. 다만 우리가 마주하는 BP에서는 이런 어려움들이 눈에 잘 보이지 않는다. 우리가 보는 BP들은 잘 정리된 성공적인 결과물이다. 좋은 사례 뒤에 숨어 있는 수많은 난관을 우리는 제대로 보지 못한다.

타 기관이나 외국 정부의 BP가 우리에게도 좋은 BP가 될 수 있다. 다만 여기에는 중요한 조건, 절대 누락해서는 안 되는 전제가 있다. BP의 외관만을 배울 것이 아니라, BP 안에 숨겨진 것을 찾아내어 배우고, 분석하고, 적용해야 한다. 우리가 배워야 할 것은 그들의 성공적인 결과가 아니라, 그들이 BP라는 혁신 성과를 만들기 위해서 했던 숱한 고민, 흘린 땀, 참고 견뎌야 했던 고통 그리고 끝없는 도전과 인내여야 한다. 그런데 우리가 쉽게 보는 것은 이것이 아니라 잘 다듬어지고 정리된 결과물이다. 우리는 BP를 만들어 냈던 사람들과 같은 오랜 기간의 수고는 하지 않은 채 결과만 얻으려 했다. 무임승차이고 불로소득이다. BP를 학습하고 활용하는 목적은 시행착오와 시간과 비용을 줄이기 위한 것이다. 그러나 그 목적을 제대로 달성하고자 한다면 BP 안에 숨겨진 것들을 제대로 배워야 할 것이다.

진짜 혁신, 결과보다 과정

우리는 BP를 빨리 학습하고, 또 학습한 내용을 빠르고 신속하게 현장에 적용하였다가, 원하는 결과를 얻지 못하면 미련 없이 이를 폐기처분하였다. BP를 버리는 것은 전혀 어려운 일이 아니다. 그 BP에는 우리의 고민과 수고가 들어가 있지 않으니, 이를 버리는 것 또한 전혀 아깝지 않다. 필요하면 또 어디선가 큰 비용 없이 가져오면 되기 때문이다. 우리는 그동안 수많은 BP를 학습하였고, 또 그 수많은 BP들을 미련 없이 버렸다. 좋은 BP들이 엉뚱한 곳에서 못난 것처럼 푸대접을 받았다.

우리는 BP를 대함에 혁신의 결과, 혁신의 달콤한 열매에만 주목했다. 과수원 나무에 달려 있는 달콤하고 먹음직스런 과일에만 주목하였을 뿐, 이 과일을 만들어 내기 위해 오랜 기간 있었던 농부의 수고와 땀을 알려 하지 않았다. 달콤한 과일은 병충해와 폭우, 가뭄을 견딘 끝에 만들어진 것이다. 과일의 달콤함 속에는 그만큼의 고통이 존재한다. 봄에 피어난 모든 꽃들은 기나긴 겨울의 찬바람과 폭풍을 견디어 낸 결과 아닌가.

좋은 혁신사례에는 그만큼의 노력과 시행착오, 어려움이 존재함을 읽을 수 있어야 한다. 그리고 그 성과는 그들의 독특한 풍토에서 자라난 것임을 알아야 한다. 고통과 시간, 수고가 빠진 BP는 우리에게 결코 BP가 될 수 없다. 그것은 BP가 아니라 WP^{Worst Practice}에 불과할 뿐이다. BP를 배우되, 이들의 성장과정을 제대로 알고, 이들이 우리의 풍토에 적합하게 뿌리 내릴 수 있도록 해야 한다.

다시 생각하는 정부와 혁신

더 좋은 것은 우리들 스스로 우리의 BP를 만들 수 있어야 한다. 쉽지 않다. 우리들의 BP가 만들어지기 위해서는 진심이 담긴 노력, 시간, 시행착오, 실험, 투자, 모험이 있어야 한다. 어찌 보면 BP 자체는 혁신이 아니다. 진짜 혁신은 BP가 만들어지는 과정이다. 혁신은 결과만이 아니다. 그 이상으로 중요한 것은 만들어 가는 과정이다. 그래서 우리는 원하는 결과가 만들어지지 않고, 또 실패하였다는 비판을 받아도, 혁신이 존재한다고 말할 수 있다.

제 4 장 정부혁신의 중심, 국민

정부혁신과 전략

봄이 되면 시작하는 스포츠가 많다. 겨울에는 하기 어려운 종목이다. 축구와 야구가 대표적이다. 이에 빠지지 않는 것으로 마라톤이 있다. 마라톤은 3시간 이상 중계해야 하는 스포츠임에도 방송국이 중계하는 것을 보면 꽤 많은 사람들이 시청하는 것 같다. 42.195km의 긴 거리를 많은 선수들이 뛴다. 출발한지 얼마 되지 않아서 오르막길이 시작된다. 선수의 호흡이 거칠어질 수밖에 없다. 이어서 조금 쉬면서 달릴 수 있는 내리막길도 나온다. 다시 오르막길과 내리막길이 반복된다. 이것을 다 지나야 결승선에 도달한다. 혁신과 마라톤은 너무도 똑같다. 쉬운 것이 하나도 없으며, 또 마냥 어려운 것도 아니다. 너무 욕심을 내도 안 되고, 너무 여유를 부려도 안 된다. 뛰는 내내, 혁신을 하는 내내 생각해야 한다. 어디까지 왔는지, 제대로 왔는지 그리고 얼마나 남았는지 계산해야 한다. 마라톤과 혁신은 비슷한 점이 하나 더 있다. 결승선을 마지막으로 통과해도, 혁신의 성과 달성에 실패해도 큰 박수를 받는다. 이들 모두 너무도 열심히 그리고 최선을 다한 것을 잘 알고 있기 때문이다. 이들은 힘들어도 중간에 포기하지 않았다. 너무 힘들어 천천히 걸어갈지언정 멈추지 않았다.

혁신, 끝없는 시도와 인내

혁신의 상징, 벤처

혁신하면 벤처기업을 떠올린다. 혁신은 늘 도전과 동의어로 인식되기 때문에, 도전을 상징하는 또 다른 단어, 벤처기업을 상상하는 것은 어렵지 않다. 혁신을 통해서 우리가 얻고자 하는 것과 벤처기업을 통해서 얻고자 하는 것은 비슷하다. 정부혁신과 벤처기업은 현재 기준에서는 상상하기 쉽지 않은 큰 성과를 혁신적 도전을 통해서 얻을 수 있다고 기대한다.

벤처는 늘 도전이다. 현재의 좌표를 진단하고, 미래를 지향하면서 상상하고, 계획하고, 시도한다. 미래는 불확실하고, 동원할 수 있는 자원은 턱없이 부족하고, 또 낮은 성공 확률에도 불구하고 벤처인들은 주저함이 없이 도전한다. 실패해도 또 도전한다. 실패하였다고 다

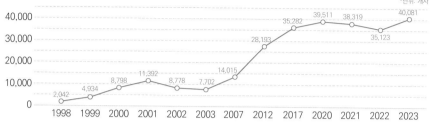

*단위: 개사

벤처확인종합관리 시스템에 공개된 우리나라 벤처기업 현황

시 도전하지 않으면 실패일 뿐이다. 실패는 놓쳤던 문제를 확인할 수 있는 절호의 기회이며, 더 높은 확률을 위한 단단한 디딤돌이 된다. 벤처인에게 실패는 그저 '다시 시작함'을 의미한다. 성공의 확률이 더 높아졌음을 의미한다.

벤처는 실패 속에서 성공의 가능성을 찾아낸다. 벤처에게 시간은 성공으로 가는 여정이다. 그래서 벤처는 성공이자 실패의 다른 이름이다. 벤처는 성공과 실패, 시간을 관장하는 로마의 신 야누스Janus와도 같다. 어느 쪽 얼굴을 볼 것인가가 핵심적인 문제이다. 그러나 벤처도 계속 실패만 반복하면, 그리고 몇 번의 실패 후 다시 도전하기 어려운 풍토가 만연되어 있다면, 우리 주변에서 벤처라는 혁신은 사라진다. 벤처가 끊임없이 존재하고 결국 성공할 수 있는 여건은 실패를 실패로 끝내지 않는 환경이다. 실패하였어도 스스로 일어설 수 있거나 혹은 누군가의 도움이 있어서 다시 일어서고, 다시 시작할 수 있어야 한다. 벤처는 대한민국을 생동감 있게 일으켜 세우고 앞으로 나아가게 하는 원동력이다.

다시 생각하는 정부와 혁신

사라지지 않는 정부

정부혁신은 벤처와 같다. 정부혁신도 벤처만큼 어렵다. 벤처기업은 극심한 경쟁과 불확실성이 상존하는 시장에서 활동하며, 정부는 경직된 법과 제도, 다양한 국민이라는 환경 속에 존재한다. 정부가 처한 환경도 벤처기업의 환경만큼 불확실하다. 다만 벤처기업과 정부가 처한 환경적 조건은 상이하여, 벤처기업과 정부가 추진하는 혁신의 방향, 전략과 내용은 큰 차이가 있다. 벤처기업은 혁신하지 않으면 생존할 수 없다는 점에서 끝없이 혁신하는 반면, 정부는 혁신하지 않아도 존재는 유지된다. 정부혁신은 정부의 생존을 목적으로 하지는 않는다. 그러나 혁신하지 않는 정부, 신뢰받지 못하는 정부는 물리적으로는 존재할지라도, 국민의 마음속에서는 사라진다. 정부의 존재 가치가 사라지는 것이니, 이것은 오히려 더욱 심각한 문제이다.

정부가 갖는 독점적 지위로 인하여 정부라는 단어와 혁신이라는 단어를 병행하여 사용하는 것이 타당한지, 가능한지 의문이 들기도 한다. 일반적으로 정부와 같은 독점적 지위에 있으면 자발적으로 효율성이나 경쟁력을 높이려는 유인이 취약하여 혁신에 적극적이지 않다. 정부만이 아니라 기업도 마찬가지 아닌가. 세계 최고의 기업 중에서 독점적 지위를 누리다가 혁신에 실패하고 사라진 기업이 얼마나 많은가. 독점적 정부이기 때문에 역으로 혁신이 필요한 것은 맞지만, 과연 그동안 정부혁신은 어떤 결과를 가져왔을까. 어떤 모습의 혁신이었을까.

그동안 정부혁신은 계속되어 왔다. 정부혁신으로 긍정적으로 변화된 것도 많다는 평가도 있다. 그러나 반대로 정부혁신으로 크게 달라진 것이 없다고, 오히려 정부의 문제는 더욱더 구조화되고 있다는 비판적 지적도 그 이상으로 많다. 그럼에도 정부혁신이라는 단어와 정책이 계속 사용되고 있는 것은 무슨 의미인가. 그동안 정부혁신의 경험을 반추해 보면, 정부에 내재된 구조적이고 본질적인 문제를 숨기고 회피하기 위한 명분으로 정부혁신이라는 단어가 의도적으로 만들어져 사용되고 있는 것이 아닌가 하는 의구심도 든다. 정부혁신이라는 용어를 지속적으로 사용함으로써 정부가 갖고 있는 문제들이 해소되고 있으며, 정부의 존재 가치가 입증되며, 정부의 역할과 권한, 규모는 계속적으로 확대되어도 좋다는 착각을 충분히 일으킬 수 있다. 정부는 '늘 혁신 중'이라는 표어를 청사 밖에 내걸고 있다. 그러나 정작 청사 안에 근무하는 공무원은 그 표어가 걸려 있는 줄 모르고 있다. 청사 밖의 국민은 공무원들이 '늘 혁신 중'이라고 알고 있다. 우리가 지금 하고 있는 정부혁신이 역설적이게도 우리가 진실로 원하는 정부의 혁신을 불가능하게 하는 것은 아닌지 모르겠다.

다시 생각하는 정부와 혁신

저 높은 곳으로 올라가는 정부혁신

기업은 무에서 만들어지지만 정부는 만들어진 것이기 때문에 양자를 그대로 비교하기는 어렵다. 정부에 많은 문제들이 내재되어 있어도 정부의 존재를 근본적으로 부정할 수는 없다. 정부는 그 자체로 존재의 이유가 되고 있다. 왜 존재해야 하는지에 대한 질문의 대상이 되지 않은지 오래되었다. 누구도 의문을 제기하지 않는 당연한 존재로 각인되어 있다. 물론 아주 먼 미래에는 현재와 같은 정부가 존재하지 않을지도 모른다.

기업의 제품이나 안전에 문제가 발생하면 매출액이 순식간에 줄어들고, 심각하면 문까지 닫는다. 시민단체에 대한 부정적 이슈가 발생하면 시민단체의 회원 수는 격감하고 활동반경은 줄어든다. 음식과 서비스에 대한 불만으로 결국 문을 닫고 마는 식당도 비일비재하다. 문제가 생기면 대부분 줄어들고 사라진다. 그런데 유독 정부만은 예외이다. 정부에 대한 국민들의 불신이 높아져도 정부는 결코 작아지지 않는다. 정부에 문제가 많다는 비판을 받으면 받을수록, 정부에 대형 사건이 터지면 터질수록 역설적이게도 정부는 그때마다 더 커진다. 예산도 늘고, 조직도 늘고, 공무원 숫자도 는다. 법도 제정되어 권한도 더 커진다. 정부는 불신과 문제를 먹고 사는 것 같다.

정부는 정부의 문제를 해결하기 위하여 정부를 더 크게 키운다. 시스템을 갖추고 더 고도화시킨다. 정부혁신은 정부의 문제를 해결하기 위한 것인데, 늘 정부혁신의 주요한 결과 중의 하나는 정부의 시스템화, 고도화, 견고화, 정밀화 그리고 확장이다. 정부혁신에도 파킨슨의 법칙Parkinson's Law이 기가 막히게 잘 적용된다. 정부혁신이 이루어지면 이루어질수록 정부는 국민들이 상대하기 불가능한 저 높은 곳으로 올라간다. 정부혁신의 결과가 국민과 거리가 먼 저 높은 곳의 정부가 아니라, 국민의 눈높이에서 존재하는 국민의 정부가 될 수는 없을까.

시시비비가 필요한 정부혁신

일반적으로 정부혁신이 필요한 이유의 하나로 정부실패의 해소를 든다. 우리는 정부가 국민의 기대와 같이 움직이지 않고, 추진하는 정책도 계획대로 제대로 작동하지 않을 때 정부실패라고 부른다. 정부의 실패를 적극적으로 해소하고, 정부가 존재하는 목적대로 작동되도록 하기 위해서는 정부혁신이 필수적이다. 시장도 실패하듯이 정부도 실패할 수 있지만, 정부실패는 국민의 삶과 국가의 운영에 바로 부정적 영향을 미친다. 정부실패에 적극적으로 대응하지 못할 경우 문제는 더욱 악화되어 정부혁신으로도 감당하기 어려울 수 있다.

정부실패를 제대로 고치려면 문제와 원인을 제대로 진단하고, 거기에 걸맞는 처방전, 즉 정부혁신안을 내놓아야 한다. 그런데 이것도 정부혁신이 약효가 있을 것이라는 믿음이 있을 때 가능하다. 만일 우리가 정부혁신의 역할이나 효과에 대해서 신뢰하지 못하면, 겉으로는 정부혁신의 필요성을 말하면서도 제대로 된 정부혁신 정책은 내놓지도 못하고 추진하지도 못한다. 그동안의 경험을 통해서 우리에게 정부혁신에 대한 부정적 인식이 생기다 보니, 정부혁신을 말하면서도 제대로 된 것을 내놓지 못한다. 정부혁신에 대해서 우리가 갖고 있는 아이러니한 입장이다. 정부혁신에 대해서 이러지도 저러지도 못하는 어정쩡한 입장이다. 말은 늘 성찬인데, 정작 우리 앞에 놓인 상 위에는 제대로 된 음식이 없다.

좀 과장을 섞으면 정부혁신은 늘 실패한다는 충분히 증명되지 않은 신념에 가까운 고정된 인식이 일종의 트라우마처럼 전 국민, 전

공직자에게 존재하는 것 같다. 혹 이러한 인식조차도 제대로 된 정부혁신을 회피하기 위한 핑곗거리로 만들어진 것은 아닌지 모르겠다. 정부혁신의 긍정적인 성과물도 분명히 많이 있을 텐데, 다들 정부혁신의 실패 사례만 말한다. 우리에게는 실패한 정부혁신만 존재하는 것 같은 착각이 든다. 특이한 현상이다. 오죽하면 정부혁신을 강조하고 연구하는 행정학자들조차 새 정부가 들어서 연례적으로 하는 정부혁신을 이제는 하지 말자고 주장하겠는가. 옥석玉石은 구분되어야 하고, 시시비비是是非非는 제대로 가려야 한다. 옥을 석이라고, 시를 비라고 할 일이 아니다.

유행 따라 변하는 정부혁신

정부혁신의 실패에 대한 반복된 비판으로 공무원이나 혹은 혁신가들은 정부혁신 추진 자체를 꺼리거나, 아니면 정반대로 당장 눈에 보이는 성과를 나타낼 수 있는 혁신과제에 치중한다. 눈에 보이는 결과를 빨리 보여주는 혁신을 하면, 적어도 그 당시에는 정부혁신이 실패했다는 비난을 조금이라도 피할 수 있기 때문이다. 그래서 지금도 정부혁신의 주된 과제로 조직의 개편, IT 기반의 시스템 구축, 법과 제도 중심의 혁신과 같이 외관상 잘 드러나는 활동에 매몰되는 경향이 있다. 최근에는 4차 산업혁명, AI, 빅데이터, 메타 등의 용어가 트렌드로 자리하자, 이를 정부혁신의 주요한 과제로 선정하여 추진하기도 한다. 정부혁신도 세상의 변화에 맞추어 발 빠르게 움직이고 있다는 것을 보여주려는 것인가.

국가나 국민은 유행처럼 바뀌지 않고 늘 그 자리에 있는데, 정부혁신에 관련된 용어나 수단들은 유행가처럼 잘 변한다. 이렇게 흐름에 뒤처지지 않는 것도 정부혁신에 필요하고 중요한 것이지만, 이것이 우리가 정말로 필요로 하는 정부혁신의 핵심이고 본질인지 의문이다. 우리가 이런 유행에 들이는 막대한 비용만큼 의미 있는 성과를 창출하는지도 역시 의문이다. 이러한 정부혁신의 노력을 국민들은 또 얼마나 체감하고 있을까.

국민이 체감하는 혁신은 단순히 국민이 쉽게 알 수 있고, 또 느낄 수 있는 혁신만을 의미하는 것은 아니다. 국민이 체감할 수 있는 정부는 국민과 가까이 하는, 국민과 같은 눈높이에 서 있고, 국민의 마음을 제대로 헤아리는 정부이다. 국민에게 제대로 반응하는 정부이다. 때문에 이것을 충족할 수 있는 정부혁신은 크고 거창한 것일 수도 있지만, 반대로 작고 사소해 보이는 것도 있다. 국민의 마음을 얻을 수 있는 비법은 크기에 있는 것이 아니라 진정성에 있음을 아직도 애써 모른 척한다.

국민의 마음을 얻을 수 있는, 국민이 체감할 수 있는 혁신은 쉽기도 하지만 어려운 것이기도 하다. 정부의 혁신에 진정한 마음이 담겨 있다면 실패해도 실패가 아니다. 진정한 마음이 전제된다면 실패하는 정부혁신은 없다. 어느 누구도 실패라고 말하지 않는다. 다들 정부가 노력하고 있다고, 지금은 아니지만 얼마 지나지 않아서 좋은 성과가 나타날 것이라고 긍정적으로 믿고 평가할 것이다. 정부혁신 이전에 국민의 마음을 얻는 노력이 먼저 필요한 이유이다.

다시 생각하는 정부와 혁신

엄마, 이제는 팔아도 될 것 같아

진정성이 있는 정부혁신에는 실패도 허용될 수 있다. 유명한 TV 프로그램 〈생활의 달인〉에는 성공한 식당이 수없이 소개된다. 평범한 우리로서는 상상조차 할 수 없는 기막힌 비법들이 소개된다. 도저히 상상할 수 없는 기상천외한 요리법들이 펼쳐진다. 그런데 이 달인들의 식당에 빠지지 않는 공통점이 하나 있다. 한 메뉴를 만들기 위하여 달인들이 시도하였던 수많은 실험, 즉 실패들이다. 길게는 수년에 걸친 연속된 실패의 결과가 달인들의 음식이고 식당이다.

이들이 수년 동안 좌절하지 않고 계속 시도할 수 있었던 것은 음식에 대한 열정이다. 돈이 아니라 음식 그 자체였다. 음식을 대하고 손님을 대하는 진정성 있는 마음이었다. 이들이 돈을 먼저 생각했다면 이토록 수많은 시도는 없었을 것이다. 달인의 식당은 대박의 식당이 아니라 혁신의 식당이고, 마음의 식당이고, 진정성의 식당이다.

달인의 하루하루는 혁신의 나날이었다. 어제보다 나은 음식, 오늘보다 나은 음식을 만들기 위한 진정한 마음의 연속이다. 이들은 손님을 어느 정도 끌 만한 음식을 만들었음에도 만족하지 않았다. 또 시도하고 또 시도하였다. 음식의 본질에 끝없이 가까이 가고자 하였다. 달인들의 멈추지 않는 시도는 인내의 혁신이며, 그 결과는 우리에게 깊은 감동으로 다가왔다.

공들여 만들었음에도 감히 손님에게 내놓을 자신이 없었던 엄마의 음식을 3년 동안 매일매일 먹어야 했던 딸의 말이 지금도 생각난다. "엄마 정말 맛있어. 이제는 팔아도 될 것 같아."

혁신, 멈추지 않은 인내의 결과

정부혁신에도 인내하는 마음과 자세가 필요하다. 조급한 마음을 내려놓고, 작은 성과라고 만족해서 멈추지 말고, 꾸준히 더 앞으로 나가는 것이 더 중요하다. 달인에게 실패가 없듯이, 정부혁신에도 실패란 없다. 새로운 도전이 있을 뿐이다. 만족하고 멈추었을 때 정부혁신은 실패한다.

혁신은 결과도 중요하지만 그 이상 중요한 것은 멈추지 않는 문제인식과, 이를 해결하기 위한 용기와 시도이다. 만족스러운 성과가 보이지 않는다고 해서 용기와 땀으로 얼룩진 혁신 노력을 실패로 낙인찍어서는 안 된다. 시도 자체만으로도 의미 있는 혁신이다. 성공한 것으로 평가되는 정부혁신의 사례들은 멈추지 않은 반복된 시도의 결과이다. 그 결과가 성공적인 정부의 혁신 성과로 나타난 것일 뿐이다. 우리는 혁신을 어느 날 갑자기 새로운 생각이 번뜩여, 새로운 시도가 있고, 그것이 성공한 것으로 착각한다. 혁신에 반드시 첨부되어야 할 것은 수많은 시도이다. 시도들이 축적된 결과가 혁신 성과이다.

사막에서 우물을 팠지만 물이 나오지 않는다. 또 우물을 팠지만 역시 물이 나오지 않는다. 그리고 우리는 여기에는 물이 없다고 말할지도 모른다. 과연 그곳에는 정말로 물이 없을까. 한 번만 더 우물을 파면 물이 솟구치지 않을까. 물 한 방울도 없을 것 같은 사막에도 오아시스가 있다. 오아시스는 부족을 살리기 위한 누군가의 식지 않는 열정과 끝없는 시도의 결과이다. 혁신은 멈추지 않는 시도이다. 그래서 혁신에는 시간도, 인내도 필요하다.

시스템 혁신

물거품같이 사라지는 혁신 성과

혁신에서 가장 힘든 것 중의 하나는 각고의 노력 끝에 드디어 오래된 묵은 문제를 해결하고, 성과도 잘 나타났고, 원하던 변화도 이루었다고 생각했는데, 얼마 안 가서 변화된 모습이 지속되지 못하고 오히려 혁신의 이전 상태로 회귀하는 것이다. 온갖 정성을 다해서 만든 혁신의 성과들이 물거품이 되어 버리는 것이다. 정말로 흔적도 없이 사라진다. 성과라고 하지만 이것이 정부 내에 튼튼하게 뿌리를 내리는 데 상당한 시간이 걸리며, 그 과정에서 성과가 지속적으로 유지되도록 관리되어야 한다. 특히 혁신이 기존의 구조를 완전히 대체하지 못한다는 점에서, 기존의 구조와 관습은 혁신 성과의 확산과 유지를 어렵게 한다. 혁신의 성과는 한동안 구제도와 경쟁의 관계에 있을 수밖에 없으며, 이를 극복함으로써 제대로 안정적인 뿌리를 내리게 된다.

지방자치를 예로 들어보자. 우리나라에서 지방자치의 확대는 국가 수준의 혁신이라고 할 만큼 큰 구조적 변화를 의미한다. 이러저러한 핑계로 오랫동안 미루어졌던 지방자치제가 수많은 자치와 분권의 혁신가들의 열정과 노력으로 실시되었다. 지방의회도 만들어지고, 단체장도 주민 직선으로 선발되었다. 지방재정도 부족하지만 확충되는 흐름을 보였다. 지방자치의 본격적인 실시로 중앙에 집중된 권한은 줄어들고, 지방의 자율성은 늘어 갈 것으로 생각했다. 중앙과 지방 모두 이를 대대적으로 홍보하였다. 그런데 지금 이런 기대는 어느 정도나 실현되었는가. 한때 줄어드는 듯했던 중앙의 권한은 더욱 집중되었고, 지방의 권한은 시민이 아닌 자치단체장과 지방의회에 쏠렸다. 잠깐 동안만 맛본 자치와 분권의 단맛이었다. 지방자치의 핵심적 가치와 기대는 물거품처럼 사라졌다. 다시 지방자치제를 실시해야 할 상황이다.

크고 그럴듯하였던 혁신 성과들이 아주 짧은 순간에 눈앞에서 사라진다. 혁신을 위한 기나긴 노력을 무색하게 만든다. 분명히 혁신을 위한 열정과 노력의 성과물인데, 왜 이렇게 혁신의 성과와 가치가 쉽게 퇴색되고 사라지는가. 이런 현상은 여러 가지 원인으로 일어난다. 처음부터 제대로 설계된 혁신이 아니었을 경우에 혹은 혁신이 추진된 이후의 사후관리가 제대로 이루어지지 못하였을 경우에 발생한다. 조직 수준의 혁신일 경우 기관장이 바뀔 때 사라지기도 하고, 구성원이 바뀔 때 사라지기도 하고, 외부 환경이 변해서 사라지기도 한다. 혁신은 조금만 신경 쓰지 않으면 언제든지 원래대로 돌아갈 준비가 되어 있다.

혁신의 부정적 회귀

혁신에도 불구하고 달라지지 않은 문화로 구성원의 혁신 의지나 열정이 지속되지 못해서 사라지기도 한다. 혁신이 살아나기 위한 혁신 친화적 문화가 필요한데, 혁신 성과에 조급한 사람들에게 오랜 시간이 걸리는 혁신적 문화가 눈에 들어올 리가 없다. 이런 현상은 정부조직이나 기업조직에서 모두 나타난다. 혁신적 성과가 뿌리를 내리지 못하고 중도에 멈추거나 혹은 저항에 부딪힐 경우 오히려 혁신 이전의 과거상태로 회귀하는 더 나쁜 상황이 만들어지기도 한다. 혁신 이후에 대한 관리를 제대로 하지 못할 거라면 차라리 혁신을 시도하지 않는 것이 더 나았을 것이라는 자조도 생긴다.

이와 같은 혁신의 부정적 회귀를 여러 번 경험해 본 사람들은 혁신 자체는 물론이고 추진에 대해서도 냉소적으로 변한다. 이런 현상은 정부와 공기업 등 공공부문에 상당히 일상화되어 있어서, 이를 목격하기란 어렵지 않다. 정부가 교체되면 이전 정부에서 추진되었던 많은 혁신의 성공 사례들이 순식간에 사라진다. 이전 정부에서 좋은 혁신적 성공 사례로 언론에 소개되었음에도 불구하고 소리도 없이 사라진다.

성공적 혁신사례에 대한 비판이 제기되는 것은 약과이다. 이런 현상들이 반복되다 보니 공무원들에게 남은 것은 혁신에 대한 냉소이다. 해 봤자 소용없다고, 곧 다시 예전으로 돌아간다고 자조한다. 정부가 다른 정치적 이념을 가진 정부로 교체될 것이 예상되면 공무원들은 기존 정부에서의 혁신정책은 다음 정부에서 바로 폐기될 것으로 생각한다. 기존 정부가 사용하던 상징적 용어들이 사라지는 것은 지극히 당연하고, 좋은 혁신정책이라도 이전 정부라는 꼬리표가 붙어 있으면 자동 폐기된다.

참여정부 시절 위기관리에 대한 대응과 효과적 정책 개발을 목적으로 부처별로 구축하였던 '정보의제관리 시스템'은 정부의 교체와 더불어 더 이상 활용되지 못하였다. 정부가 중요한 문제에 선제적 혹은 효과적 대응을 하지 못하며 늘 늦장 대응한다는 지적이 있어 왔다. 이것은 정보의 포괄적이고 체계적인 수집과 관리, 심층적인 분석 그리고 이에 기초한 대응 방안의 수립 등 정보의제의 관리과정, 또 이러한 과정 전반을 아우르는 시스템의 부족에 기인한다는 점에서, 당시 참여정부는 범정부적 수준에서 혹은 부처 단위의 수준에서 정부의제관리 시스템을 구축하여 활용하도록 하였다. 부처별로 명칭의 차이는 있었지만 다양한 시스템을 구축하여 활용하였다. 그러나 이 시스템은 참여정부 이후 더 이상 활용되지 못하였다. 어떻게 혁신의 노력과 성과가 이렇게 쉽게 사라질 수 있는가.

이런 현상은 특히 혁신이 외형적으로, 일회적으로 추진되는 경우에 쉽게 발생한다. 혁신이 시스템이나 제도로 정착되지 못한 경우에도 과거로의 회귀 가능성이 높다. 그래서 많은 사람들이 시스템 혁신을 고민한다. 이것은 구조의 혁신이라 불리기도 하고, 혁신의 제도화라고 표현되기도 한다. 모두 혁신의 성과가 과거로의 회귀 없이 오랫동안 지속되기를 바라는 희망을 담은 표현들이다. 정성을 다해서 추진한 혁신의 결과가 오랫동안 지속될 수 있다면 얼마나 좋겠는가.

▌ 시스템으로서의 혁신

세상은 우리 눈에 잘 보이지 않지만 시스템이다. 시스템은 구조이고, 네트워크이고, 생태계이다. 정교한 작동의 메커니즘이다. 물이 위에서 아래로 흐르고, 사람들이 돈에 몰리고 권력에 집착하는 것은 세상을 움직이는 시스템 때문이다. 시스템은 홀로 떨어져 있는 점이 아니라, 연결된 선이며, 면이며 입체이다. 시스템은 외부의 영향으로도 잘 깨지지 않을 정도로 견고하다. 이런 특성 때문에 시스템은 지속성이 있지만, 역으로 시스템이 너무 강하면 시스템에 변화를 가져오는 혁신에 저항하기도 한다.

혁신도 시스템이다. 혁신이 시스템이 되기 위해서는 일회성의 점과 같은 혁신으론 부족하다. 혁신의 점들이 선으로 연결되고, 상호작용의 선순환적 구조가 되고, 입체가 되는 혁신의 시스템이 되어야 한다. 수많은 혁신활동들이 유기적으로 연계되어 작동해야 한다. 점과 점을 지속적이고 안정적으로 연결하는 것은 제도와 규칙이다. 잘 설계된 새로운 제도와 규칙은 혁신을 안정화시키고 일상화시킨다. 물론 제도와 규칙이 혁신의 본질은 아니다. 이들을 통해서 목적하는 결과가 달성되도록 촉진제 역할을 해야 한다.

그런데 우리는 가끔 착각에 빠진다. 새로운 제도와 규칙, 조직이 혁신의 모든 것인 것처럼 착각한다. 이것들은 혁신의 촉진제 혹은 마중물은 될 수 있어도 혁신 그 자체는 되기 어렵다. 어떤 경우에는 혁신을 위하여 만든 제도와 규칙, 조직들이 혁신을 어렵게 하는 장애물이 되기도 한다. 시스템의 이중성을 확인할 수 있다. 시스템이 혁신의 마중물이 될 때 지속적인 혁신과 성과 창출을 위한 좋은 혁신 도구로 인정받을 수 있다.

혁신의 요요 현상

혁신이 어려운 것은 잠시 한눈을 팔면 혁신은 늘 이전으로 회귀할 준비가 되어 있다는 것이다. 혁신의 요요 현상은 사람들의 몸무게 다이어트만큼이나 법칙처럼 작동한다. 요요 현상 때문에 혁신의 노력이 좌절되고, 또 이것 때문에 매번 혁신을 반복한다. 혁신에 요요 현상이 수반될 수밖에 없다면, 현실적으로 필요한 것은 요요 현상이 최대한 늦게 발생하도록 하는 것이다. 예를 들어서 신체 혁신을 통해서 줄어든 체중을 오랫동안 유지하기 위해서는 식단의 조절, 생활방식의 변화, 적절한 운동의 병행이 필수적이다. 여기에 체질 변화까지 있다면 요요 현상은 쉽게 일어나지 않는다.

혁신도 마찬가지이다. 혁신에 대한 문제 인식과 추진 노력이 지속적으로 유지되기 위해서는 이를 위한 여러 조건들이 잘 마련되어 있어야 한다. 예를 들어서 혁신의 풍토가 중요한 조건이다. 혁신의 풍토는 혁신 촉진적 문화나 혹은 혁신에 우호적인 환경을 의미한다. 풍토는 모두 조직의 내외부와 관련된 것이다. 혁신의 출발점인 문제 인식과 발굴, 추진이 활발하게 일어나는 토양이다.

조직 내부의 풍토만으로 혁신에 대한 문제 인식의 촉발이 충분하지 않을 수 있다. 외부의 적절한 도움이 있다면 혁신은 더욱 적극적으로 촉진될 수 있다. 나의 문제가 무엇인지 누구보다도 내가 잘 알 수 있지만, 내가 아닌 다른 사람이 볼 수 있도록 해야 한다. 혁신에서 중요한 것은 문제의 객관화이다. 문제를 객관적으로 드러냄으로써 혁신의 가능성이 만들어지고, 제대로 된 대안의 고민이 이루어진다. 혁신의 정당성도 더 효과적으로 확보될 수 있다.

용기 있는 혁신의 딜레마

혁신이 제대로 추진되기 위해서는 많은 에너지가 필요하다. 에너지는 자원이다. 그것은 돈이 될 수도, 사람이 될 수도, 동료의 지지가 될 수도 있다. 충분하고 안정적인 자원이 공급되지 않으면 혁신은 일회성에 그치거나 중단될 수 있다. 의지만으로 혁신할 수는 없다. 혁신이 멈추지 않고 계속되도록 하기 위해서는 혁신가, 혁신 참여자, 혁신 성과자에게 충분한 보상이 이루어져야 한다. 아무런 보상이 없어도 혁신을 즐겁게 추진하는 사람이라면 모를까, 그렇지 않다면 다양한 방법을 활용해서 혁신 참여자들이 멈추지 않고, 꾸준하게 혁신할 수 있도록 지원해 주어야 한다.

혁신은 두려운 존재이다. 요즘 같은 세상에서는 웬만한 용기가 없으면 남들 앞에 문제를 대놓고 말하기 어렵다. 문제를 말하는 것은 적을 만드는 것과 같다. 가만히 있으면 적을 만들지 않을 수 있는데, 구태여 나서서 적을 만들 이유가 무엇이 있겠는가. 그럼에도 문제를 지적하고, 혁신을 주장하는 것은 무엇이 올바른 것인지에 대한 인식이 있기 때문이다. 용기가 있기 때문에 문제를 말하고 혁신을 주장한다. 아쉬운 것은 이 용기가 오랫동안 지속되기 쉽지 않다는 데 있다. 혼자만의 용기로 혁신을 주장하는 혁신가는 수많은 저항가들에게 공격을 당하고, 결국 혁신의 용기가 꺾일 수 있다.

조직 안에는 다양한 구성원이 있다. 과장해서 말하면 구성원 수만큼의 이해가 존재하고, 구성원 수만큼의 저항이 존재한다. 구성원마다 제각각 생각하는 문제가 다르고, 문제를 푸는 해법도 다르다. 문제를 문제라고 생각하는 그룹이 있는 반면, 문제가 아니라고 생각하는 그룹이 공존한다. 이런 가운데에서 혁신을 주장해야 한다. 참으로 어려운 상황이다.

이런 조직에서 하위 혹은 중간 정도의 지위를 갖는 구성원이 조직의 혁신을 용기 있게 말하는 것은 정말 어렵다. 자칫하면 혁신을 말하는 구성원은 조직에서 버티지 못하고 퇴출될 수도 있다. 중하위직이 혁신을 말함으로써 조직을 위기로부터 살리고, 영웅이 되는 경우도 있지만, 그런 사례는 드물다. 혁신에 리더십이 필요한 이유이다. 혁신에 우호적이고 개방적인 리더가 존재하지 않으면 그 조직의 혁신 가능성은 낮다고 보아도 된다. 혁신의 가능성은 둘째 치고, 그 조직은 사라질 가능성이 높다.

혁신을 촉진하는 시스템

아무리 능숙한 외과의사라 하여도 엑스레이 사진이 없다면 환자 몸속의 병을 알지 못하고, 급한 수술이 필요한 환자가 앞에 있어도 수술을 위한 메스, 현미경 등 도구가 없으면 손도 대지 못한다. 죽어가는 환자를 보고만 있을 수밖에 없다. 수술 방이라는 시스템에 필요한 수술 도구들이 잘 갖추어져 있어야 한다. 성공적인 수술을 위한 필수적인 조건이다. 혁신도 마찬가지이다. 혁신은 조직의 병든 부분을 도려내어 새살이 돋도록 하는 것이다. 마음만으로 안 된다. 좋은 도구와 시스템이 준비되어 있어야 한다. 예전에 이미 개발되어 사용되었던 BPR^{Business Process Reengineering}, TQM^{Total Quality Management}, BSC^{Balanced Score Card}와 같은 것들이 이에 해당한다. 혁신의 마음에 시스템이 더해지고, 풍토가 더해지고, 사용할 적절한 도구가 있다면 혁신의 성공 가능성은 조금 더 높아질 수 있을 것이다.

시스템의 힘은 강력하다. 시스템은 만들기도 어렵고, 유지하기도 어렵다. 그러나 혁신의 노력이 시스템으로 제도화되고, 그 시스템을 잘 유지하고 관리할 수 있다면 그래도 한동안은 혁신의 노력과 성과를 유지할 수 있을 것이다. 단 그 시스템도 다른 혁신의 시스템을 위하여 물러날 준비가 되어 있어야 한다. 시스템은 혁신이되, 혁신을 막아서는 안 된다.

정부혁신과 전략적 혁신가

서 말의 구슬

제대로 된 혁신을 추진하기 위해서는 갖추어야 할 것이 많다. 교과서적으로 보면 비판적 인식, 도전성, 창의성, 상상력, 전문성, 지식, 용기, 열정, 변화 의지, 목표의식 등 한두 가지가 아니다. 참으로 많은 것을 갖추어야 혁신이 추진될 수 있다. 여기에 좀 더 넓혀 보면 젊음이나 무모함과 같은 것도 혁신의 요소에 포함할 수 있다. 모두 혁신을 위하여 필요한 조건이며, 이 중 몇 가지만 갖추기도 쉬운 것은 아니다.

물론 이 모든 것을 다 갖추어야 한다고 요구하는 것 자체가 무리이며, 다 갖추라는 것은 혁신하지 말라는 말과 같다. 이런 요소 중에서 서너 가지만 갖추고 있어도 충분히 혁신가라고 불릴 만하다. 그런데 이런 요소들이 다 갖추어지면 혁신은 성공할 수 있는가. 이들은 혁신의 시도를 위한 좋은 조건들이며 필요한 조건들이지만, 이것이 성공적 혁신을 위한 충분조건이라고 말하기는 어렵다. 혁신은 이러한 요소들의 단순한 합 이상의 의미를 갖고 있기 때문이다.

이들은 혁신을 위해 모두 필요한 보석과도 같은 존재이지만, 이것들만으로는 아직 충분하지 않다. 이 모든 것을 다 갖추는 것 자체도 어렵거니와, 설사 다 갖추었다 하여도 이들이 서로 잘 연결되고, 상호작용하고, 지속성을 갖고 있을 때 성공으로 연결될 가능성이 높다. 그래서 이 조건들이 갖추어져 있다는 것은 높은 성공의 가능성을 의미하지만, 이 가능성이 바로 성공을 담보하지는 못한다. 가능성을 실천과 성공으로 연결시키는 것이 중요하다. 구태여 인본주의 관점까지 인용하지 않더라도, 우리는 모든 사람은 가능성을 갖고 있다고 말한다. 그러나 그 사람들이 일을 함에 있어서 결과에는 큰 차이가 있다. 가능성이 있는 사람들이 모두 열심히 노력하였음에도 불구하고 결과에서 큰 차이가 나는 이유는 무엇인가.

같은 가능성을 갖고 있음에도 다른 결과를 만들어 내는 것은 전략의 차이에서 비롯된다. 구슬이 서 말이라도 꿰어야 보배라고 하듯이, 이 좋은 자원들이 서로 잘 연결되고 제대로 된 모습을 갖추어 활용되어야 성공적인 혁신의 결과를 만들 수 있다. 그런데 이 보석들은 스스로 꿰어지는 것이 아니다. 실과 바늘이 있어야 하고, 이 모든 것을 능숙하게 결합하는 누군가의 손놀림이 있어야 한다. 손놀림이 서투르면 구슬은 잘 꿰어지지 않으며, 간신히 꿴 구슬들은 순식간에 바닥에 떨어져 산산이 흩어진다. 목걸이를 만들기 위해서는 필수적으로 아름다운 구슬들이 있어야 하지만, 이것들이 알아서 화려한 목걸이로 변신하는 것은 아니다.

고흐, 성공한 화가인가 실패한 화가인가

혁신은 문제가 있는 곳에 필요하니, 혁신의 환경은 늘 좋지 않다. 혁신에게 좋은 환경은 감히 누릴 수 없는 사치이다. 혁신은 최악의 상황 속에서 시도되는 경우가 대부분이기 때문에 혁신에게 좋은 상황은 애초부터 있을 수 없다. 주어진 시간도 많지 않다. 문제가 심각하니 해결하라고 요구하면서 야박하게도 정작 충분한 시간은 주지 않는다. 활용할 수 있는 자원도 늘 부족하다. 강 위에 다리를 건설하라고 하면서 정작 건설비는 주지 않는다. 알아서 다리를 빨리 건설하라고 한다. 어쨌든 사람들이 강을 건널 다리가 필요하니 건설해야 한다.

혁신을 지지하고 도와주는 사람도 있지만, 정반대로 혁신의 실패를 보고 싶어 하는 사람들도 적지 않다. 혁신은 모두를 위한 것이라고 하는데, 실패한 혁신을 기다리다니. 이것이 혁신의 현실이다. 모두가 혁신을 찬성하지는 않는다. 모두의 찬성과 지지를 받는 그런 혁신은 존재하지 않는다. 애써 없는 돈과 시간에도 열심히 다리를 건설하지만, 사람들은 완공이 늦고, 다리가 좁다고 불평한다. 혁신의 성공 가능성이 낮음에도 불구하고 성공적인 혁신을 하라고 요구하는 것은 앞뒤가 맞지 않는 것 같다. 혁신하고자 한다면 먼저 그 앞에 무수히 많은 장애물이 버티고 있음을, 혁신은 쉽지 않은 장애물 경기임을 꼭 기억하자.

혁신 추진의 당위성이 높다고 하여도, 그 혁신의 결과가 자신의 이익에 부정적인 영향을 준다고 생각하면 열에 아홉은 혁신에 직접적으로 혹은 드러나지 않게 저항할 것이다. 혁신에 반대하는 방법은 혁신을 추진하는 방법보다 훨씬 더 교묘하다. 표면적으로는 혁신에 찬성하지만, 방법에 문제가 있다며, 이해관계자의 고려가 미흡하다며, 부작용이 우려된다며, 형식적이라며, 문제 인식에 오류가 있다며, 과도한 비용이 든다며 온갖 이유를 들어서 혁신을 비판하고 반대한다. 혁신이 갖는 부분적인 약점을 빌미로 혁신 전체를 흔든다. 혁신의 환경은 역시 늘 비우호적이다.

수많은 혁신가들이 용감하게 혁신을 시도하였지만, 저항을 극복하지 못하고 중간에 포기함으로써 혁신의 결과를 보지 못하였다. 100명의 혁신가들이 있다면, 이들 중 혁신의 성공이라는 열매를 맛보는 경우는 얼마나 될까. 불행히도 매우 적을 것이다. 그래서 많은 혁신가들은 실패한 사람으로 평가된다. 그 사람의 혁신에 대한 열정과 노력조차도 기억하지 않는다.

'위대한 패배자'들이 있다. 이들은 모두 혁신을 꿈꾸었던, 그러나 아무도 기억하지 못하는 사람들이다. 세계 최초로 노동당을 창건하며 독일 노동운동의 메시아로 불리기도 했던 혁명가 라살은 마르크스에게 패하며 역사의 뒤안길로 사라졌다. 세계 최고의 가격을 갱신하는 그림을 그린 화가, 예술계 혁신의 상징인 반 고흐는 오베르의 작은 여관방에서 배고픔과 질병 속에 팔리지 않는 작품만 남기고 일

파리 북쪽으로 1시간 거리에 있는 작은 마을 오베르 쉬르 우아즈(Auvers-sur-Oise) 공동묘지에 있는 반 고흐와 동생 테오의 무덤 비석

찍 생을 마감하였다. 세상을 떠난 지 2년이 지나서야 첫 작품전시회가 열렸다. 고흐는 죽어서야 비로소 성공한 화가로 대접받고 있다. 고흐는 성공한 화가인가 아니면 실패한 화가인가.

시대의 전략가, 이순신

혁신이 현실에서 성공하기 위해서는 웬만한 전략으로는 어림도 없다. 이기는 전략이 전쟁에만 필요한 것은 아니다. 전쟁에서 전략이 실패하면 자신의 생명은 물론 나라의 존립도 유지할 수 없는데, 혁신도 사실 마찬가지의 결과를 초래한다. 혁신의 실패는 혁신가 자신만의 실패에 그치는 것이 아니라 조직의 몰락, 지역경제의 추락 그리고 국가경제의 위기로도 확대될 수 있다. 혁신에 실패하여 몰락한 국가의 사례가 적지 않다. 혁신이 살아남기 위한 전략이 필요하고, 그 전

다시 생각하는 정부와 혁신

략이 성공해야만 하는 이유다. 성공적인 혁신을 위한 전략은 혁신을 위한 다양한 자원만큼이나 중요하다.

혁신이 성공하기 위한 전략은 단순한 전략이 아니라 이기기 위한, 성공하기 위한 것이다. 혁신의 자원이 부족하고, 시간은 모자라고, 같이하는 사람이 적더라도 혁신이 위기의 전장에서 승리하기 위해서는 반드시 이겨야 하는 필승의 전략이 필요하다. 혁신의 시도에 만족하는 것도 한두 번이지, 매번 시도에만 만족할 수는 없다. 이것은 혁신 실패의 일상화이며, 성공하지 못하는 혁신에 대한 무감각만 강화시킨다. 실패 뒤에 성공이 이어져야 한다. 실패에 대한 치밀한 분석과 이에 기초한 전략은 성공 확률을 높인다. 실패가 전략을 통해서 성공의 디딤돌이 되도록 해야 한다.

혁신이 성공하기 위해서는 많은 정보를 갖고 있어야 하고, 몇 수 앞을 예측하는 분석과 이를 위한 역량이 필요하다. 무엇을 앞세우고, 피하고, 먼저 활용할지, 컴퓨터와 같은 치밀함이 요구된다. 당장의 승리에 대한 조급함을 경계할 수 있는 강한 절제력도 필수다. 물론 관찰자들이 보기에 무모하다 할 정도의 용기도 필요하다. 전략은 앞으로만 가는 것이 아니다. 전략은 마지막의 성공을 위하여 앞으로 가고, 뒤로도 가고, 혹은 우회도 한다. 어려운 환경 속에서도 성공할 수 있는 것은 전략의 힘이다.

전쟁에서의 승리는 많은 병사와 무기를 가진 장수만의 전유물이 아니다. 세상의 많은 승리는 많은 것들이 부족한 가운데, 실낱같은 가망조차 없는 가운데서 만들어졌다. 이순신 장군이 명량에서 승리

영화 〈명량〉의 한 장면 ⓒ 빅스톤

한 것은 많은 병사도, 많은 무기도 아니었다. 12척의 배로는 왜구에게 무조건 질 수밖에 없는 해전이었다. 그런데 이순신 장군은 놀랍게도 대승하였다. 무엇 때문에 승리한 것인가. 용기? 배?

이순신 장군은 울돌목의 지형적 특징과 조류의 시기를 제대로 알았고, 소수의 병사들이 대군을 상대할 수 있는 정확하고 효과적인 전략을 구사하였다. 그리고 그 결과는 대승이었다. 제대로 짠 전략의 결과이다. 이순신 장군의 용기와 리더십에 전략이 결합되었다. 이순신 장군은 시대의 전략가이다.

앞으로 전진하는 것만이 전략이 아니다. 전략에는 공격과 후퇴가 함께 있다. 승리하기 위해서는 전진해야 하지만, 늘 전진할 수만은 없다. 어쩔 수 없이 몸을 낮추기도 하고, 포기한 듯 모습을 보이기도 하고, 협상하는 듯한 자세를 보이기도 해야 한다. 움추린 몸과 마음 속의 용기와 희망이 결국 살아나도록 하는 것이 전략이다. 힘들고 어려울수록 전략의 힘은 빛을 발한다.

장벽을 넘어가는 혁신, 전략의 힘

세상에서 늘 옳은 것만이 승리하는 것은 아니다. 수많은 정의가 실패했다. 부당함이 정의를 누르고 승리한 사례들을 어찌 일일이 열거할 수 있겠는가. 오죽하면 승리하면 그것이 정의라고 하지 않는가. 혁신이 혁신으로 인정받으려면 승리해야 한다. 혁신이 승리하기 위한 전략을 동원해야 한다. 혁신의 승리 전략에는 용기, 분석 능력, 자원 동원 능력, 돌파력, 판단력, 협상력, 인내력, 정의감 등 많은 것들이 활용되어야 한다. 물론 혁신의 대상과 내용에 따라서 이중에서 우선적으로 확보되어야 할 것이 있다.

어떤 때는 불같은 용기가 필요하지만, 또 어떤 때는 비겁해 보이기조차 하는 인내심도 필요하다. 혁신을 성공시키기 위해 감내해야 하는 비겁한 인내심이다. 역사 속에 등장하였던 실패한 위인들처럼 실패한 혁신가가 되는 것도 그럴듯해 보인다. 그러나 더 좋은 것은, 더 바람직한 것은 역시 성공한 혁신가가 되는 것이다. 실패는 혁신을 위한 중요한 전제조건일 수 있다. 수많은 성공적 혁신에는 수많은 실패의 경험이 동반되어 있다. 그러나 실패가 혁신의 충분조건이 될 수는 없다. 혁신을 성공적으로 이끌어 낼 수 있는 바람직한 실패여야 한다. 실패가 존중되는 것은 이 실패가 성공으로 연결되었을 때이다.

다만 현실적으로 전략이 마음먹은 대로 구상되고 실현되는 것은 아니다. 필요한 자원들이 어느 정도는 갖추어져야 최소한의 전략의 구상과 실행이 가능하다. 예를 들어서 정보, 지식, 사람, 정책과 같은 자원들이 최소한이라도 확보되어야 한다. 이순신에게 울돌목은 자원이자 정보였다. 장애물 투성이로 가득한 혁신의 환경하에서 완벽한 자원의 확보라는 것은 애당초 불가능하다. 다만 최소한의 것이라도 확보하고 잘 결합함으로써 시너지를 만들어 내고, 전략을 통하여 부족한 것을 보완할 수 있다.

타이밍도 중요한 전략이다. 부족한 자원의 극대화된 활용은 타이밍에 의하여 결정된다. 자원이 풍부해도 타이밍이 맞지 않으면 순식간에 무용지물이 된다. 전략적 타이밍이다. 아마도 전략의 구사에서 제일 어려운 것이 타이밍일 것이다. 우리는 늘 정확한 타이밍을 알아채지 못한다. 시간이 지나고 나서야 비로소 그때가 기회였음을 뒤늦게 알아챈다. 타이밍이라는 말이 현실적으로 적용 가능한 것인지도 의문이다. 그래도 타이밍을 맞추려는 노력은 필요하다. 혁신 리더의 역량이 빛을 발하는 것은 기가 막히게 전략적 타이밍을 구사할 때이다.

식사에도 애피타이저, 메인 음식, 후식의 순서가 있듯이, 혁신에도 순서가 있어서, 순서를 제대로 만들어 추진한다면 성공의 가능성은 높아진다. 그러나 문제는 혁신이 이런 순서대로 잘 진행되지 않는다는 데 있다. 혁신가가 처한 조직의 상황, 문제의 맥락, 이해관계자의 구조, 확보한 자원, 내외부의 지원 등이 혁신가에 의하여 종합적으로 고민되는 가운데 상황에 따라서 순서가 정해지고, 타이밍이 만들어진다. 쓰레기통처럼 무질서하게 어질러진 가운데에서 혁신전략이 구상된다. 무질서한 조건들 속에서 전략적 질서를 만들어 내는 것이 혁신가의 역량이다.

성공하는 정부혁신과 전략적 혁신가

　정부혁신에는 쉬운 것이 하나도 없다. 진정성 있는 마음만으로는 안 된다. 예산이 풍부하다고 혁신이 성공하는 것도 아니다. 많은 예산을 투입한 시스템이지만 정작 주민들은 외면한다. 좋은 정책을 혁신적으로 고민하여 만들었지만 예상치 못했던 큰 문제가 발생하여 그 노력들을 하루아침에 수포로 만들기도 한다. 그래서 더욱더 섬세한 전략적 접근이 필요하다.

　전략은 정해진 것이 아니다. 각종 컨설팅 자료에는 그럴듯한 몇 가지 표준적인 방법을 소개하고 있다. 그러나 이것들은 실제의 현장에서 잘 활용하기 어렵다. 변동하는 환경과 변수들의 혼재는 표준화된 전략의 수용을 거부한다. 혁신가가 스스로 현장에서 전략을 구상하고, 구체적인 실행전략을 만들어 내야 한다. 어느 누구도 전략을 대신 만들어 주지 않는다. 좋은 전략은 지름길과도 같아서, 먼 길을 힘들게 돌아가지 않게 만들어 준다. 혁신가가 전략가가 되어야 하는 이유이다.

혁신과 리스크 관리

혁신, 산 넘어 산

혁신은 과정이다. 혁신의 목적이나 어젠다에 따라서 소요되는 기간은 천차만별이다. 혁신 초기부터 의미 있는 성과의 창출 여부까지 전체를 확인하고자 한다면 이에 소요되는 혁신기간을 가늠하기 쉽지 않다. 긴 시간이 소요되는 혁신의 과정이기에, 이 속에는 헤아리기 어려울 정도로 많은 우여곡절이 있을 것이다. 순조롭게 출발하였지만 강을 마주하기도 하고, 산을 넘어야 하고, 또 길이 없어 길을 만들면서 가야 한다. 힘이 들어 지쳤다가도 좋은 사람을 만나서 다시 힘을 내기도 한다. 혁신과정은 오르막과 내리막이 이어지는 긴 길과 같다.

혁신과제에 따라서 그 앞에 놓여 있는 길도 제각각이다. 정부 내에서 본격적인 혁신정책으로 논의되기 훨씬 이전부터 오랫동안 사회적

이슈로 논의되었거나, 시민사회단체들에 의하여 지속적인 입법화 시도가 있었던 경우, 그리고 학계 등 전문가 그룹에서 구체적인 숙의과정이 있었을 경우, 특별한 장벽이 새로 생기지 않는 한 정부의 공식적 혁신정책으로 결정되고 추진되는 데 오래 걸리지 않을 것이다. 정부 내에서 추진하기로 공식적으로 확정된 혁신정책은 갑자기 제안되고 만들어진 것이기보다는 오랜 기간의 사회적 공론화과정을 거쳐서 구체화된 경우가 많다. 특히 큰 변화를 야기하고자 하는 혁신정책은 단기간에 사회적 공론화와 공감대를 만들기 쉽지 않다는 점에서, 제안된 지 얼마 되지 않은 혁신적 제안이 정부의 정책으로 공식화되기는 어렵다.

국회까지 거쳐야 하는 혁신정책이라면 난관은 더 많다. 정부에서의 공식화는 하나의 장애물을 통과한 것에 불과하다. 과거의 행정수도이전정책과 같이 입법 절차를 필수로 하는 혁신의 경우, 일단 정부 내에서는 혁신정책으로 결정되어 추진될 수 있지만, 국회에서의 입법화과정에서 여당과 야당 간의 정치적 논쟁으로 좌절되는 경우도 많다. 예를 들어서 「공수처법」, 「4·3사건법」, 「중대재해처벌법」, 「근로기준법」 등이 정치적 입장으로 합의가 쉽지 않았던 대표적인 개혁입법 사례들이다. 이들은 정치적 입장에 따라서 문제 인식과 법 제정 여부에 대한 관점이 크게 엇갈렸던 대표적인 정책사례들이다.

혁신의 정치적 과정

특히 정치적 지형이 여당과 정부의 정부혁신에 우호적이지 않을

경우 혁신적 입법은 간단한 일이 아니다. 정부혁신의 어젠다 중 상당
수가 정치적 이념에 기반한다는 점에서, 입법을 필요로 하는 혁신정
책에서 국회는 극복해야 할 중요한 장애물이자 리스크이다. 혁신은
늘 리스크를 안고 있으니, 정부혁신도 벤처기업들이 태생적으로 리
스크를 안고 있는 것과 비슷하다. 벤처기업도 혁신기업이니 어찌 보
면 당연하다.

물론 혁신정책이 중요하다고 해서 기간이 오래 걸리고, 쉬운 정책
이라고 해서 쉽게 추진되거나 빨리 성과를 내는 것도 아니다. 혁신정
책이 넘어야 할 장애물은 혁신정책의 경중과 관계가 없는 경우도
많다. 오히려 장애물은 혁신정책이 논의되는 시점과 더 관련성이
깊다. 이른바 '정책의 창'이 혁신정책의 진퇴 여부를 결정적으로 좌우
하기도 한다.

김대중 정부 시절 대표적인 혁신정책으로 '공무원 개방형 임용제'
가 도입되었다. 고위공직자의 일정 비율을 개방형 직위로 지정하여
민간에 개방하는 정책으로, 공직사회에 미치는 충격이 결코 가볍지
않았다. 그런데 당시 언론보도를 보면 「국가공무원법」 개정도 그리
어렵지 않았고, 공직사회의 저항도 별로 드러나지 않았다. 물론 당시
의 경제위기 상황에 따른 개혁정책의 추진이라는 특수한 상황이 있
었지만 매우 쉽게 혁신정책이 추진되었다.

문재인 정부에서 추진된 대표적 혁신정책의 하나로 「이해충돌방
지법」 제정을 들 수 있다. 공직사회의 윤리를 확보하기 위한 이해충
돌방지의 제도화를 목적으로 하는 제정법이다. 사실 「이해충돌방지

8년 만에 국회를 통과한 「이해충돌방지법」 ⓒ 연합뉴스TV

법」은 시민단체가 오랜 기간 동안 제정운동을 추진하였고, 관련 법안을 국회에 청원하기도 하였지만 번번이 좌절되었었다. OECD의 주요 국가들은 이미 오래전부터 공직자의 윤리를 확보하기 위한 핵심적인 수단으로서 이해충돌방지제도를 정착시켰으며, OECD도 보고서를 통해서 정부의 윤리를 확보하기 위한 핵심적 수단으로서 이해충돌방지제도 및 이것의 입법화를 여러 차례 권고하였다. 이런 점에서 우리나라에서는 이해충돌의 방지를 위한 제도적 노력이 오랫동안 부족하였다고 볼 수 있다.

2013년 당시 국민권위위원회 김영란 위원장의 적극적 의지로 정부안이 마련되어 입법화가 추진되었지만^{김영란법}, 논란 끝에 결국 2015년 당초 법안의 핵심적 내용이었던 이해충돌방지 관련 내용은 제외된 채 「청탁금지법」으로 절반이 축소되어 제정되었다. 그런데 「청탁금지법」이 제정된 지 몇 해 지나지 않은 2021년 3월 한국토지

주택공사^{LH} 직원들의 부동산 투기 사태가 발생하자, 이전에 제외되었던 이해충돌방지 부분에 대한 입법화가 급속하게 추진되었다. 국회는 2021년 4월 29일 임시회 본회의를 열어 「이해충돌방지법」을 통과시켰다. 이전에 많은 논의가 없었던 것은 아니지만, LH 사건 발생 후 단 2달 만에 관련 법이 일사천리로 입법화되었다. 절묘하게 발생한 사건의 타이밍이 혁신적 입법의 신속한 추진을 가능하게 한 대표적 사례이다. 오랫동안 주장되고 논의되었다고 입법화가 바로 추진되는 것도 아니고, 논의기간이 짧았다고 해서 입법화가 안 되는 것도 아니다.

혁신, 리스크 관리의 과정

혁신 추진을 어렵게 하는 리스크는 혁신의 전 과정에서 언제든지 발생할 수 있다. 혁신정책의 개발 초기단계에서도 발생할 수 있고, 집행단계에서도, 그리고 그 이후에도 언제든지 발생할 수 있다. 리스크 관리가 혁신의 전 과정에서 체계적으로 이루어져야 하는 이유이다. 다만 이 리스크가 워낙 다양하여 사전에 충분히 예측하기 쉽지 않으며, 이에 따라서 미리 대응하는 것에도 한계는 있다.

혁신이 갖고 있는 특성상 리스크가 없는 혁신은 상상하기 힘들다. 혁신에는 리스크가 당연히 포함되어 있는 것으로 받아들이고 거기에 맞추어 추진해야 한다. 혁신을 준비하면서 동시에 발생 가능한 다양한 리스크들을 사전에 최대한 확인하고 대응할 수 있는 방안도 고민해야 한다. 리스크 관리가 제대로 되기 위해서는 리스크 분석과 대응시나리오의 구상 등을 위하여 어느 정도 시간이 필요하다. 혁신 추진이 급하다고 서둘러서 될 일이 아니다. 혁신정책의 결정과 신속한 추진을 위하여 발생 가능한 중요한 리스크를 숨기고 넘어갈 일은 더욱 아니다. 리스크를 드러내 놓고 하면 혁신정책에 대한 비판과 저항으로 제대로 결정되기도 어렵고 추진되지 못할 것이라는 우려도 제기된다. 그러나 오히려 리스크를 투명하게 드러내 놓고 해야 효과적인 대응과 관리가 가능해진다.

리스크는 모른 척한다고 해서 사라지지 않는다. 얼마 지나지 않아 애써 숨겼던 리스크가 분명히 고개를 들고 나타날 것이다. 리스크를 제대로 관리하지 못한 채 급하게 추진된 혁신정책은 결국 빛을 보지 못하고 좌절될 것이다. 오히려 혁신정책은 더 뒤로 후퇴하고 문제는 더욱 악화될 수 있다. 투명한 혁신정책의 리스크 관리가 혁신의 성공 가능성을 높일 것이다.

절대적 시간이 필요한 리스크 관리

혁신은 문제를 드러내고, 문제를 풀기 위한 정책대안을 만들고 추진하는 일련의 과정이다. 혁신의 과정은 문제와 대안의 숙성과정이기도 하다. 다듬어지지 않은 문제들이 구체화되고 세련되어지는 과정이며, 이해관계자를 설득하는 과정이며, 정책 대상자와 이해의 공감대를 넓히는 과정이다. 목표도 더욱 선명해지는 과정이다. 급하다고 압축할 수 있는 짧고 간단한 과정이 아니다.

혁신정책은 빨리 추진되어야 한다는 법칙은 없다. 오히려 혁신의 확실한 성공을 위해서는 절대적인 시간이 필요하다. 오크통 속의 와인을 빨리 익힐 요량으로 억지로 저장고의 온도를 높일 일이 아니다. 적정한 온도에서 오랜 기간의 숙성과정을 거쳐야 와인은 비로소 우리가 상상할 수 없는 혁신적인 맛을 낸다.

혁신정책의 바람직함이 혁신정책의 성공을 보장해 주지 않는다. 특히 혁신정책은 다양한 이해관계자들이 관련되어 있고, 이중 상당수는 기득권을 갖고 있어서 혁신으로 인해 손해를 입을 수도 있는 이해관계자라는 점에서 저항과 갈등의 발생 가능성이 높다. 혁신정책은 이와 같은 속성으로 인하여 원래부터 제대로 추진되기 쉽지 않은 고약한 성질을 갖고 있다. 오히려 쉽게 추진되는 정책이 이상할 지경이다. 쉽게 추진되는 정책은 분명 어느 정도 시간이 흐른 뒤에 문제가 불거질 것이다.

혁신정책과 실험

다루기 힘든 성격을 가진 혁신정책을 그나마 제대로 추진하려면 발생 가능한 많은 리스크들을 사전에 치밀하게 분석하여야 한다. 우리는 혁신정책이라는 그럴듯함 때문에 혁신정책이 갖고 있는 약점이나 한계를 제대로 보지 못하고 지나칠 가능성이 높다. 조금만 떨어져서 제3자의 관점에서 보면 너무도 쉽게 볼 수 있는 많은 흠결이 정작 혁신가의 눈에는 잘 보이지 않는다. 그런데 그러한 약점은 추진과정에서 여지없이 이해관계자의 눈에 띄고, 비판을 받고, 결국 정상적인 혁신의 추진으로부터 멀어지게 만든다.

혁신으로 포장된 그럴듯한 정책일수록 더 꼼꼼하게 약점과 한계를 살펴보아야 한다. 사전에 필요한 요인들을 충분히 검토한 것인지, 제약요인은 없는지, 사람들은 혁신정책을 충분히 이해하고 있는지, 혁신정책으로 인한 부작용은 없는지 살피고 또 살펴야 한다. 다행히도 문제가 확인되었다면 시간이 걸려도 보완해서 추진하면 된다. 사소한 것으로 치부하고 넘길 수도 있지만, 결국에는 다 드러나게 되어 있다. 오히려 쉽게 극복할 수 있었던 장애물이 극복 불가능할 정도로 커져 버릴 수 있다. 호미로 막을 것을 가래로도 못 막는 상황이 될 수 있다.

우리는 현실에서 바로 실험하기 어려운 경우가 많기에 모의실험 혹은 가상의 실험을 한다. 특히 자연과학과는 확연히 다른 사회과학에서 정교한 실험을 하기는 더욱 힘들다. 그래도 자연과학과 유사한 실험을 해 보려는 시도가 계속된다. 정부정책도 실험이 필요한 영역이 되고 있다. 정책이 전국적으로 미치는 영향이 매우 크기 때문에, 혁신정책이라는 이유로 전국을 대상으로 정책을 함부로 추진할 수는 없다.

혁신정책과 관련하여 전문가 혹은 이해관계자 그룹을 형성하고, 이들을 대상으로 수차례에 걸친 토론과정을 거치는 것도 실험실 실험과 유사한 효과를 얻을 수 있다. 혁신정책에 관련성이 있는 가상의 데이터와 발생 가능한 문제들을 적용하고, 이로부터 도출 가능한 결과와 약점들을 미리 확인할 수 있어야 한다. 실험상 오류의 가능성이 있지만, 정책도 얼마든지 의미 있는 혁신실험의 대상이 될 수 있다.

리스크 관리, 성공적 혁신의 지름길

혁신적 정부임을 자랑하고 싶은 생각에 깜짝쇼하듯이 어느 날 갑자기 혁신정책을 내놓을 것이 아니다. 혁신정책에 대한 문제의 지적과 비판이 있다고 해서 그 정책을 쉽게 버릴 일도 아니다. 이런 것들이 모두 혁신가를, 혁신정책을 불신하게 만드는 요인들이다. 혁신의 리스크는 숨기는 것이 아니라 드러내는 것이다. 리스크를 투명하게 드러낼 때 혁신정책이 제대로 관리되고, 혁신을 어렵게 하는 장애물을 슬기롭게 넘어갈 수 있다. 리스크 없는 혁신은 없다. 투명하고 선제적인 리스크 관리가 성공하는 혁신으로 가는 지름길이다. 리스크 없는 혁신은 분명 혁신이 아닐 것이다.

리스크를 드러냄으로써 시간이 더 걸리고, 빠른 길을 두고 돌아서 가야 할 수도 있다. 리스크를 조금이라도 누그러뜨리기 위해서 더 많은 사람을 설득해야 하고, 그들의 의견을 반영하여 당초 생각했던 혁신의 방향이 달라지고, 혁신의 강도가 약해질 수 있다. 그러나 이것은 혁신이 약해지는 것이 아니다. 아직 덜 성숙하였던 혁신의 가치와 방향, 전략이 제대로 자리를 잡는 것이다. 리스크를 드러내는 것은 혁신을 약화시키는 것이 아니라, 혁신을 좀 더 튼튼하고 온전하게 만드는 과정이다. 꼭 필요한 과정이다.

정부혁신과 마라톤

마라톤, 42.195km

정부혁신은 마라톤과 같다. 단순한 마라톤이 아니라 장거리 마라톤과 단축 마라톤 그리고 역전 마라톤이 복합적으로 결합된, 정말로 완주하기 쉽지 않은 힘든 마라톤이다. 그래서 많은 육상경기 중에서 특별한 대접을 받는 것이 마라톤이다. 마라톤이 올림픽의 하이라이트를 장식할 수밖에 없는 이유가 있다. 짧은 거리를 뛰는 마라톤도 있고, 42.195km의 풀코스를 뛰어야 하는 마라톤도 있다. 혼자서 하는 마라톤도 있지만 여러 명이 단체로 이어서 달려야 하는 역전 마라톤도 있다. 역전 마라톤은 모두의 성적이 절대적으로 중요한 경기이다. 마라톤은 혼자 달리기도, 여럿이 함께 달리기도 한다.

어떤 마라톤이든 코스의 전 구간을 전력으로 질주하는 것은 불가능하다. 초반에 전력으로 질주하던 선수는 중반을 넘어서자마자 여지없이 뒤로 처지고 끝내는 경기를 마치지 못하는 경우도 많다. 어떤 선수는 초반에 너무 여유를 부리며 느긋하게 뛰다가 결국은 상위 순위에 들지 못하고 뒤로 처져서 경기를 마치는 경우도 있다. 마라톤의 전 구간은 평지인 구간도 있지만, 대체로 오르막과 내리막이 뒤섞여 있다. 얼마나 쉽지 않으면 마라톤을 인생에 비유할까.

마라톤을 제대로 완주하고 승리하기 위해서는 전 구간을 전력 질주하는 것도, 느긋하게 달리는 것도 안 된다. 어떤 구간에서는 전력 질주를 하고, 어떤 구간에서는 조금 천천히, 어떤 때는 앞서고, 어떤 때는 조금 뒤로 처지고, 그렇게 전 구간에 걸쳐서 자신의 의지대로 속도와 페이스를 조절하면서 꾸준하게 달려야 한다. 마라톤은 전 구간을 자신의 체력을 바탕으로 고도의 전략하에 달려야 하는 전략게임과도 같다. 마라톤은 자신과의 싸움이면서 동시에 다른 선수들과의 싸움이기도 하다.

1등으로 들어온 선수는 두 손을 번쩍 들어 올리며 승리의 테이프를 통과한다. 이어서 선수들이 계속 들어온다. 마라톤의 백미는 승리의 월계관을 쓴 1등 선수이지만, 1등 선수 못지않게 환호를 받는 선수가 있다. 2등도 3등도 아니다. 제일 마지막에 들어오는 선수이다. 관중석을 떠나지 않은 수많은 관중들이 모두 일어서서 마지막으로 들어서는 선수에게 아낌없는 박수와 환호를 보낸다. 1등 선수 이상으로 박수와 환호를 받는다. 포기하지 않은, 비록 몸속의 모든 에너지가 사라졌지만, 끝내 결승점에 들어온 마지막 선수를 관객들은 절대 외면하지 않고 끝까지 기다려 주었다. 최고로 존중해 주었다.

마라톤을 완주하는 선수도 대단하지만, 몇 시간에 걸친 경기를 지루해 하지 않고 관람하는 관객도 대단하다. 선수들은 그리고 관중들은 무슨 마음으로 이 긴 시간을 견디는 것일까. 수수께끼와 같은 경기이다. 마라톤 중계방송을 본 사람들이라면 다들 비슷한 생각이 들 것이다. 마라톤 중계를 보는 것이 아니라 자신들의 인생을 보고 있는 것은 아닌가.

정부혁신, 멈추지 않는 마라톤

정부혁신은 마라톤과 비슷하다. 둘 다 알 듯 모를 듯하다. 항상 전력 질주하기도, 느긋하게 하기도 그렇다. 마라톤의 끝이 눈에 보이지 않듯이, 정부혁신의 목적지도 아득해 보인다. 마라톤이 보이지 않는 끝을 향해 달리듯이, 정부혁신도 보이지 않는 끝을 향해 나가야 한다.

마라톤의 거리가 42.195km라면 정부혁신의 거리는 5년이다. 우리나라는 정권 교체 주기인 5년의 시간 속에서 정부혁신이 고민되고 추진되기 때문이다. 5년의 정부혁신 시간을 어떻게 보낼 것인가. 마라톤처럼 어떤 때 빠르게, 어떤 때 천천히 보내야 하는가. 정부혁신에도 오르막이 있고 내리막이 있는가.

정부혁신을 위해 주어진 5년. 우리는 5년의 기간을 어떻게 사용하고 있는가. 5년은 주어진 것이니, 5년이 정부혁신을 추진하는 데 적정한 기간인지를 논하는 것은 큰 의미가 없다. 바람직한 정부혁신은

5년을 넘어서는, 정권의 교체와 상관없는 국민 관점에서의 지속적인 정부혁신 추진이지만, 현실에서 이를 기대하기는 쉽지 않다. 너무 짧은 기간이다.

현실적으로 5년의 기간을 마라톤 경기하듯이 최대한 효과적으로 활용할 수밖에 없다. 5년이라는 최적화된 정부혁신의 코스를 만들어 낼 수 있어야 한다. 그 5년은 단절적 5년이 아니라, 다음의 5년을 위한 중요한 기반이 되는, 즉 연속적인 혁신의 경로로 연결될 수 있는 다리여야 한다. 단절이 아닌 연속의 과정이어야 한다.

단거리 마라톤일지라도 선수들은 경기 후 일정한 휴식시간을 갖는다. 선수가 가진 모든 에너지를 사용하였으니, 당연히 다음 경기를 위하여 에너지를 보충할 충분한 준비시간이 필요하다. 충분한 에너지-최선의 활용-상태의 점검-충분한 에너지의 보충-최선의 활용이라는 사이클을 통해서 선수는 마라톤이라는 힘든 경기를 오랫동안 소화해 낼 수 있다. 준비기간은 정지기간이 아니라, 다음을 위한 충전의 기간이니, 마라톤 선수에게 선수로 달리는 모든 기간은 진행형이다. 마라톤 선수는 한 번도 멈춘 적이 없다.

떠남과 단절의 정부혁신

정부혁신도 마찬가지이다. 정부혁신이 단절되면, 다음의 정부혁신으로 이어지지 못한다면 정부혁신의 에너지는 최대한 충전도, 사용도 못하고 만다. 힘들여 추진하였던 혁신의 노력과 성과들은 공직사회에 제대로 체화되지 못한 채 사라진다. 역대 정부마다 정부혁신이 끝없이 반복되고 있지만, 누적되지 못하고 진화되지 못하는 일회성의 혁신으로 그치고 있다. 정부혁신의 중요한 관리자는 단기간에 교체된다. 또 새로운 관리자가 자리를 차지하고, 또 떠난다. 정부혁신을 위한 공직자 인사가 아니라, 공직자 인사를 위한 정부혁신이 되어 버렸다.

5년은 꽤 긴 시간이다. 새 정부가 들어서면 정부혁신의 추진을 위한 계획을 세우는 데 제법 시간이 걸린다. 새 정부의 상징이라 무척 공들여 세우려는 것이니 어느 정도 시간은 걸릴 것이다. 이렇게 오래 걸려서 만든 계획이 이후에 잘 추진되면 무엇이 문제이겠는가. 더 공을, 시간을 들여서 만들어도 문제가 없을 것이다. 그런데 문제는 우리가 계획에 공들인 만큼 추진에는 공을 들이지 않는다는 점이다. 1년도 되지 않아서 계획을 만든 사람도, 추진했던 사람도 그 자리를 떠나고, 다른 사람이 그 자리를 차지한다. 정부혁신은 떠남과 단절의 연속이다. 그렇게 정부혁신의 시간은 지나간다.

더 결정적인 것은 정부가 출범하고 2년 정도 지나면 정부혁신에 대한 관심이 급격하게 줄어든다는 것이다. 정부혁신을 책임 있게 관리해야 할 대부분의 공직자들의 관심은 혁신을 위한 노력보다는 현안 중심의 관리에 온통 집중된다. 계획에 담겨 있는 혁신 어젠다보다는 당면한 현안이 혁신의 어젠다로 포장되어 추진되기도 한다. 그러면서 당초의 정부혁신 계획은 슬그머니 사라진다. 동시에 관심도 사라진다. 3년쯤 되면 정부혁신은 이제 국정운영 수준의 핵심 어젠다에서 찾기 어려운 지경이 된다. 새 정부가 출범할 때의 좋은 마음가

짐, 국민을 위한 정부혁신에 대한 의지가 담겨진 정부혁신 추진계획은 온데간데없이 사라진다. 길 줄 알았던 혁신의 시간은 어느덧 짧은 시간으로 변한다.

관리혁신과 자율혁신의 전략적 결합

정부혁신은 정말 중요하고 필요하지만, 늘 어려운 상황 속에서 추진된다. 과거에도 그렇고, 지금도 그렇고, 아마 앞으로도 크게 달라지지 않을 것이다. 어려운 상황이라고 정부혁신을 멈출 수도, 대충할 수도 없다. 마라토너가 숨이 막히는 순간에도, 온몸의 수분이 다 빠져나간 순간에도 달리기를 멈추지 않듯이, 정부혁신도 힘든 상황에 직면할수록 더욱 힘을 내야 한다. 그래서 의도적인 관리혁신도 필요하다. 마라톤이 다양한 전략의 집합이듯이, 정부혁신도 혁신의 과정을 제대로 들여다보고, 혁신의 동력이 멈추지 않도록 에너지를 보충하고, 힘들 때 용기를 주는 전략적 관리혁신이 필요하다.

물론 관리혁신도 의도한 대로 쉽게 되는 것은 아니다. 관리혁신이 제대로 수용될 수 있는 혁신의 생태계, 혁신의 인프라가 필수적으로 마련되어야 한다. 심은 식물이 잘 자라라고 물을 많이 준다고 해서 잘 자라는 것은 아니다. 식물이 심겨진 토양이 어느 정도 영양분을 머금고 있어야 물은 성장의 촉진제가 될 수 있다. 토양이 절대적이지는 않지만, 식물이 생존하고 성장할 수 있는 최소한의 조건은 될 수 있다. 혁신에도 식물과 같이 성장을 위한 토양이 있고 조건이 있다.

관리혁신이 효과적으로 작동할 수 있는 혁신의 토양은 어떤 것인

다시 생각하는 정부와 혁신

가. 관리혁신은 기본적으로 타율적 혁신의 성격을 갖고 있지만, 자율적 혁신과 긴밀하게 결합되어야 한다. 마라토너가 경기에 나서기 전의 준비기간은 코칭이 관여하는 관리기간이다. 코칭을 통해서 마라토너의 역량을 최대한으로 올리고, 지치지 않는 체력을 만들어 내는 기간이다. 그러나 경기에 들어서는 순간 이제 모든 것은 마라토너에 달려 있다. 만들어진 역량과 체력을 극대화하여 활용하기 위해서 마라토너는 42.195km를 달리는 내내 계산하고 또 계산한다. 수없이 많은 전략적 사고를 한다. 관리혁신이 배제된 완전한 자율의 영역이다. 누구도 그를 도와주지 않는다. 관리와 자율의 완벽한 결합으로 마라토너는 결승점을 통과한다.

자율혁신이 극대화되기 위한 조건으로써 관리혁신이 수용될 수 있는 생태적 환경을 만들어 내는 것도 중요하다. 조직 수준에서의 혁신이라면, 혁신의 토양에 해당하는 것으로 개방성, 공유, 다양성, 특수성, 적정한 보상, 합리적인 평가체계, 유연한 조직 등 다양한 것을 들 수 있다. 이들을 모두 다 갖추면 더 좋지만, 이중 몇 가지만 잘 갖추어도 자율혁신을 위한 좋은 토양이라고 할 수 있다. 개방성과 다양성이 확보되고, 합리적인 평가가 이루어지는 조직이라면 애초부터 혁신 친화적 조직이니 무엇을 더 바라겠는가. 관리혁신은 늘 자율혁신의 뒤에 있어서 잘 보이지 않는다.

관리혁신을 통해서 만들어진 혁신의 토양은 혁신의 의지와 열정이 사라지지 않도록 한다. 식물도 겨울에는 성장을 멈추고 추위를 견뎌 내야 봄을 기약할 수 있다. 씨앗과 뿌리가 한겨울을 견디어 내도

261

제 5 장 정부혁신과 전략

록 해야 한다. 혁신에도 추위가 있고, 움츠러들 때도 있다. 늘 혁신이 활발하고 뜨거운 것은 아니다.

작은 혁신과 큰 혁신의 조화

국민은 정부에게 5년의 권한과 책임을 부여하였으니, 이 기간을 온전하게 사용할 수 있어야 한다. 5년이라는 정부혁신의 기간을 맡겼으니, 5년의 정부혁신이 존재해야 한다. 국민은 2년 혹은 3년의 기간만 정부혁신을 하라고 명령한 적이 없다. 정부혁신을 위한 5년의 계획과 추진은 필수적이다. 5년의 주어진 기간을 극대화하여 활용하기 위해서는 전략적인 접근이 필요하다. 마라톤처럼 관리혁신과 자율혁신의 전략적 결합이 이루어져야 한다.

5년의 정부는 성장과 멈춤, 혹은 후진이 뒤섞여 있는 평탄하지 않은 우여곡절의 기간 속에 있다. 5년의 정부주기는 5년의 혁신의 사이클이기도 하다. 5년의 기간 속에 큰 혁신의 사이클이 존재하며, 5년의 사이클은 대개 1년 단위의 작은 혁신 사이클로 구성된다. 5년의 큰 혁신은 1년의 작은 혁신들이 연결되고 상호작용을 하면서 완성된다. 2개의 혁신의 사이클의 조화가 필요하다. 1년의 작은 혁신들 간에 긴밀한 연결고리가 존재하고 또 상호작용해야 5년의 정부주기에 맞는 큰 혁신의 사이클 형성이 가능하다.

주어진 5년은 어떻게 활용하는가에 따라서 짧은 기간이 되기도 하고, 길고 충분한 기간이 될 수도 있다. 정부혁신의 관점에서 보면 5년은 절대적인 시간이면서 동시에 상대적인 시간이다. 관리혁신을

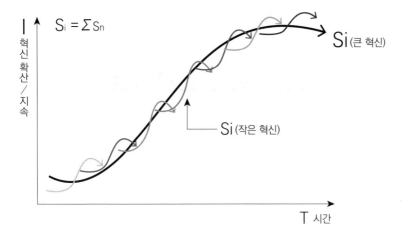

작은 혁신의 활용과 큰 혁신의 완성

통해서 부족한 혁신의 토양이 만들어지고, 자율혁신을 통해서 결실이 맺어질 수 있다면 5년은 절대 부족한 시간이 아니다. 그동안 우리 스스로 줄였던 정부혁신의 시간을 정상화시켜야 한다. 국민이 정부혁신을 위하여 정부에 부여한 시간은 5년임을 잊지 말아야 할 것이다.

자율혁신과 관리혁신

자율과 타율의 경계에 있는 정부혁신

정부혁신의 방법이나 혹은 성과에 대한 논쟁을 할 때, 혁신과 관련한 이러저러한 경험을 갖고 있는 사람들은 공통적으로 자율적인 혁신을 강조한다. 이들은 그동안의 정부혁신이 주로 하향식의 수동적 혁신으로 진행되었기에 혁신이 지속적으로 추진되지 못하였으며, 혁신의 성과도 제대로 확보하지 못하였다고 지적한다. 혁신과정에서 나타나는 혁신에 대한 반감, 저항과 갈등의 발생이 자연스럽게 자율적 혁신의 강조로 나타난다. 우리가 주변에서 목격하는 많은 혁신이 주로 하향식으로 추진되고 있음을 고려하면, 이와 같은 지적은 상당히 수긍이 간다. 정부혁신에서 자율적 혁신은 분명히 필요하고 또 바람직하고 권장되어야 할 방법이며 전략이다. 우리가 스스로 알아서

264
다시 생각하는 정부와 혁신

혁신을 추진할 수 있다면 더 바랄 나위 없을 것이다.

다만 혁신이 갖고 있는 본래적 속성, 예를 들어서 기존의 관습을 거부하고 새로운 방식을 채택하는 것 자체가 어렵다는 현실을 감안하면 혁신의 방법과 전략을 자율성과 타율성으로 구분하는 것이 그렇게 간단한 일은 아니다. 구분도 용이하지 않다. 혁신은 상황과 주체에 따라서 자율적으로 추진되기도 하고 타율적으로 추진되기도 하며, 혹은 두 개의 관점이 융합되어 추진될 수 있다는 점에서 어느 한 관점으로만 논의하는 것이 적절하지 않을 수 있다.

다만 우리가 일반적으로 자율적 혁신을 적극적으로 강조하는 것은 그동안 경험했던 정부혁신의 거의 대부분이 주로 타율적으로 추진되었기 때문이며, 그 과정에서 제기된 문제점에 대한 인식 때문이다. 물론 자율혁신의 강조가 반드시 타율혁신에 문제가 있다고 주장하는 것은 아니다.

성공과 실패가 함께하는 정부혁신

김대중 정부 시절에도 정부혁신과 관련하여 이와 비슷한 논란 아닌 논란이 있었다. 김대중 정부는 출범 이전부터 발생하였던 IMF 경제위기의 극복을 위하여 강한 타율적 혁신을 추진하였으며, 나름대로 의미 있는 성과도 거둔 것으로 평가되었다. 그리고 정권 중반을 넘어가면서 경제위기를 어느 정도 극복하였고 혁신도 본 궤도에 진입하기 시작하였는데, 이때부터 서서히 혁신에 대한 반감이 고개를 들었다. 이에 따라서 김대중 정부는 정권 후반기에 기존의 타율적 정부혁신의 기조를 자율적 상시혁신으로 전환하였다. 정부혁신의 동력이 약화되고 있는데 마냥 기존의 혁신기조를 유지할 수는 없었던 것이다.

자율혁신은 역설적이게도 이와 같은 타율적 혁신의 추진과 성과의 확보라는 흐름 속에서 강조되었다. 이때의 정부혁신이 공직자의 일정한 희생과 병행하여 추진되었기 때문에, 정부혁신의 성과에도 불구하고 혁신에 대한 공직자들의 반발이 발생하였다고 할 수 있다. 자율혁신은 부처 스스로 혁신의 어젠다를 찾아내고, 이를 자율적으로 추진하는 것을 목적으로 한다는 점에서, 규범적으로 타율혁신과 차이를 보인다.

정부혁신을 연구하는 대부분의 학자들은 과거의 정부혁신이 타율적이었기 때문에 실패하였다고 주장한다. 공무원들도 학계 전문가들과 거의 동일한 평가를 한다. 필자도 우리의 정부혁신이 자율적으로 추진되었다고 평가한 연구물을 별로 찾지 못하였다. 그런데 이 논리를 그대로 수용하면, 우리의 정부혁신은 늘 타율적이었다는 점에서 모두 실패하였다고 평가해야 한다. 이런 결론에 선뜻 동의하기 어렵다. 역대 정부에서 성공한 정부혁신의 성과들이 한두 가지가 아니기 때문이다. 공항 서비스, 특허, 규제, 교통 서비스, 세정 혁신 등 국민들로부터 긍정적인 평가를 받은 혁신사례들이 일일이 열거할 수 없을 정도로 많다. 역대 정부의 타율적 혁신에는 성공과 실패가 모두 있다.

타율적 혁신이 정부혁신이 실패하는 하나의 원인이 될 수는 있지만, 이 타율성 때문에 정부혁신이 실패하였다고 말하는 것은 과장된 측면이 있다. 이 주장이 맞으려면 정부혁신은 자율적이어야만 성공할 수 있다. 자율적 정부혁신은 무엇인가. 자율적 정부혁신은 가능한가. 자율적 정부혁신은 성공하기 쉬운가. 자율혁신이 바람직한 것이라고 평가됨에도 불구하고 왜 우리는 주로 타율혁신을 추진한 것인가. 이에 대한 답이 필요하다.

정부혁신의 또 다른 신화, 자율적 정부혁신

먼저 기존의 정부혁신들이 실패한 것인지 혹은 성공한 것인지를 김영삼 정부에서 현 정부에 이르기까지 한 번 복기해 보자. 그동안 많은 정부혁신들이 있었으며, 이 중에는 성공한 혁신과 실패한 혁신 모두 있을 것이다. 다만 완벽하게 성공하거나 혹은 완전히 실패한 경우는 드물다. 한 정부 안에서도 성공과 실패가 공존한다. 혁신이 성공하고 실패하는 이유는 다양하다. 좋은 의도에서 잘 계획된 혁신과 제임에도 불구하고 정치적 환경이나 경제적 조건의 변화로 제대로 추진되지 못하는 경우도 있고, 반대로 전혀 예상하지 못했던 상황의 등장으로 순식간에 혁신과제가 성공적으로 추진되기도 한다.

문재인 정부에서 추진하였던 「이해충돌방지법」이 대표적 예이다. 당초 박근혜 정부하에서 입법화가 시도되었지만, 논란 끝에 「청탁금지법」으로 축소되어 입법화되었다. 그런데 문재인 정부하에서 발생한 공기업 직원의 투기 의혹 사건으로 사건 발생 2달 만에 빠른 속도로 입법화되었다. 정부의 노력도 정치권의 노력도 별로 없었다. 당시 시민단체가 제기한 투기 의혹 사건이 입법화의 결정적 계기가 되었다.

과거로 거슬러 올라가면, 공직사회의 대표적 혁신정책인 개방형 임용제의 도입은 김대중 정부가 직면하였던 IMF 경제위기가 도입의 성공요인으로 작용하였다. 당연한 것일 수 있지만, 역시 혁신정책은 위기 상황하에서 비교적 쉽게 추진된다. 위기 상황하에서는 혁신과제에 대한 반대나 논쟁을 하기 쉽지 않다. 반대로 위기적 요인이 별로 없는 경우에는 혁신정책의 추진동력이 떨어지는 것이 현실이다. 위기 상황이 아닌 경우 자율적 혁신이 쉽지 않다.

타율적으로 추진된 성공적 혁신사례

앞서 언급하였듯이, 정부혁신의 실패를 말할 때 단골로 등장하는 이유로 타율적 혁신을 든다. 이러한 설명이 타당한 것이라면 정부혁신은 늘 자율적 혁신이어야 한다. 「이해충돌방지법」의 제정이나 개방형 임용제의 도입은 성공적인 정부혁신으로 평가된다. 이 성공적인 혁신과제들은 자율적 사례로만 보기 힘들다. 오랫동안 공직사회 외부에 있는 시민단체나 전문가들이 지속적으로 요구하였던 혁신과제들이었다. 이 혁신과제 도입의 결정권을 가진 정부나 정치권은 이에 소극적이었다. 모두 위기 상황 속에서 타율적으로 도입되었다고 평가하는 것이 정확한 평가일 것이다.

그동안 있었던 많은 정부혁신들은 긍정적인 의미에서 보면 도전의 노력이었다. 기존의 구조와 관행, 꽁꽁 굳어 있는 구제도들의 혁신을 위한 도전이었다. 오랜 기간 화석처럼 굳어 있던 것들이라 변화의 시도 자체가 어려웠고, 이 혁신을 지속시키는 것은 더더욱 어려웠을 것이다. 애초부터 얼음장처럼 굳어 있는 구제도의 상황하에서는 자율적이든 아니면 타율적이든 혁신이 없는 것이 오히려 자연스러울 수 있다.

나 자신의 성장과 발전을 위한 혁신임에도 이것이 자신에 의하여 자율적으로 이루어지는 것은 만의 하나일 정도로 적다. 내가 속한 가족, 조직, 지역을 위한 혁신도 마찬가지이다. 그러니 서점에 가면 정말로 쉽게 눈에 띄도록 배치되어 있는 것이 자기혁신과 자기계발을 위한 안내서 아닌가. 수도 없이 많은 자기계발, 자기혁신, 조직혁신을 위한 책들이 널려 있다. 이것은 자율혁신이 어렵다는 것을 반증하는 근거이다. 나를 위한 혁신에 내가 반대하고, 조직을 위한 혁신에 조직 구성원들이 반대하는 것은 인지상정이다.

정부혁신의 전략적 관리, 관리혁신

혁신의 시동을 거는 것은 어렵다. 시동을 걸었어도 혁신 엔진이 정지하지 않도록 지속시키는 것도 어렵다. 끝없이 에너지를 공급해야 한다. 혁신을 통하여 가시적 성과를 거두는 것도 어렵다. 혁신은 정글을 지나는 것과 같기 때문이다. 아프리카 정글을 상상해 보라. 한 발 앞을 나아가기도 쉽지 않다. 끝없는 수렁, 한 치 앞도 보이지 않는 원시림, 불시에 나타나는 맹수들. 그 속에서 없는 길을 만들어서 가야 한다. 정글의 원주민들은 기막히게 정글을 헤치고 나간다.

그냥 가는 것이 아니다. 앞장서서 정글을 인도하는 리더가 있고, 수풀을 헤쳐 나가는 전사도, 남아서 마을을 지키는 전사도 있다. 거기에 수도 없이 많은 경험이 합쳐져서 정글을 헤쳐 나가는 동력이 된다.

성공적인 정부혁신을 추진하는 데 용기만으로는 부족하다. 자원만으로도 안 된다. 정교한 접근이 필요하다. 꼼꼼한 분석과 예측이 필요하다. 확보된 자원은 적기에 적절하게 활용되어야 한다. 성공적인 혁신의 뒤에는 꼼꼼한 분석, 충분한 자원, 인력 그리고 전략이 자리하고 있다.

제대로 정글을 헤쳐 나가고, 에베레스트 정상까지 안전하게 오르기 위하여 정말로 많은 준비를 하고, 수많은 사람들이 각자의 역할을 나누듯이, 정부혁신도 많은 준비 속에 추진되고 체계적으로 관리되어야 한다. 제대로 준비되고 관리되는 혁신이어야 한다. 준비 없는, 계획 없는, 진정성 없는 혁신은 안 된다. 촘촘한 준비와 설계, 자원의 동원과 활용은 절대적이다. 정부혁신이 절실하다면 그에 비례하는 철저한 준비와 관리를 해야 한다. 조그만 빈틈도 혁신 반대자에게는 커다란 허점으로 보인다. 관리혁신은 철저한 준비에 기반하는 빈틈 없는 혁신을 말한다. 진정성 있는, 반드시 성공해야 할 정부혁신의 또 다른 이름이 관리혁신이다.

관리혁신의 상징, 참여정부의 혁신 로드맵

혁신의 전략적이고 체계적인 관리, 관리혁신이 절실하다. 혁신이 성공하려면 첫걸음을 제대로 내딛어야 하며, 마지막 마무리를 제대로 해야 한다. 중간과정은 말할 것도 없다. 메타오류meta-error라는 말이 있듯이, 혁신의 초기에 제대로 방향을 잡고, 제대로 갈 길을 확인하고, 충분한 자원을 확보하면서 나아가야 한다. 혁신 실패의 이유로 거론되는 수동적 혁신이 갖는 약점을 피하기 위해서라도 정교한 관리혁신이 필요하다.

관리혁신의 대표 사례로 필자는 참여정부의 정부혁신을 들고 싶다. 참여정부의 혁신을 상징하는 것의 하나가 혁신 로드맵이다. 이것이 관리 중심의 정부혁신의 특징과 요소들을 많이 갖고 있다. 정부혁신 로드맵을 구성하고 있는 것으로 혁신을 위한 사전 준비, 꼼꼼한 계획, 지속적인 진행 상황의 관리, 성과 지향적 관리, 혁신을 위한 시스템과 제도의 마련, 혁신 관련 다양한 연구 활동, 리더의 적극적 관심과 의지, 혁신을 위한 추진조직의 설계와 운용을 들 수 있다. 자율적 혁신보다는 수동적 관리혁신의 특징이 선명하게 드러난다.

▌관리혁신, 자율혁신의 토대

물론 필자는 참여정부의 정부혁신이 절반의 성공에 그쳤다고 평가한다. 성공한 것이 있었지만, 좌절된 것도 있었고, 지속성을 확보하지 못한 것도 있었기 때문이다. 혁신 피로감이라는 부정적 용어가 만들어지기도 하였다. 절반의 성공과 절반의 실패를 정부혁신 계획이나 추진 주체의 문제만으로 돌릴 수는 없다. 참여정부가 처한 정치적 환경도 크게 영향을 미쳤기 때문이다. 참여정부에 조금 더 추가적

271
•
제 5 장 정부혁신과 전략

인 시간이 주어졌으면 어땠을까 하는 생각도 해 본다. 참여정부에서 다음 정부로 교체된 이후 참여정부가 추진하였던 상당수의 혁신과제들은 중단되었다. 더 이상 연결되지 못하였다.

참여정부의 내부요인도 실패의 원인으로 작용하였다. 참여정부도 여느 정부처럼 임기 절반을 넘기면서 서서히 혁신의 동력을 상실하였다. 대통령에 대한 국회의 탄핵 사태도 발생하였지만, 정부혁신을 추진하는 주체의 의지도 약해지고, 공직사회도 혁신이 더 이상 추진되지 않을 것으로 생각하고 소극적으로 변해 갔다. 혁신의 열정을 혁신 피로감이 대체했다. 필자는 지금까지도 혁신 피로감의 정체가 무엇인지 잘 모른다.

국민은 정부에 분명히 5년의 임기를 부여하였는데, 정부혁신은 늘 주어진 기간의 절반 정도만 추진되었다. 5년 정부에 그 절반의 혁신. 온전한 정부혁신이 될 수 없었음은 자명하다. 5년 정부하에서 5년간 정상적인 정부혁신이 추진되어야 할 것이다. 5년 동안 꾸준하게 추진될 수 있도록 제대로 된 관리혁신을 준비하자. 자율혁신이 더욱 적극적으로 활용되기 위해서라도 제대로 된 관리혁신을 준비하고 추진할 수 있어야 한다. 관리혁신도 능히 자율혁신의 토대가 될 수 있다.

다시 생각하는 정부와 혁신

비움의 혁신

난무하는 단어, 혁신

혁신이라는 단어가 난무한다. 수도 없이 말하고, 또 듣는다. 언론도 말하고, 정치가도 말하고, 정부도 말한다. 기업가도 말한다. 어떤 사람은 지겹다고 하고, 어떤 사람은 설렌다고 한다. 혁신이 어지럽게 춤추는 것乱舞은 맞는 것 같다. 혁신을 구태여 말로 하지 않아도 얼마든지 할 수 있는 것 아닌가 하는 생각도 든다. 그러면서 필자도 또 혁신을 말하고 있다. 인터넷 포털에서 기사로 '혁신'을 검색하니, 가장 오래된 것으로 30여 년 전의 정치혁신이 검색되고, 가장 최근의 기사로 또 정치혁신이 검색되었다. 같은 정치혁신이 검색되는 것을 보니, 가장 어려운 것이 정치혁신이고, 또 가장 필요한 것도 정치혁신이라는 생각이 든다.

우리가 지금도 외치고 있는 혁신의 단 1%만이라도 제대로 시도했다면 우리는 이미 세계 최고의 혁신적인 선도국가가 되었을 것이다. 혁신적인 성과들로 정부의 경쟁력은 세계 최고 수준이 되었을 것이고, 기업의 혁신적인 제품이 전 세계 시장을 지배하고 있을 것이다. 세계적인 빅테크 기업애플, 마이크로소프트, 알파벳, 아마존, 엔비디아 등에 우리 기업도 1~2개쯤 포함되었을 것이다. 지금과 같은 시대에 혁신은 선택의 여지가 없는 생존전략이다. 모든 국가들이 더 좋은, 더 많은, 더 성공적인 혁신을 부르짖고 있다. 그리고 정부도 국가혁신의 최일선에서 정부혁신을 말하고 있다.

판교 테크노밸리의 불빛

혁신이 최고의 가치로 떠받혀지고 있는 대한민국에서 수많은 혁신적 시도와 활동이 이루어지고 있다. 혁신은 밤낮을, 장소를 가리지 않고 시도되고 있다. 혁신의 상징, 판교 테크노밸리의 불빛은 24시간 내내 꺼지지 않는다. 사무실 어딘가에서 누군가는 밤을 낮 삼아 고민하고 있다. 이곳에서는 양복을 입고 있는 사람, 넥타이를 맨 사람을 찾기란 쉽지 않다. 참으로 독특한 곳이다. 테크노밸리에 있는 사람들도 우리처럼 혁신을 말하고 있을까. 아마도 그들은 혁신을 말하는 시간에도 깊은 고민과 열정, 몰입에 빠져 있을 것이다. 이들에게 혁신은 말이 아니다. 이들에게 혁신은 행동이고, 위험이고, 미래이고, 도전이다. 또한 후회이자, 좌절이고, 한숨이자, 기쁨이다.

쉼 없는 몰입의 시간이 지나고, 폭풍우가 걷힌 후 혁신적 제품이라는 결과가 탄생하였을 때 시장의 사람들과 언론은 환호한다. 드디어 시장을 지배할 제품이 나왔다고, 벤처기업이 상장될 것이라고, 투자할 기업이 나타났다고 환호한다. 혁신가가 그동안 들여야 했던 시간, 고통, 눈물은 모른 채 환호한다. 물론 어떤 때는 혁신가의 어려움과 시행착오가 미담의 기사로, 흥미로운 뉴스거리로 소개되기도 한다. 혁신적 제품이 세상에 나오기 전에는 세상 사람들은 혁신가의 도전과 모험의 긴 과정에 주목하지 않았다. 성공한 결과가 나오고 나서야 비로소 이들을 혁신가라 부르며, 이들에게 스포트라이트를 비추었다.

와플에서 탄생한 나이키

혁신은 혁신이라는 말과 함께 시작하지 않는다. 혁신은 애초 혁신이라는 이름표, 꼬리표 없이 시작한다. 그곳에는 고민과 몰입 그리고 열정이 있을 뿐이다. 이것들이 모여서 혁신이라는 과정을 만들고, 길을 막고 있는 수많은 장애물을 넘어가고, 변화를, 마침내 결과를 만들어 낸다. 그리고 나서야 비로소 여기에 사람들은 혁신이라는 이름을 붙인다. 정부와 같은 조직의 의도된 계획에 의한 혁신 추진도 있지만, 순수한 개인의 몰입과 열정이 혁신이 되고 혁신적 결과를 만들기도 한다.

세계적 스포츠 용품 회사인 나이키 공동 창업자 중 한 명인 빌 바우어먼Bill Bowerman은 육상감독이었다. 그는 늘 선수들이 어떻게 하면 더 빠르게 달리도록 할 수 있을까 하는 열정으로 가득 찼다. 그는 마침내 아침마다 집에서 와플을 굽던 도구에서 스파이크spike의 영감을

나이키 초기 로고 디자인과 첫 번째 나이키 후원 선수인 스티브 프리폰테인(Steve Prefontaine). (왼쪽 아래 작은 사진) 코르테즈를 제작 중인 빌 바우어먼. ⓒ NAVER 세계 브랜드 백과.

얻었다. 육상감독으로서의 경험과 육상선수의 운동화에 대한 몰입과 열정이 만들어 낸 결과가 오늘날의 나이키이다. 바우어먼의 선수와 운동화에 대한 몰입과 열정, 헌신은 그 자체로서 값진 것으로, 그것이 처음부터 혁신이라는 이름으로 시작된 것은 아니었다.

열정, 몰입 그리고 헌신은 늘 혁신의 저 앞에 있다. 혁신을 목적으로, 혁신이라는 이름으로 시작되지 않는 수많은 시도들. 이것들은 시간이 지나고 나서야 그 무엇보다도 위대한 혁신이 되었다. 혁신이라는 거창한 타이틀을 갖고 시작하지 않았지만 너무도 혁신적인 시도들이 도처에 있다. 혁신이라는 말도 없고, 혁신적 제품을 만들겠다는 의도도 없었지만, 어떤 혁신가도 따라갈 수 없고 흉내도 낼 수 없는 무無혁신의 혁신적 시도들이 있고 혁신적 결과들이 있다. 자신이 직면하고 있는 문제를 해결하고자 하는 열정, 몰입, 신념이 혁신보다 더 소중하다.

열정, 몰입, 신념 그리고 혁신

혁신이라는 타이틀을 사용하는 순간 오히려 혁신을 지탱해 주는 열정과 몰입, 신념은 사라진다. 이것은 혁신이라는 단어의 무용론을 말하고자 하는 것이 아니다. 어떤 때는 혁신이라는 단어를 직접적으로, 그리고 반복해서 사용해야 할 때도 있다. 의도적인 혁신이 절실한 경우, 명확한 메시지가 필요한 경우, 집중 혁신이 필요한 경우, 혁신을 수용하는 정서가 메마른 경우이다. 이때는 일종의 응급처방약처럼 혁신이라는 단어도 사용할 필요가 있다. 그러나 과도하게 자주 사용하면 약발이 사라져 버린다. 맹물과 같아져 약효가 없어져 버린다. 혁신의 사용은 절제되어야 하고, 또 전략적이어야 한다.

그래서 애써 혁신이라는 단어를 강조하지 않아도 혁신이 충분히 가능하다. 혁신이나 혁신가라는 칭호는 혁신활동과 성과가 확인된 연후에 부여되어도 부족하지 않다. 우리가 수많은 혁신교과서에서 볼 수 있는 혁신사례 중에서 애초 혁신을 목적으로 의도적으로 시작되었던 사례는 별로 없다. 역사 속에 등장하는 수많은 혁명가, 영웅, 과학자, 철학자, 예술가들은 시간이 흐르고 나서야 그 위대함과 창조성, 혁신성을 인정받았다. 앞서 언급한 남양주의 장수의자, 고양시의

277

제 5 장 정부혁신과 전략

효도신발도 혁신을 목적으로 만들어진 것이 아니었다. 혁신을 목적으로 하였다면 장소의자도, 효도신발은 아직 탄생하지 못했을 것이다.

아무것도 채우지 않은 혁신

우리는 일상에서의 자율적인 혁신^{무혁신}을 강조하면서, 현장에서는 꼬리표 달린 혁신을 강조한다. 아이러니가 아닐 수 없다. 혁신을 강조하는 순간 혁신은 순식간에 눈 녹듯이 사라진다. 혁신은 말하지 않아도 얼마든지 가능하다. 혁신을 촉진하고 지지하는 조직의 풍토가 있다면 구태여 혁신을 말할 필요가 없다. 혁신의 풍토가 존재하지 않기 때문에 의도적으로 혁신을 말하는 것이다. 그러나 혁신을 말한다고 혁신이 되는 것은 아니다. 반대로 혁신을 말하지 않는다고, 혁신이 되지 않는 것도 아니다. 말하지 않는다고 말이 없는 것이 아니며, 행동하지 않는다고 행동이 없는 것이 아니다.

2024년 4월 어느 봄날 저녁, 러시아 피아니스트 다닐 트리포노프^{Daniil Trifonov}는 피아노 연주를 시작했다. 그런데 이 연주자는 피아노 건반을 하나도 건드리지 않았다. 그렇게 침묵의 4분 33초가 지났다. 연주자는 인사하였고, 청중은 침묵의 연주에 큰 박수를 보냈다. 이날 연주된 곡명은 〈4분 33초〉. 미국의 전위 작곡가인 존 케이지^{John Cage}가 작곡하여 1952년에 처음 연주된 곡이다. 3악장으로 구성돼 있다고 하지만 어떤 음표도 없다. 악보에는 TACET^{조용히}만 쓰여 있을 뿐이다. 그러나 이 곡이 연주될 때마다, 그곳의 크고 작은 소리들이 연

서울 예술의전당에서 연주 중인 다닐 트리포노프(《한국일보》, 2024. 4. 3.)

주를 만들었다. 이 곡이 연주될 때마다 늘 다른 곡이 연주되었다. 이 곡은 침묵한 것이 아니었다.

　미국의 팝아티스트 로버트 라우센버그Robert Rauschenberg는 한 전시회에서 아무것도 그려지지 않은 빈 캔버스를 전시했다. 늘 이해하기 쉽지 않은 그림을 그리던 그는 이날 캔버스를 비웠다. 그러나 빈 캔버스는 그 앞을 지나가는 사람들의 변화무쌍한 그림자들로 채워졌다. 빈 그림이 아닌 가득 찬 그림이었다. 케이지와 라우센버그는 모두 혁신가이다. 비움으로써 큰 울림을 만들어 냈다.

　비워도 채워진다. 내가 채우지 않아도 누군가는 채워 준다.

제6장

정부혁신의
동력

자동차가 경사가 급한 언덕을 오르려면 기어 변속을 해야 한다. 그러지 않으면 엔진 소리만 요란할 뿐 언덕을 제대로 오르지 못한다. 연료도 더 소모된다. 기어를 변속하는 것은 경사도에 맞게 에너지를 공급하는 것으로, 기어 변속을 통해서 언덕을 조용하게 잘 넘어간다. 어떤 고비를 넘으려면 고비에 비례하는 힘, 에너지가 필요하다. 정부혁신은 많은 에너지를 필요로 한다. 정부혁신도 문제 많은 현실이라는 고개를 넘어가려는 것이니, 그에 걸맞는 에너지를 갖고 있어야 한다. 정부혁신의 에너지는 열정, 전략, 사람, 조직, 돈, 정책, 사람들의 지지 등 여러 가지이다. 이것들이 제때에 잘 갖추어져 있고, 제대로 활용될 수 있어야 정부혁신이 높은 언덕을 쉽게 올라간다. 한 번에 올라가기도 쉽지 않아서, 조금씩 올랐다가, 조금 쉬고 또 올라도 된다. 시작할 때야 열정이 보기 좋지만, 정부혁신이 본격 추진되는 시점이 되면 이 열정을 꺾는 것이 한두 개가 아니다. 기관장의 솔선수범도 필요하고, 사람들의 응원의 박수도 큰 힘이 된다. 작은 성과에도 칭찬을 아끼지 않으면 더 큰 성과가 쉽게 만들어진다. 정부도 얼마든지 탈진할 수 있다. 혁신하려는 정부가 탈진하여 쓰러지지 않도록 세심한 준비와 전략이 있어야 한다.

혁신과 정직한 투자

성공적 혁신을 위한 조건

어려운 혁신이 그나마 성공적으로 추진되려면 여러 가지가 잘 마련되어 있어야 한다. 혁신이 갖고 있는 고유한 특성에 연유하는 것들로서, 예를 들어서 창의성, 자율성, 시스템, 성과관리, 평가체계, 목표, 리더십과 같은 것이 이에 해당한다. 이들은 혁신의 성공을 위하여 모두 필요하고 중요한 것들이다. 이들이 충분하게 확보되고 또 잘 활용되면 혁신이 계획한 대로 잘 추진될 수 있을 것으로 기대할 수 있다. 그래서 이러한 요소들은 혁신을 추구하는 정부와 공공기관들이 혁신계획 수립 시 반드시 고려하거나 계획서에 확보할 자원 혹은 혁신관리를 위한 수단으로 제시된다. 지금이라도 당장 공공부문의 혁신 추진계획서를 확인해 보면 이러한 내용들이 포함되어 있음을 쉽게 발견할 수 있다.

　그러면 이런 요소들은 혁신의 성공을 어느 정도 담보할 수 있을까. 공공부문의 혁신계획들이 이 조건들을 대부분 확보하고 있으며, 이를 통해서 혁신을 추진하였으니 상당한 수준의 성공을 기대할 수 있다. 그런데 막상 혁신을 통해 달성하였다고 하는 성과들을 확인해 보면 썩 만족스러운 경우가 많지 않다. 제시된 성과들과 혁신계획서의 내용과 상당히 거리가 먼 경우가 한두 가지가 아니다. 혁신의 추진과정과 성과를 둘러싸고 혁신 담당자들과 외부 전문가들 간에 큰 인식의 차이도 발견된다. 단순히 사람에 따른 인식의 차이인가 아니면 정말로 혁신이 제대로 추진되지 못한 것인가.

투자 있는 혁신이 진짜 혁신

　앞서 언급한 혁신의 요소들은 분명히 필요하고 중요한 것들이다. 그러나 이것들이 제대로 연결되지 않으면, 그것은 조립되지 않은 레고블록과 같다. 조립 전의 레고블록은 별 의미가 없는 조각들이다. 도면과 같이 조립되어야 비로소 완성된 제 모습이 드러난다. 각 요소들이 체계적으로 연계됨으로써 큰 시너지 효과가 나타난다. 개별 요소도 중요하지만, 이들이 더 빛나려면 반드시 관계된 다른 것과 제대로 연결되어야 한다. 혁신을 구성하는 다양한 요소들이 제대로 연계되어 하나가 되어야 한다. 혁신의 요소들을 연결하고, 이들이 큰 시너지를 창출하게 하는 대표적인 요소가 돈, 예산이다. 의미 있는 적절한 예산이 뒷받침됨으로써 혁신을 구성하는 많은 요소들이 제대로 연결되어 작동하고, 의미 있는 성과로 전환될 수 있다.

혁신의 성공적인 추진을 위해서 새로운 조직이 필요하기도 하고, 대규모 사회실험이 필요할 때도 있고, 막대한 IT 시스템 장비를 도입하거나, 공무원 수를 늘려야 할 때도 있다. 혁신과정과 성과에 대한 정밀한 분석과 평가를 위한 비용도 적지 않게 필요하다. 혁신은 말로 되는 것이 아니다. 그럴듯한 용어로 포장된 말의 성찬은 허공으로 사라지는 구호일 뿐이다. 혁신의 의지가 담긴 말이 사라지지 않는 진심이 담긴 말이 되려면 혁신투자가 병행되어야 한다. 혁신은 적극적이고 충분한 투자가 있을 때만 생존할 수 있다. 혁신의 말은 반드시 실질적이고 의미 있는 혁신투자로 연결되어야 한다. 투자가 바로 성과로 연결되는 것은 아니지만, 투자 없는 혁신의 추진과 성과는 기대할 수 없다. 투자가 없는 혁신은 진심이 없는 가짜 혁신일 뿐이다.

충분한 예산 투입이 혁신의 마중물

혁신을 시작하기 전에 먼저 어느 정도의 재정을 혁신정책에 투입해야 성과를 확보할 수 있는지 예측해야 한다. 또한 혁신에 투입할 수 있는 실질적 예산을 어느 정도 확보했는지도 점검해야 한다. 적극적인 재정투자 의향의 정도는 혁신에 대한 진실된 열망과 비례하며, 그것이 혁신 성과의 마중물이 된다. 계획만 거창하고 적정한 예산이 뒷받침되지 않는 혁신은 출발조차 하기 어렵다.

우리가 봄에 제대로 된 모내기를 하려면 논에 물이 충분하게 있어야 한다. 가뭄이 들면 이를 해소하기 위하여 펌프질을 해야 하고, 우물을 파야 한다. 무조건 펌프질만 열심히 한다고 해서 물은 솟아나지 않는다. 힘은 힘대로 들고, 펌프는 망가지고, 끝내 물은 솟아나지 않는다. 그 사이에 논바닥은 더욱 갈라진다. 제대로 펌프질을 하려면 먼저 빈 펌프에 충분한 마중물을 부어야 한다. 땅속에 숨어 있는 물을 지상으로 힘차게 끌어올릴 수 있도록 충분한 마중물을 빈 펌프에 부어야 한다. 마중물이 있어야 우리가 원하는 물을 얻을 수 있고, 가뭄이 해갈될 수 있다. 마중물이 진심이다.

우리는 그동안 혁신의 샘물을 솟아나게 하기 위하여 마중물을 얼마나 썼는가. 마중물은 충분하였는가. 마중물은 정말로 필요할 때 부었는가. 지금도 혁신을 말하고 있지만, 혁신을 제대로 실현하기에 충분한 마중물 예산을 마련하였는가. 냉정하게 말하면 우리는 정부혁신에 별로 돈을 쓰지 않는다. 혁신이라는 용어는 그렇게도 많이 내세우면서, 정부와 사회, 나라를 경천동지하게 바꿀 듯 요란스럽게 혁신 계획을 떠들면서, 막상 그 혁신을 추진하기 위한 예산은 제대로 편성하지 않는다. 오히려 정부혁신에 쓸 예산이 없다고, 더 중요한 사업이 있다고 한다. 이용하는 사람도 차도 별로 없는 다리와 도로를 설치하는 데는 수백, 수천억 원을 쓰지만, 정부혁신에는 이 예산의 100분의 1도 배정하지 않는다. 겉으로는 혁신을 주장하고 있지만, 혁신에 대한 진실된 열정이 없거나, 원래부터 혁신을 불신하거나, 아니면 혁신 자체를 반대하기 때문일 것이다. 아니면 혁신은 말만으로 충분하다고 생각하는지도 모르겠다. 누군가에게 혁신은 말만으로 충분한가 보다.

다시 생각하는 정부와 혁신

뿌린 만큼 거두는 정부혁신

혁신 예산이 없다면 혁신에 대한 진정성도 없는 것이다. 차라리 혁신이라는 말을 쓰지 않는 것이 더 좋다. 그냥 예전부터 하던 그대로 하겠다고 솔직하게 말하는 것이 정직한 것이다. 혁신은 늘 진정성에 바탕을 두어야 한다. 혁신은 정직함에서 출발한다. 정부혁신에 필요한 것은 뿌리는 만큼 거두는 농부의 마음과 자세이다. 농부는 아직 어두운 새벽부터 하루의 일을 시작한다. 한낮에는 닦을 수 없을 정도의 많은 땀을 흘린다. 하루에도 수백 번 허리를 구부린다. 얼굴은 알아보기 힘들 정도로 검게 그을려 있다. 농부의 수고만큼 벼는 정직하게 자라고, 농부는 가을에 풍요로운 결실을 마주한다. 모진 비바람과 태풍에 벼가 쓰러지기도 하지만, 끝내 결실을 맺는다. 농부는 결실을 제대로 맺기 위해서 무엇을 해야 할지를 너무도 정확하게 알고 있다. 딱 농부만큼의 마음과 열정으로 정부혁신을 추진하면 족하다. 더 이상의 것을 바라지 않는다.

혁신은 정직한 투자가 있음으로써 살아남는다. 그래서 혁신은 자본주의보다 더 자본주의적이다. 투자가 확보되지 않은 혁신은 혁신이 아니다. 제대로 된 혁신에는 제대로 된 투자가 있다. 정부혁신을 정부만이 독점할 수 없듯이, 정부혁신에 필요한 재원도 정부에만 의존할 필요는 없다. 누구든 좋은 투자자가 될 수 있다. 정부혁신은 투자된 만큼 결과를 만들어 낸다.

혁신에 필요한 투자재원을 공공과 민간이 나누어 분담하는 것도 좋은 방법이다. 이미 민간부문도 공적인 역할을 많이 수행하고 있지 않은가. 지금의 세상은 공공부문과 민간부문이 완벽하게 분리되어 있지 않다. 민간에 의한 공적 역할의 수행이 당연한 것이라면, 정부혁신을 위한 재원도 민간을 통하여 충분히 확보될 수 있다. 민자 유치가 그 예이다. 민자 유치가 만능은 아니지만, 정부혁신 과정에서 충분히 활용할 수 있는 의미 있는 재원동원 방법의 하나이다. 정부혁신을 위한 정부의 적극적인 투자는 지극히 당연한 것이지만, 민간부문도 정부혁신의 중요한 투자자가 되어야 할 것이다.

이제 마음도 없고, 투자도 하지 않으면서 혁신의 성과를 기대하지는 말자. 농부의 마음과 자세를 가지고, 충분한 혁신 재정을 확보하면 정부혁신은 어렵지 않게 추진될 수 있다. 우리가 원하는 결과도 쉽게 얻을 수 있을 것이다. 뿌린 만큼 거둔다는 것은 늘 진리이다.

혁신, 이상과 과학의 결합

혁신의 스펙트럼

혁신활동은 상상력이며 창조적인 활동이다. 현재라는 강력한 경계를 벗어나는 것이 혁신이라는 점에서, 경계 너머에 있을 것들에 대한 상상력이 필요하고, 경계를 넘어가고자 시도하지 않았던 대안을 모색한다는 점에서 창조적 활동이기도 하다. 그래서 혁신은 무에서 유를 찾아내는 활동으로 인식되기도 한다.

혁신이라는 개념은 물론 이것을 추구하는 활동은 스펙트럼과 같이 넓어서, 현실에 가까운 것도 있고 반대로 현실과 매우 먼 거리, 즉 이상에 가까이 있는 것도 있다. 그래서 현실과 너무 가까우면 현실주의자 내지는 개량주의자로, 현실과 먼 거리에 있는 혁신을 말하면 이상주의자 혹은 공상주의자라는 지적을 받기도 한다. 혁신은 이렇게 넓은 연속적 스펙트럼의 어느 위에서 움직이고 있다. 혁신 자체를 특정하기도 어렵고, 현재 추진하고 있는 혁신의 위치도 시간의 흐름에 따라서 유동적이다. 혁신은 한 가지 색이 아닌 여러 가지 색, 무지개색으로 표현될 수 있다.

혁신의 스펙트럼은 혁신을 간단하게 정의하거나 혹은 혁신을 하나의 잣대로 평가하는 것에 무리가 있음을 의미한다. 확실히 혁신은 현실과 이상의 연속선 위 그 어딘가에 존재하는 듯하다. 스펙트럼의 어디부터 어디까지가 혁신의 구간이라고 말할 수는 없다. 그러나 혁신은 분명히 현실에서 출발하되, 확정하기 어려운 이상을 지향한다. 그래서 현실과 이상의 그 어떤 조합이 혁신이다. 어떤 균형점에서 양자를 조합하는가에 따라서 다양한 형태와 색깔의 혁신이 나타난다. 특히 사람들마다 현재에 대한 인식도 다르고, 가고자 하는 이상도 다르니, 추진하고자 하는 혁신의 방향과 전략, 과제가 다른 것은 당연하다. 사람들마다 저만의 색을 가진 혁신을 그리고 있다.

이상과 현실의 경계 위에 선 혁신

혁신은 현재에 기반하여 출발한다는 점에서 한 발은 현실에 있지만, 이상으로 가고자 한다는 점에서 머리와 생각은 현실 너머에, 이상에 가 있다. 그래서 혁신은 현실과 이상의 경계 위에 서 있다. 현실과 이상을 연결하기도 하고 혹은 구분하기도 하는 경계. 이 경계 위에서 혁신가들은 현실에 머무를 것인지 아니면 이상의 영역으로 과감히 넘어갈 것인지 고민하고, 결국에는 선택한다. 현실은 선명하게 눈에 보이지만 이상은 보이지 않는 상상의 영역이니, 경계를 넘어 이상을 선택하는 것은 용기를 필요로 한다. 혁신가에게 현실은 회피의 영역이 아니라 극복의 영역이자 용기와 모험의 영역이다.

혁신은 현실을 극복하되, 현실과 이상을 연결해야 한다. 그러나 현실과 이상은 자석의 두 극처럼 서로 반대 방향으로 움직이려고 하니, 마주하지 않으려는 이 두 가지를 연결하는 것은 결코 쉽지 않다. 혁신이 눈에 제대로 보이지 않는 이상을 지향할 수 있으려면, 이상이 현실이 될 수 있음을 주변의 이해관계자들에게 충분히 이해시키고 설득할 수 있어야 한다. 무엇으로 그들에게 이상의 모습을 설명하고, 어떻게 설득할 수 있을까. 무조건 좋은 것이 좋은 것이라고 설명할 수는 없다. 명확한 현실과 추상적인 이상이 대결하면 현실이 이길 가능성이 월등히 높다. 어떻게 추상적인 이상이 현실의 벽을 넘고, 머뭇거리고 있는 이해관계자들의 지지를 끌어낼 수 있을까.

혁신, 이상을 현실로 만드는 작업

현실은 온갖 경험의 축적이고 산더미 같은 자료들로 만들어진 것이라서 무엇이든 손에 잡히는 구체적인 것이 있지만, 이상은 아직 경험하지 못한 세상으로 구체적인 데이터와 자료가 거의 없어서 공허해 보이기까지 한다. 우리는 혁신의 당위성을 주장할 때 습관적으로 규범적이고 이상적인 주장을 하게 된다. 아름답고 바람직한 이상을 말하고, 이를 추구하는 것이 문제될 리가 없다고 생각한다. 혁신가에게 이상을 상상하는 것은 좋은 것을 상상하는 것이라는 점에서

의심의 대상이 되어서는 안 되는 지극히 정상적인 것이어야 한다. 그래서 이상은 혁신을 추진하는 동력이 된다.

그러나 실현되지 못하는 이상을 반복적으로 주장하는 혁신은 오래가지 못한다. 혁신이 공허한 이상의 주장에 멈추면 안 된다. 혁신적 활동으로 오래지 않아 능히 다가갈 수 있는 현실성이 있는 이상이어야 한다. 충분히 실현 가능한 이상이어야 한다. 혁신은 이상을 눈앞의 현실로 만드는 작업이다. 당장 눈에 잘 보이지 않고, 손에도 잘 잡히지 않지만, 설득력 있는 혁신이라면 이상을 현실로 표현할 수 있어야 한다. 그러기 위해서 혁신의 주장이나 계획이 규범과 이상에 그쳐서는 안 된다. 현실적인 설득력을 갖추고 있어야 한다. 이상이 현실로 변할 수 있다는 탄탄한 근거를 제시하여야 한다.

혁신은 큰 변화와 영향을 만들려고 한다는 점에서, 혁신 자체를 반대하는 사람은 물론이고 혁신을 지지하는 사람조차 혁신에 적극 나서기를 주저한다. 이들을 설득하려면 많은 노력이 필요하다. 혁신의 주체들은 감感이나 이상이 아니라 정교한 분석과 논리가 뒷받침된 명확한 근거를 제시하고 설명할 수 있어야 한다.

문제 인식은 명확하고, 문제를 분석하는 방법은 논리적이고, 대안은 합리적이어야 한다. 어떤 문제들은 명확한 정의나 분석이 어렵고, 숫자로 표현하기 어려워서 규범적 주장만 하기도 한다. 그러나 그러한 경우라도 최대한 구체성과 명확성을 확보할 수 있어야 한다. 그것이 혁신을 반대하는 사람들을 설득하거나 혹은 극복할 수 있는 중요한 조건이기 때문이다. 그래서 혁신은 과학(적)이어야 한다.

혁신, 이상과 과학의 결합

혁신은 이상과 상상을 잃어버리지 않되, 이상과 상상이 반드시 현실이 될 수 있도록 충분한 과학적 분석과 논리적 근거로 뒷받침되어야 한다. 그동안 있었던 인류의 끝없는 발전은 이상과 상상의 결과로 만들어진 것들이다. 그런데 인류의 발전을 이끌어 온 혁신가들은 현실을 뛰어넘는 상상을 하였지만, 상상에만 그친 것이 아니라 실현되도록 노력하였다. 반복되는 관찰과 실험, 분석, 논리의 구성, 과학적 이론이 상상과 결합되었다. 과학적 분석과 상상이 결합된 혁신은 당대의 지식을 넘어서는 힘이 되었다. 인류의 역사에서 혁신은 이상적이면서 동시에 과학적이었다. 인류의 발전은 상상의 역사이며 동시에 이를 증명해 낸 역사이다.

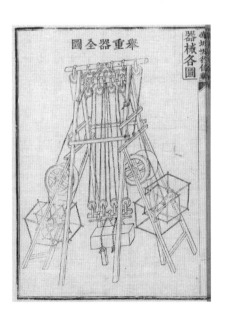

다산 정약용이 서양의 역학기술서(力學技術書)《기기도설(奇器圖說)》을 참고하여 제작한 거중기(擧重機). 이 그림은 1794년(정조 18) 1월부터 1796년(정조 20) 8월까지 수원 화성 성곽을 축조한 내용을 기록한 《화성성역의궤(華城城役儀軌)》에 실려 있다.

혁신이 의도하고 지향하는 이상의 모습을 제대로 설명하고 또 달성하고 싶다면, 그 이상과 상상에 현실과 과학이라는 옷을 입혀야 한다. 우리 주변의 이웃들이 지금보다 더 따뜻한 세상에서 살기를 원한다면, 이들에 대한 측은지심, 상생의 마음에 더하여 북극보다 차가운 냉철함이 있어야 한다. 함께 살 수 있는 좋은 세상을 위해서는 정말로 차가운 냉정함으로 현실을 분석하고, 현실을 제대로 극복할 수 있는 대안을 제시하고 실천해야 한다. 혁신은 따뜻한 이상을 지향하지만, 냉정하게 준비하고 추진해야 한다.

사람 중심의 데이터, 사람 중심의 혁신

요즘 데이터, 특히 빅데이터와 인공지능 등을 활용한 정부혁신이 강조되고 있다. 제대로 된 혁신을 위해서는 당연히 정확하고 풍부한 데이터의 확보와 분석, 활용이 필요하다. 이를 통하여 혁신은 더 과학적인 외관을 만들어 낼 수 있다. 문제를 더 정확하게 분석하고, 이에 상응하는 대안을 찾기 위해서는 그동안 우리가 일상적으로, 관행적으로 사용하였던 데이터의 한계에서 벗어나야 한다.

우리가 사용하였던 데이터가 얼마나 제한적이었는지를 인식할 필요가 있다. 각종 통계자료와 데이터가 항상 객관적이지 않음을, 얼마든지 주관적일 수 있음도 인식해야 한다. 데이터에도 주관이 개입되고 정치적 가치가 담길 수 있다. 통계는 어느 날 우리에게 주어진 것이 아니다. 누군가 가공하였다. 때문에 객관적 통계로 불리는 데이터에는 검은 주관성이 숨겨져 있을 수 있다. 데이터가 현실은 아니다.

혁신은 이상의 현실화를 추구한다. 현실은 혁신을 힘들게 하는 장애물이다. 과학적 분석과 접근, 그리고 수많은 데이터들이 현실이라는 장애물을 넘어 이상으로 가는데 어느 정도 기여할 수 있다. 그러기 위해서는 데이터에 생명을 불어넣어야 한다. 사람 중심의 데이터여야 한다. 데이터나 과학적 분석만으로 이해당사자들을 온전히 설득할 수 있는 것은 아니다. 이들과 충분한 공감대가 형성되어야 데이터는 의미 있는 혁신의 근거가 된다.

최저 임금의 기준선을 합리적으로 올리는 것도 중요하지만, 더 중요한 것은 기준선의 실질적 영향을 받는 사람들의 마음이다. 그들의 마음에 공감하고, 함께 고민하고 결정한다면 그 기준선은 단순히 소득의 선이 아니라 함께 사는 공동체를 가능하게 하는 공존의 선이 될 수 있다. 과학적 분석과 데이터에도 사람의 마음이 실려야 한다.

제6장 정부혁신의 동력

큰 혁신의 원천, 작은 혁신

열정으로 넘쳐 나는 혁신사례 경연장

정부와 공공기관들은 매년 한 해 동안 추진하였던 혁신사례들에 대해서 평가와 시상을 한다. 우수한 실적으로 상을 받은 기관들은 대외적으로 홍보를 하고, 우수한 혁신사례를 추진한 개인들에게도 다양한 포상이 주어진다. 상을 받는 것은 참으로 기분 좋은 일이다. 필자는 각종 혁신사례 경연대회에 심사자로 참여한 경험이 있다. 평가를 해야 한다는 점에서 부담스러운 자리일 수 있지만, 좋은 혁신사례들을 만날 수 있는 자리라는 점에서 의미 있고 기분 좋은 참여이다. 통상 평가를 위한 기준표가 주어지고, 그 기준표에 따라서 이루어지는 서면평가와 더불어 대면평가도 실시된다. 특히 대면평가에서 참가자들은 지난 1년 동안 혁신적 사례를 어떻게 발굴하였고, 어떤 어려움을 겪으면서 성과를 창출하였는지 열성을 다해 설명한다. 평가 결과에 따라서 각종 등급의 상들이 발표자들에게 주어진다. 상을 받은 사람이나 그렇지 못한 사람이나 혁신이라는 쉽지 않은 과업을 1년 동안 쉬지 않고 수행하느라 너무 수고하였다. 한 사람 한 사람의 발표가 끝날 때마다 큰 박수가 자연스럽게 나온다.

다양한 혁신사례들의 발표를 보면서 이들이 혁신을 위하여 얼마나 많은 고민을 했는지, 어떻게 어려움을 극복하고 좋은 결실을 맺었는지 알 수 있었다. 물론 10분 이내의 짧은 발표라는 점에서, 평가자로서 혁신가들의 어려움과 성과의 의미를 온전히 이해하기엔 부족하였다. 1년 혹은 그 이상의 노력이 깃든 사례를 단 몇 장의 발표 자료와 몇 분의 발표로 충실하게 전달할 수 있겠는가. 그러나 이들의 열정과 노력을 이해하는 데 전혀 문제없는 시간이었다. 혁신가의 열정이 오롯이 전달되고 느껴지는 자리였다. 혁신사례를 발표하였던 공직자들은 지금도 어디선가 또 다른 혁신을 추진하고 있을 것이다.

혁신 경연대회가 끝나면 늘 평가자로 참석하였던 나를 뒤돌아보게 된다. 내가 제대로 평가한 것인가. 혹 정말 좋은 혁신사례인데 이를 간과하고 놓친 것은 아닌가. 작은 혁신이라고 가볍게 본 것은 아닌가. 크고 멋있어 보이는 혁신에 현혹된 것은 아닌가. 외관상 그럴 듯한 성과를 과대평가한 것은 아닌가. 많은 혁신가들이 진실된 고민과 힘든 어려움을 극복하고 만들어 낸 혁신의 성과를 평가자라는 이유로 함부로 평가라는 잣대로 재단한 것은 아닌가. 나는 이들만큼 혁신을 위한 진지한 노력을 한 적이 있었던가.

혁신의 빛과 그림자

우리는 다양한 혁신사례들을 접하면서 종종 외양이 그럴듯하게 보이고 규모가 큰 혁신을 좋은 혁신으로 판단한다. 우리는 혁신의 가치와 본질을 강조하면서도 부지불식간에 크고 외적인 변화가 눈에 띄는 혁신에 눈길이 간다. 대규모 개편이 이루어진 조직 혁신, 많은 예산을 투입하는 전자정부 혁신, 규모와 숫자를 대폭 줄이는 감축 혁신, 법을 고치거나 제정하는 입법 혁신, 외국 사례를 도입하는 정책 혁신, 최근의 혁신기법을 현장에 도입하는 방법 혁신, 이런 것들을 혁신다운 혁신으로 선호한다. 반면 눈에 잘 띄지 않을 정도로 작은 혁신에는 순간의 눈길조차 제대로 주지 못한다. 조금만 더 주의했더라면 알아보았을 좋은 사례들을 꼭 놓친 것 같다.

큰 혁신도 필요하고 중요하지만, 작은 혁신도 이에 못지않다. 엄청난 양의 물을 저장하는 소양강댐도 필요하지만, 수많은 논에 물을 균형 있게 제대로 공급하기 위해서는 작은 저수지도 필요하다. 댐이 있어서 저수지가 작동하고, 저수지가 있어서 댐의 가치가 올라간다. 큰 혁신은 특성상 세밀한 부분까지 충분히 고려하기 쉽지 않다는 점에서 작지만 소중한 부분들을 놓칠 수 있다. 도심지의 오래된 지역을 재개발하여 신축 아파트를 건설하면 지역도 깨끗하게 정비되고 양질의 주거도 공급하는 긍정적 효과가 있다. 그러나 그 지역에서 오랫동안 저렴한 비용으로 주거문제를 해결하였던 시민들은 새로 건설된 최신 아파트에 입주할 수 없다. 높은 비용 부담으로 다른 지역으로 이주해야 하는 문제가 생긴다.

재개발하면 원주민 10명 중 7명은 떠난다, 왜?

 정종오 기자 입력 2024.02.22 11:22

| 마포구, 소형 평형 다양화 등 '보상주택' 도입

[아이뉴스24 정종오 기자] 재개발을 하면 원주민 10명 7명 정도는 정든 곳을 떠나는 것으로 파악됐다.

서울연구원 관련 통계를 보면 재개발·재건축정비사업을 추진했을 때 원주민의 재정착률은 평균 27.7%이다. 토지등 소유자임에도 분양신청을 하지 않은 현금청산자 10명 중 4명이 막대한 추가 분담금 부담을 그 사유로 들었다.

정비사업 분쟁 가운데 74%가 현금청산 관련으로 정비사업 진행을 늦추는 요인으로도 작용하고 있다.

재개발로 떠나는 원주민. ⓒ 아이뉴스24

우리는 혁신이 가져오는 밝은 면만을 보고 있었다. 혁신에도 그림자가 있는데 알아채지 못했다. 대규모 단지의 재개발만큼은 아니어도, 기존의 주거지와 주변 환경을 개선하여 저렴한 비용으로 안정적 주거를 유지할 수 있는 작은 혁신도 소중하다. 큰 혁신을 추진할 때, 혹시 묻힐 수도 있는 작은 혁신을 눈여겨볼 수 있어야 할 것이다.

작은 혁신의 큰 가치

제대로 주목받지 못하는 작은 혁신들도 우리 생활에 많은 변화를 줄 수 있다. 법을 제정하는 수준은 아니어도 기존의 정책을 변화시켜 문제를 해결할 수 있는 방법도 있을 것이다. 큰돈을 들이지 않아도 시민들의 행정 만족도가 올라갈 수 있다. 많은 비용이 필요한 첨단 지능형 교통 시스템을 설치하지 않아도, 교차로의 신호체계와 횡단보도 통행방식을 바꿈으로써 자동차의 주행 효율성도 올리고 보행자의 안전도 지금보다 더 높일 수 있다. 대대적인 조직 개편이 아니어도 부처의 업무 효율성을 높일 수 있는 기능 혁신은 넘쳐난다. 지역별 행정조직을 한곳에만 모아도 행정서비스의 효율성과 시민의 만족도는 올라간다.

다시 말하지만, 보기도 그럴 듯 하고, 큰 변화도 보이고, 법도 제·개정되고, 새로운 정책도 도입하고, 조직을 대대적으로 개편하는 큰 혁신을 부정할 필요는 없다. 이들은 모두 중요하고 의미 있는 혁신의 방법들로 활용될 수 있다. 다만 이런 큰 혁신에 의해서 가려질 수밖에 없는 작은 혁신들을 우리는 제대로 보지 못하고, 나아가서 이 혁신들을 혁신이 아닌 것으로 낮게 평가한다는 것이다. 우리는 우뚝 선 거대한 나무를 넋을 잃고 쳐다본다. 나무마저 부럽다고 느낀다. 거대한 나무를 바라보며 서 있는 우리의 발밑에는 겨우 싹을 틔운 어린나무가 있다. 어린나무도 잘 자라면 아름드리나무가 될 수 있다. 우리가 부러워하는 거목도 한때는 아주 작은 나무였다.

작은 혁신과 큰 혁신을 구분하는 것은 어떤 의미인가. 작고 큼을 구분하는 기준은 온당한가. 잘못된 기준이 제대로 된 혁신과제의 선택을 방해하는 것은 아닐까. 큰 혁신이 갖는 장점도 있지만 단점도 있다. 큰 혁신은 크기에 비례하여 저항과 장애물도 크다. 당연히 제대로 추진되지 못하고 실패할 가능성도 높다. 혁신의 목적을 제대로 달성하지 못하고 외관의 변화에 그칠 가능성도 높다. 반면 작은 혁신이 갖는 상대적 장점도 많다. 우선 작은 혁신은 추진비용이 적다. 혁신의 장애물도 작으니 큰 혁신과 비교하여 상대적으로 성공 가능성도 높다. 결과가 빨리 나올 수 있고 체감하기 용이하니 수용성도 높아진다. 성공적으로 추진된 작은 혁신 열 가지가 큰 혁신 하나보다 더 큰 효과를 발휘할 수 있다.

작은 혁신, 큰 혁신의 원천

우리가 필요로 하는 것은 큰 혁신만이 아니라 우리 주변에서 일상적으로 일어나는 작고 자연스러운 혁신이다. 일상 속의 작은 혁신들이다. 문제가 있음을 제대로 인식하고, 작은 문제이지만 해결하고, 다른 사람들의 혁신의 의지를 인정하고 지지하고, 변화에 개방적인 문화에서 만들어지는 혁신들이다. 혁신이 특별한 사건이 아니라 일상이자, 문화의 일부분이어야 한다. 일상의 혁신이 존재할 때, 더 큰 혁신이 만들어지고, 혁신의 성공 가능성도 높아질 것이다.

큰 혁신이 이루어지기 위해서라도 작은 혁신이라는 마중물이 있어야 한다. 작은 혁신이 없는 큰 혁신은 기대할 수 없다. 작은 혁신은 큰 혁신의 원천이고 머릿돌이다. 비록 크기는 작지만 보석과도 같은 좋은 혁신을 찾아낼 수 있어야 한다. 작은 혁신을 알아볼 수 있는 혜안도 길러야 한다. 그리고 그동안 우리가 놓쳤던 작지만 좋은 혁신들을 지금이라도 찾아내어 빛나게 해야 한다. 작은 혁신은 큰 혁신의 원천이다.

혁신의 일상화

길 없는 길을 가는 혁신

혁신을 달리 표현하면 구습으로부터의 탈피 혹은 현재에서 미래로의 도약이라고 할 수 있다. 더 바람직한 미래를 위한 현재와 다른 구상과 실천이 혁신이다. 기존의 경로와 흐름, 틀과 구조에서 벗어나는 것이기도 하다. 그대로 두면 예정대로 진행될 길에서 의도적으로 벗어나 다른 길로 들어서도록 하는 것이다. 그렇게 새로 들어서는 길이 아직 길이 아닌 경우도 많고, 갈 수 있어도 길이라 부르기 민망할 정도로 다듬어지지 않은 길일 수도 있다.

우리의 일상은 정해진 경로에서 크게 벗어나지 않는다. 혁신은 일상의 경로를 벗어나는 것이기도 하다. 때문에 혁신은 처음부터 쉽지 않다. 기존 경로에서 유리한 당사자는 물론 불리한 당사자도 새로운 혁신의 길로 나서는 것을 부담스러워 한다. 혁신은 시작하자마자 언제든지 멈출 준비가 되어 있다고 보아야 한다.

혁신은 복잡한 관계 속에서 진행되지만, 이를 좁혀서 혁신을 둘러싼 당사자의 관점에서 간단하게 혁신의 주체와 대상, 그리고 관전자로 구분해 볼 수 있다. 주체와 대상은 혁신과 직접적으로 관련되어 있는 반면, 관전자는 혁신과정에 직접 참여하지 않고 혁신의 진행과정을 관찰하는 위치에 있다. 관전자는 혁신과 아예 관련이 없거나, 아니면 관련이 있음에도 무관심하거나 혹은 비판적인 사람들이다. 야구 등 운동경기에서 관중석에 앉아서 선수들이 경기하는 모습을 지켜보면서 응원도 하고, 야유도 보내고, 아니면 무심히 바라보는 사람들이 이에 해당할 것이다.

혁신의 과정, 우여곡절

혁신은 위기 상황이나 혹은 문제에 대한 심각한 인식에서 출발한다는 점에서, 이에 동의하지 않는 혁신의 관전자는 방관자 혹은 비판자로 분류될 수 있다. 관전자는 기회가 만들어지면 언제든 적극적 비판자가 될 수 있지만, 반대로 적극적 지지자가 될 수도 있다. 혁신은 혁신을 추구하는 사람, 따라가는 사람, 구경하는 사람, 반대하는 사람들 속에서 우여곡절을 겪으면서 진행된다.

우여곡절迂餘曲折은 정글과 같이 복잡하게 얽혀 있어서 앞으로 나아가기 어려우며, 앞의 길을 예측하기 힘든 상황이다. 뚫고 나가고자 하는 길에서 어떤 사람들을 만날지 모른다. 혁신가들은 다양한 주체와 요인들이 복잡하게 작용하는 우여곡절의 과정 속에서 혁신활동을 통해서 문제를 해결해 나간다. 그런데 당초 혁신을 촉발시켰던 문제나 위기 상황이 혁신활동과 무관하게 소멸되기도 하며, 그러면 혁신활동도 따라서 자연스럽게 약화될 수 있다. 그러나 반대로 문제가 해결되지 않고 그대로 남아 있음에도 혁신활동 자체가 소멸되기도 한다. 혁신가가 사라지거나 혹은 저항이 극심하여 혁신이 중단되는 경우이다.

혁신활동이 멈추거나 혹은 종결되는 이유는 다양하다. 혁신이 변화를 만들어 내기도 하지만, 반대로 혁신도 다양한 요인들의 영향을 받으면서 변화한다. 혁신은 독립변수로서 작용하기를 원하지만, 역으로 현실에서의 혁신은 종속변수로 작용하는 경우가 비일비재하다.

문제를 해결하지 못하고 멈추거나 사라지는 혁신들. 그 원인은 한두 가지가 아니다. 혁신가 개인의 문제, 구성원의 역할, 조직의 특성과 문화, 외부의 영향, 취약한 전략, 혁신가의 이탈, 더 어려운 문제의 등장, 환경의 급격한 변화, 혁신활동의 부작용 등 다양하다. 어쨌든 결과는 문제가 그대로 남아 있다는 것이고, 혁신의 동력은 사라졌다는 것이다. 혁신이 시작되도록 하고, 혁신활동을 강화시키고, 이를 문제의 해결로 연결시키는 것이 중요한데, 결국 이 모든 것을 가능하게 하는 것은 혁신의 동력이다. 이 동력이 사라지는 것을 가장 경계해야 한다. 소리 소문도 없이 사라지는 혁신의 동력을 어떻게 유지할 것인가.

멈춘 혁신의 동력, 악화된 문제

혁신은 언제든 사라질 준비를 하면서 시작된다지만, 더 큰 문제는 처음부터 이런 요소가 혁신활동 전반에 잠재되어 있었을지도 모른다. 혁신을 주도한 주체가 사실은 혁신에 진정성이 없었거나, 진정성은 있었어도 제대로 된 혁신전략을 수립하여 추진하지 못하였거나, 혁신에 대한 내외부의 저항을 제대로 극복할 수 있는 전략을 갖고 있지 못하였거나, 혁신에 필요한 충분한 자원을 확보하지 못하고 말만 하였을 경우 혁신은 우리 앞에서 사라진다. 혁신이라는 배는 우리가 목적하였던 바다 건너 항구에 다다르지 못하고, 중간에서 침몰한다. 배가 부실해서, 무자격 선장이 키를 잡아서, 한눈파느라 암초를 피하지 못해서, 태풍이 다가옴을 제대로 예상하지 못해서 배는 항구에 다다르지 못한다. 혁신의 배는 알아서 우리를 안전한 항구까지 데려가지 않는다. 오히려 우리를 위험한 곳으로만 이끌지도 모른다.

혁신이 좌초하는 이유는 조직의 외부가 아니라 내부에서도 찾을 수 있다. 혁신의 추진이 외부요인에 의해서 어려움을 겪는다면 내부 구성원의 단합된 노력을 통해서 어떻게 해서라도 넘어가려 하겠지만, 내부요인에 의한 어려움이라면 극복하기 쉽지 않다. 오히려 혁신이 멈추는 것이 아니라 뒤로 후퇴하여 상황을 더욱 악화시킬 가능성이 더 높다. 그 자리에 멈추면 힘을 내어 다시 출발할 수 있지만, 혁신이 시도되기 이전으로 후퇴하면 힘을 내는 것조차 어렵다.

혁신 추진이 중단되고 과거로 회귀하면, 우리가 극복하려고 했던 구관이 명관으로 화려하게 재등극한다. 혁신을 추진하지 않은 것만 못한 결과를 초래할 수 있다. 혁신의 중단 혹은 실패는 단순한 혁신의 멈춤이 아니라 과거로, 구제도로의 회귀이다. 잘못된 혁신이 문제를 더 악화시킨다. 혁신의 추진에 필요한 첫 번째 설득 대상이 외부 이해관계자가 아니라 내부 구성원이어야 하는 이유이다.

▎혁신을 움직이는 리더십

진정성이 없는 혁신도 많이 찾아볼 수 있다. 이런 혁신들은 다른 무엇인가를 위한 장식으로 사용된다. 예를 들어서 정통성이 취약한 조직의 장들이 정통성을 만들기 위해서 이런 혁신을 계획한다. 정통성 시비 등의 골칫거리가 약해지면 혁신도 슬그머니 사라진다. 이렇게 혁신을 일회성 이벤트로 시도할 경우 혁신은 조기에 퇴장한다. 혁신이 언제 시작되고 끝났는지 아무도 관심이 없다.

조직의 기관장으로 인하여 혁신이 사라지는 경우도 많다. 기관장은 기관의 일이 있을 때마다 혁신을 말하지만, 그에 상응하는 조치를 제대로 취하지 않는 경우이다. 혁신이라는 말과 지시는 여러 번 반복되지만, 그 지시가 실제로 작동하는 데 필요한 의미 있는 후속조치들, 예를 들어서 필요한 자원의 확보, 예산의 편성, 부서의 신설, 관련 지침의 마련과 같은 실질적 활동이 뒤따르지 않는다. 말만 있고 실질적 조치가 없을 때 조직 구성원들은 기관장의 혁신에 대한 실천의 의지가 없음을 바로 눈치챈다. 기관장의 말에 구성원들은 문서로 답한다. 기관장은 문서를 보면서 기관에서 혁신이 추진되고 있다고 생각한다. 아예 그런 문서를 볼 생각조차 안 할지도 모르겠다.

비록 작은 혁신이지만 이를 위한 실질적 투자와 지원이 있을 때 혁신은 힘을 얻고 앞으로 나아간다. 작지만 성과도 만들어 낸다. 그런 혁신과 성과에 사람들은 주목한다. 작은 혁신은 어느 순간 조금 더 큰 혁신으로 자란다. 그리고 어느새 조직 전체를 변화시킨다. 좋은 혁신이 미치는 파장은 늘 우리의 예상을 비켜 간다. 유쾌한 예측 실패이다. 기관장이 차라리 혁신이라는 용어를 쓰지 않아도 좋다. 변화를 위한 기관장의 진정성이 조금이라도 보이면 현명한 직원들은 바로 눈치를 채고, 어떻게 해야 하는지를 알고 있다.

어느 초등학교 교장 선생님이 아침마다 교문에서 학생을 마중하였다. 물론 선생님들에게 같이하자는 요청은 하지 않았다. 늘 학교에 일찍 나가고, 먼저 운동장을 돌아보고, 화단을 살펴보고, 그리고 교문에서 학생을 마중하고, 또 안아 주었다. 얼마 지나지 않아서 교문에는 같이 마중하는 선생님들이 보였고, 학생들은 자연스럽게 웃고 있는 선생님들에게 안겼다. 상상만으로도 아름답다.

일상을 변화시킨 혁신

혁신은 우리의 일상과 동떨어진 진공 속에 있지 않다. 일상은 하루가 아니다. 하루가 지나면 또 다른 하루가 있으니, 우리의 일상은 지나간 수많은 하루들의 퇴적이다. 일상은 가벼울 수 없다. 매우 두텁다. 소중한 것이다. 지금의 일상은 과거로부터 연결되어 있기 때문에, 우리는 일상에서 쉽게 벗어나기 어렵다. 혁신은 이런 일상에서 벗어나는 것이니 얼마나 어려운가. 일상을, 혁신을 절대 가볍게 생각할 수 없다. 소중한 일상이기에 혁신이 필요하다.

조직 내에 엄청나게 특별한 자발적 혁신 문화가 존재하지 않는 한 일상에서 벗어나는 혁신은 정말로 어렵다. 혁신 교과서에서는 일상에서의 상시적 혁신 가능성을 말하지만, 그것은 교과서에만 존재하는 원칙일 가능성이 높다. 일상에서 자발적 혁신이 발견된다면, 그것은 단기 혁신일 가능성이 높다. 일상과 혁신이 대결하면 일상이 백전백승하는 것이 현실이다. 일상 속에서 혁신은 어떻게 가능할까. 견고한 일상에 변화를 가져오기 위한 혁신의 힘은 매우 강해야 한다. 계획적이어야 하며, 준비는 체계적이고 철저해야 한다. 이러한 것들을 이끄는 리더십을 갖춘 누군가가 있으면 더욱 좋으며, 이들에 의하여 계획과 방법, 자원들이 효과적으로 활용되어야 한다. 확실한 준비와 추진이 부족하면 혁신은 오히려 일상 속에 묻혀 버린다. 비록 누군가에 의해서 의도된 혁신일지라도 제대로 추진되는 혁신은 일상에 큰 변화를 줄 수 있다. 나의 일상의 혁신이지만, 다른 사람의 도움이 절실한 경우도 있고, 다른 사람으로 인하여 혁신이 더 잘 될 수 있다.

애플의 아이폰이나 아이패드는 대표적 혁신상품이다. 혁신 그 자체라는 평가를 받는다. 아이폰은 애플의 기업 가치를 세계 최고 수준으로 높인 혁신상품이지만, 더 큰 영향은 이것이 우리의 일상을 완벽하게 혁신시켰다는 것이다. 이제는 아이폰이나 아이패드 없는 일상을 상상하기 어렵다. 혁신이 어떤 것인지를 보여준다. 아이폰은 쉬운 혁신의 산물이 아니다. 우리 눈에 보이지 않은 엄청난 노력, 투자, 고민, 실패, 고통, 평가, 시행착오의 산물이다. 그 결과는 일상과 우리가 사는 세상의 엄청난 변화였다. 혁신의 과정이 어떤 것인지, 혁신의 결과가 어떤 것인지를 극명하게 보여주었다. 그리고 거기에는 이를 끊임없이, 멈춤 없이 주도한 걸출한 혁신가가 있었다.

일상에 압도당하지 않는 혁신

혁신의 필요성을 말한 사람이 없다면, 혁신에 몰입한 사람이 없다면, 혁신에 투자한 사람이 없다면, 혁신의 고통과 실패, 인내가 없다면 그 결과도 존재하지 않는다. 성공한 혁신의 이면에는 우리가 상상하기 어려운, 계산 불가능한 땀이 있다. 희생이 있고, 고통이 있다. 땀, 희생, 인내, 도전, 고통은 혁신의 또 다른 이름이다.

이렇게 힘든 혁신을 어떻게 일상에서 매일 할 수 있을까. 어떻게 지치지 않고 혁신할 수 있을까. 1년 365일 매일 혁신만 강조할 수 없다. 혁신이 아무리 필요한 것이라고 해도 한계는 있다. 중요한 것은 혁신이 일상 속에 무의식적으로 파묻히지 않도록 하는 것이다. 혁신이 일상에 압도당하지 않도록 하는 것이다. 일상에서 벗어날 수 없지만, 그 속에서도 혁신은 존재하게 해야 한다. 끝없는 사막에서도 오아시스는 만들어지지 않았는가.

정부 내에 아무리 작더라도 혁신이라는 것이 존재하고, 이것이 누군가에 의하여 강조되고, 혁신을 위한 구성원들의 노력이 존재하고 있어야 한다. 모두가 다 혁신이 아니어도, 모든 것이 혁신적인 것이 아니어도 좋다. 혁신이 조직 어느 구석인가에는 살아 있도록 해야 한다. 이 작은 혁신의 씨앗을 위해서 혁신의 리더십이, 추진 조직이,

프로그램이 중요하다. 이것들을 통해서 혁신이 일상 속에 빠져 사라지지 않도록 해야 한다.

그래서 혁신활동과 성과 이전에 혁신에 우호적인 문화나 여건과 같은 것이 강조된다. 이것들은 혁신 성과와 바로 연결되지는 않는다. 혁신활동과 혁신 성과 간의 시간적 간격은 다양하다. 짧은 것도 있지만, 반대로 매우 긴 것도 있다. 혁신활동과 혁신 성과 간 거리가 멀면, 이것은 혁신에 반대하는 사람들의 공격 포인트가 된다. 이들은 혁신 추진 조직, 프로그램의 효과성에 대해서 부정적 의견을 내고, 성과가 보이지 않음을 이유로 혁신 실패와 무용을 주장한다. 작은 혁신활동과 작은 성과들은 혁신이 진행되고 있음을 보여주는 좋은 증거들이다. 이것들이 있음으로써 혁신은 저항과 비판을 극복할 수 있다. 일상화된 작은 혁신들이 갖는 결코 작지 않은 역할이다.

마지막까지 함께하는 혁신

42.195km의 마라톤. 결승선을 통과한 선수의 곁에는 구간 내내 같이 달렸던 많은 선수가 있다. 결승선을 통과한 시간이 모두 달라도, 모두 같이 달렸다. 마지막에 결승선을 통과하는 선수조차도 같이 달린 선수가 있다. 혼자서 달렸다면 그는 결코 우승도, 신기록도 세우지 못했을 것이다. 중간에 멈추었을지도 모른다. 그들 곁에는 해가 질 때까지 기다려 준 시민도 있다. 이들은 마지막 선수와 함께 달린다. 그 선수는 꼴찌가 아니다. 포기하지 않고 완주에 성공한 마라톤 선수일 뿐. 성공한 혁신의 곁에는 늘 많은 사람이 함께하였다.

혁신의 효능감

냉소주의

혁신과 거의 동시에 떠오르는 단어 중에 냉소주의^{冷笑主義, cynicism}가 있다. 혁신에 대한 부정적인 인식을 표현하는 대표적인 단어이다. 차가운 웃음인 '냉소'는 웃지 않는 것보다 더 차가운 느낌이다. 냉소에는 비웃음도 담겨 있다. 웃음은 참으로 좋은 것인데, 차가운 웃음은 정말 1초도 대하기 싫은 웃음이다. 웃음이 아니다. 사람을 대함에 있어서 절대 하지 말아야 할 것의 하나가 냉소일 것 같다. 얼마나 차가운 미소이면 냉소의 끝에 '주의'를 붙였을까.

냉소주의는 자신의 앞에 놓여 있는 문제에 대해서 참여나 개선을 위한 노력을 하지 않는 대신, 남의 문제인 것처럼 거리를 두고 떨어져서 팔짱을 끼고 있거나, 이러저러한 불평불만을 늘어놓거나, 혹은 쌀쌀하게 쳐다보거나 비웃는 모습을 일컫는다. 차라리 조금이라도 참여하거나 무엇이라도 노력하면서 불평과 불만을 드러내면 논쟁이라도 벌릴 텐데, 그럴 사정도 되지 못하는 상황이다. 웬만한 것은 극복하면서 혁신을 추진하려고 하는 혁신가의 입장에서도 이런 냉소주의는 참으로 마주하기조차 싫을 것이다.

냉소주의는 혁신의 상황만이 아니라 일상에서 자주 접하게 되는 모습이기도 하다. 문제가 특별하든 사소하든 이를 바라보는 사람들의 관점은 다를 수 있으며, 같은 문제에 대해서 전혀 다른 진단과 해법을 내놓기도 한다. 거기에 환경의 특성과 맥락, 자신의 경험과 가치관, 그리고 상황이 어떻게 결합되는가에 따라서 극단적인 지지에서부터 반대에 이르기까지 다양한 스펙트럼이 보인다. 냉소주의는 이중에서 외부적으로 극단의 인식이 표출된 모습이다.

이유 있는 냉소주의

우리 자신도 보통 사람이라면 그동안 냉소주의적 태도를 보인적이 몇 번은 있었을 것이다. 그때 왜 우리는 냉소주의적 태도를 보였을까. 이상한 사람이 아닌 이상 그럴 만한 이유가 있었을 것이다. 즉 우리를 포함하여 혁신에 냉소주의적 태도를 보이는 사람들에게는 다 그럴 만한 이유가 있다. 그는 이전에 이미 지금 벌어지고 있는 것과 유사한 경험을 여러 번 해 보았고, 그 경험은 결코 유쾌하지 않은 것이었으며, 그런 경험과 실망이 쌓여서 냉소주의가 얼굴과 행동으로 드러난 것이다. 열심히 해 보았자 결국 도로 아미타불이라는 생각이 냉소주의로 드러난 것이다. 때문에 냉소주의적 태도를 보이는 이들에게 문제가 있다고 무조건 탓할 일은 아니다. 과거의 축적된 경험은 현재의 문제 해결에서 중요한 잣대가 된다. 과거의 좋은 경험과 기억은 큰 힘이 되지만, 그 반대의 기억은 냉소주의와 함께 의욕을 바닥으로 끌어내린다.

냉소주의는 공직사회에서 혁신을 추진하는 과정에서 자주 확인할 수 있다. 필자는 정부혁신을 논의하는 과정에서 많은 공직자들을 만나고, 같이 고민하고, 혁신정책 개발도 하고, 수도 없이 회의하였다. 능력 있는 공무원들이라 다들 열심히 하는 것은 기본이며, 혁신적인 아이디어도 제안하고, 일을 효과적으로 처리하는 방법도 잘 알고 있다. 그런데 이들은 은연중에 혁신에 대한 불신 혹은 냉소주의를 드러내곤 하였다. 공무원으로서 주어진 역할 이상으로 혁신하기 위해 열심히 노력했지만, 그동안의 경험으로 결국 달라진 것은 없으며, 돌아오는 것도 없으며, 혁신의 노력이 늘 헛수고로 끝났다고 생각한다. 이들에게 혁신에 대한 냉소주의는 지극히 정상적인 반응이다. 필자는 이들의 냉소주의를 알면서도 늘 모른 척해야 했다.

▎혁신에 대한 냉소주의

혁신이라는 단어가 의지와 열정, 미래, 도전, 창의성, 희망을 담고 있는 좋은 단어임에도 불구하고, 이 단어를 말하는 사람이나 듣는 사람의 표정에서는 이런 것들이 잘 읽혀지지 않는다. 대개 무표정하다. 정색을 하고 혁신 혹은 혁신 추진이라는 용어를 말하면 오히려 듣는 사람들이 거부감을 갖기도 한다. 혁신이라는 단어를 사용하는 것 자체를 꺼릴 지경이다. 필자도 이런 점들을 의식하여 혁신이라는 단어 대신에 다른 단어로 은유적으로 돌려서 표현한 것이 한두 번이 아니다. 혁신을 말하려고 하지만, 혁신이라는 단어의 사용을 꺼리는 아이러니가 우리 혁신이 처한 현실이다.

혁신에 대한 냉소 혹은 반감이나 회피가 일상화된 이유는 무엇인가. 혁신의 냉소주의자들에게 축적된 혁신의 경험은 어떤 모습인가. 혁신에 냉소주의적 입장을 자주 표하는 사람들이 말하는 혁신에 대한 부정적 경험은 다음과 같다. 냉소주의적인 입장에서의 정리이다.

- 자신들의 생각과 거리가 먼 그들만의 혁신
- 같이 혁신을 추진할 동반자를 대상자로만 취급한 수동적 혁신
- 자신들을 제외한 다른 사람들은 혁신에 저항할 것이라는 오만한 혁신
- 검증되지 않은 방법을 혁신적 방법이라고 휘두르는 선무당 같은 혁신
- 혁신을 주장하는 사람들이 역으로 드러내는 반혁신적 태도
- 실질적 성과보다는 외적인 형식에 치우치는 보여주기식 혁신
- 시작은 있지만 제대로 된 끝마무리가 없는 혁신
- 열심히 노력했지만 돌아오는 것이 없는 보상 없는 혁신
- 이미 실패했던 것을 다시 반복하는 반성 없는 혁신
- 잠깐 하다가 마는 이벤트 혁신

- 새것이면 좋다는 무조건적 새것 혁신
- 정권이 바뀌면 이전으로 돌아가는 요요 혁신
- 본질은 그대로 두고 부차적인 것에 집중하는 겉모양 혁신

이와 같은 부정적 인식은 혁신에 저항하고 반발하는 사람들이 자주 인용하는 근거이다. 지금의 혁신이 달라졌을 수 있음에도 불구하고, 이와 같은 부정적 인식은 신화처럼 고착화되어 있다.

굳어진 신화, 혁신의 냉소주의

그동안의 정부혁신의 경험을 통해서 남은 것이 이런 것들이라면 냉소주의는 차라리 낫다. 정부혁신에 적극적으로 대놓고 반대하지 않는 것이 그나마 다행이다. 이런 냉소주의로 가득 찬 혁신의 경험자들이 적극적으로 반대하고 나설 경우 이들을 설득하고 반대를 극복하는 것은 정말로 어렵다. 신화를 극복하기 어려운 것은 이것이 현실로 존재하지 않음에도 불구하고 너무 오랫동안 강하게 굳어 있기 때문이다. 오래되어 어느 누구도 신화에 의문을 제기하지 않기 때문이다.

어느 영역에서든 냉소주의는 단기간에 형성된 것이 아니기 때문에 쉽게 해소되기 어렵다. 냉소주의는 경험에서 나온 것이고, 그래서 마음이 굳게 닫힌 것이기 때문이다. 의지와 의욕의 상실 그 자체이다. 무엇이라도 해 보겠다는 의지와 필요성을 느끼지 못하는 상태이다. 이들은 그저 자신에게 부여된 일만 의무적으로 할 뿐이다. 냉소주의와 복지부동은 비슷한 모습이다. 만약 이 두 가지가 같이 결합

되어 있으면 답이 없다. 혁신은 꿈도 꾸기 어렵다.

우리가 무엇인가를 나서서 해 보려고 하는 것은 그것을 통해서 만족을 얻을 수 있다고 기대하기 때문이다. 그 만족이 오로지 자신에게만 귀속되는 경우도 있고, 자신이 아닌 조직 혹은 넓은 공동체에 귀속되는 경우도 있다. 기부행위가 가장 대표적인 사례이다. 기부하는 사람들이 말하는 이야기를 들어보면 기부자들은 상당히 유사한 인식을 갖고 있는 것 같다. 이들은 의식적 혹은 무의식적으로 공동체의 가치를 중시하는 입장에서 기부하며, 또한 그러한 기부가 자신에게 큰 자부심도 가져다 준다고 한다. 이것은 기부가 만들어 내는 일종의 효능감과 같다. 기부해 보지 않은 사람은 도저히 기부하는 사람들의 가치체계와 효능감에 선뜻 수긍이 가지 않을 것이다.

긍정과 부정의 효능감

어떤 일에서든 효능감은 매우 중요하다. 효능감은 자기 자신에 대한 자신감이고, 자신이 하는 일에 대한 가치의 부여이며, 성공에 대한 확신이다. 또한 결과에 대한 만족감이다. 축적된 긍정적 효능감과 경험은 적극적이고 자발적인 선택과 행동의 원동력이다. 때문에 혁신을 추진함에 함께 혁신을 추진해야 할 사람들이 부정적 효능감이 아닌 긍정의 효능감을 느낄 수 있도록 준비하고 노력해야 한다. 열심히 혁신을 추진한 결과가 부정의 효능감으로 나타난다면 차라리 혁신을 추진하지 않는 것이 더 낫다. 부정의 효능감은 또 다시 혁신의 냉소주의만 더욱 강화시킬 뿐이다.

다시 생각하는 정부와 혁신

냉소주의가 지나간 경험들의 축적이고 산물이듯이, 효능감도 하루 아침에 만들어지지 않는다. 긍정의 경험과 인식이 쌓이고 쌓여서 긍정의 효능감이 형성된다. 큰 효능감이 아닌 작은 효능감이라도 하나하나 쌓이면 높은 수준의 강력한 효능감이 만들어진다. 작은 것이 작은 것에만 머물지 않으며, 이것들이 쌓이면 큰 것이 된다. 작은 혁신이라고 그 가치마저 작은 것이 아니다. 작은 효능감이 없으면 큰 효능감은 기대할 수 없다.

혁신에 대한 냉소주의나 혹은 낮은 효능감은 공직사회만이 아니라 국민에게서도 쉽게 발견된다. 위정자가 아무리 목소리 크게 혁신을 외쳐도 국민들은 고개도 돌리지 않는다. 국민들도 공직자들만큼 마음의 문을 닫았기 때문이다. 큰 목소리만이 마음을 열 수 있는 것이 아니다. 가수가 청중을 사로잡겠다고 처음부터 끝까지 큰 목소리로 노래를 부르는 경우를 보았는가. 가수가 작은 소리로 노래를 부르면 청중도 따라서 숨을 죽여 가며 그 작은 소리를 들으려고 집중한다. 단 한 소절도 놓치지 않으려 한다. 소리가 작다고 듣지 못하는 것이 아니며, 울림이 작은 것이 아니다.

사람은 큰 것이라고 감동하지 않고, 작은 것이라고 실망하지 않는다. 작은 것에도 눈길을 주고, 마음을 열고, 눈물을 흘린다. 공직자들도 그렇고, 시민들도 그렇다. 이들은 보잘것없어 보이지만 울림이 있는 것에는 언제든지 마음을 열 준비가 되어 있다. 이들은 언제든 받아 주고 또 지지해 줄 마음이 준비되어 있다. 긍정의 효능감은 위정자만이 아니라 시민들에게도 절실히 필요하다.

작은 것에 귀 기울이는 혁신

혁신은 변화이다. 큰 변화만 좋은 혁신이 아니다. 작지만 마음을 움직이는 혁신이 가장 좋은 혁신이다. 좋은 마음이 쌓이면 이것이 긍정의 효능감이 되고, 긍정의 신뢰가 되고, 믿음의 든든한 문화가 된다. 이 이상으로 좋은 혁신의 토양은 없을 것이다. 사소하고 작지만 마음을 움직이는 대통령의 말과 행동이 필요하다. 시민의 작은 목소리조차 놓치지 않으려고 귀 기울이는 공직자의 세심한 자세도 필요하다. 비록 원하는 해결책을 제시하지 못했어도 자신의 호소에 귀를 기울이는 진심이 있는 공직자가 있음을 안 시민은 그 공직자를 믿지 않을 수 없다.

중요한 것은 나의 문제가 해결되었다가 아니다. 나의 생각과 공직자의 생각이 일치했다는 것이다. 내가 원하는 것을 공직자도 원한다는 것이다. 이것이 신뢰이다. 생각이 일치한다면 언제든 같이 행동할 수 있다. 믿어 줄 수 있다. 신뢰는 일방적인 것이 아니다. 신뢰는 서로가 주고받는 가운데 만들어진다. 공직자와 시민 모두가 나서야 신뢰가 축적된다.

정부는 시민들이 정부의 혁신 노력과 좋은 성과들을 잘 알아주지 않는다고 서운해 한다. 그리고 그 이유를 성과 홍보의 부족에서 찾는 경우가 많다. 정권이 출범하고 3년 차 정도에 들어서면 혁신 성과의 홍보를 강화하겠다고 나선다. 역대 정부들이 변함없이 반복적으로 한 일이다. 그러나 효과는 별로 없다. 홍보도 중요하지만, 이것은 충분조건이 아닌 필요조건일 뿐이다. 홍보 이전에 작은 효능감들이 차곡차곡 쌓여 있어야 했다. 그렇게 차곡차곡 쌓은 효능감 위에 홍보가 더해져야 금상첨화가 된다. 쌓아 놓은 효능감이 없는 홍보는 그저 불필요한 비용만 지출하는 헛일일 뿐이다.

　작은 것에도 귀를 기울이고, 눈길을 주고, 고개를 끄덕이고, 손길도 내미는 것이 필요하다.

기관장과 혁신

혁신의 열정, 신임 기관장

기관의 장이 되면 모두 혁신가가 되고자 한다. 모든 신임 기관장들의 공통된 희망사항일 것이다. 기관장이 되었으니, 문제투성이 기관을 최고의 기관으로 만들겠다는 포부를 갖는다. 특히 외부에서 부임한 기관장의 눈에 보이는 기관은 문제투성이 그 자체이다. 기관에 근무하고 있던 직원들에게는 신임 기관장의 이런 인식이 여간 불만이 아니겠지만. 어떤 기관장은 자신이 기관장으로 부임하였음에도 불구하고 그 기관을 이미 망했을 기관이라고 혹평하기도 한다. 당연히 하지 않으면 좋을 과한 평가이다.

신임 기관장은 기관에 대한 대대적인 혁신을 주도하여, 기관을 최단기간 내에 완전히 환골탈태시키겠다는 의욕을 불태운다. 기관의 모든 것을 바꾸겠다는 굳은 의지를 보인다. 신임 기관장으로 나쁜 자세는 아니다. 기관을 발전시키겠다는 의지를 보인 것이기 때문에 직원들도 처음에는 새 기관장에 대해서 기대감을 갖지 않을 수 없다. 기관장은 사람을 바꾸고, 조직을 바꾸고, 새로운 정책을 제시한다. 새로운 혁신전략을 그리도록 지시한다. 취임사에서는 물론이고 취임 이후에도 기회가 있을 때마다 강력한 혁신의 메시지를 내보낸다. 직원들도 기관장의 지시에 따라서 혁신적으로 잘 따르는 것 같아 보인다. 자신이 주도하는 혁신이 단기간에 성공적인 결실을 맺을 것 같은 기대감도 갖는다.

그러나 1년도 지나지 않아서 이런 희망은 소리 소문 없이 사라진다. 제일 먼저 기관장의 희망이 사라지고, 이어서 직원들의 희망도 사라진다. 기관장은 이전에는 볼 수 없었던 기관의 장애물을, 기관장이 됨으로써 비로소 제대로 볼 수 있게 된다. 공공기관의 장은 이러한 장애물을 더욱 실감나게 느낀다. 많은 공공기관장이 관련 정부 부처에 근무하였던 고위직 출신이다. 이들은 자신이 부임한 공공기관을 잘 알고 있다고 생각하고, 기관의 문제를 제대로 해결할 수 있을 것으로 자신한다. 그러나 얼마 지나지 않아서 이 공공기관이 수많은 장애물에 꽁꽁 묶여 있음을 깨닫는다. 자신이 근무하였던 부처조차 공공기관 혁신의 장애물임을 알게 되는 데는 오랜 시간이 걸리지 않는다.

게다가 이 공공기관은 기관장이 부처에 근무하면서 관리하였던 기관이 아니던가. 부처 공무원이 지시하면 바로바로 빠르게 움직이던 기관이 아니었던가. 부처가 혁신 추진을 지시하면 얼마 지나지 않아서 혁신 추진의 성과를 제출하였던 기관이 아니던가. 그런데 기관장으로 와서 보니 자신이 근무하였던 부처는 혁신의 추진 주체이기보다는 장애물이었다. 기관의 직원들이 제출한 혁신 성과는 부처 제출용으로 생산된 것이었다. 혁신을 위한 공공기관의 자율성은 찾아보기 어렵다. 부처의 잘못인가, 공공기관의 잘못인가. 기관장은 딜레마에 빠진다.

딜레마에 빠진 기관장

신임 기관장은 조직에 빠르게 동화된다. 이것은 그리 특별한 일이 아니다. 일부 특별한 기관장을 제외하고는 대부분 조직에 동화되는 것이 일반적이다. 기관장은 1년도 안 되어 혁신을 위해서 하고 싶은 것을 마음대로 할 수 없음을 알게 되고, 2년도 안 되어 할 수 있는 것이 별로 없음을 인지한다. 3년 차가 되면 혁신은 기관장의 의제에서 사라진다. 3년 차면 이제 기관장은 자리를 마무리해야 할 시기이다. 부임 초 혁신의 의지를 불태웠던 기관장은 자신의 혁신 역량이 한없이 부족함을, 무능력함을 탓할지도 모른다. 정말로 이 기관장은 혁신 역량이 부족한 무능한 사람이었을까.

혁신을 1~2년이라도 추진했음에도 제대로 된 혁신 성과를 내지 못했다면 그 기관장은 무능한 혁신가라고 지적받을 만하다. 기관장으로서 혁신을 해 보겠다고 생각했던 것을 모두 포기하고, 아무것도 하지 않았다면 당연히 문제가 있다. 대부분의 기관장은 임기를 시작하면서부터 다양한 혁신적 시도를 한다. 기관장들도 임기 초반에는 혁신을 추진하고 성과도 만들어 낼 수 있다고 생각한다. 그러나 단기간에 원하는 혁신을 추진하고, 원하는 성과를 만드는 것 자체가 과욕이다. 당연히 취임 후 1년이 지나도 기대하였던 혁신의 추진과 성과가 나타나지 않는다.

이것은 기관장의 혁신의지의 문제 때문만은 아니다. 여전히 혁신적 의지와 실행의 경험을 갖고 있는 기관장은 그런 중에도 할 수 있는 것들을 찾아서 혁신을 이어 간다. 부임 초기의 혁신적 계획과 비교하면 작고 왜소한 것들로 보이기에, 기관장은 자신이 혁신한 것이 별로 없다고, 혁신 역량이 부족하다고 자책한다. 그러나 기관장의 혁신의지나 역량에는 문제가 없었다.

이상적인 조직을 꿈꾸는 기관장

신임 기관장이 부임하면서 바로 혁신해야 한다고 믿는다는 것은 어떤 의미일까. 혁신에는 규범적 차원이 존재한다. 누구나 보편적으로 믿는 바람직한 혁신의 이상적 모습이 있다. 그것이 조직이라면 혁신을 통해서 달성하고자 하는 이상적인 조직의 상이 존재한다. 효율적으로 움직이고, 비용이 절감되고, 생산성은 높고, 고객은 기관의 서비스나 상품에 만족하고, 구성원들의 직무 만족도는 높고, 늘 밝고 활기찬 조직이 이상적인 조직의 모습 아니겠는가. 기관장은 직원과 늘 소통하고, 직원 간에는 깊은 동료애가 존재하고, 매년 조직은 성장하고, 상관과 부하의 관계는 지시와 복종의 관계가 아닌 수평적 관계이기를 바란다. 좋은 조직, 이상적인 모습이라고 할 수 있다.

이와 같은 이상적인 조직을 만들기 위해 기관장은 분명 고민하고 노력하였을 것이다. 기관장들은 대부분 오랜 기간 동안 여러 조직을 경험하였을 것이다. 이들은 무엇이 좋은지, 어떤 것이 문제인지를 이미 경험으로 잘 알고 있다. 조직의 혁신을 위한 계획 중에서 단 몇 개라도 제대로 혁신되었으면 당연히 기관장은 성공적으로 혁신을 추진했다는 자부심도 가질 만하다. 그러나 기관장들은 일부 만족스러운 결과를 얻었다고 해서 웃지 않는다. 혁신이 제대로 이행되지 못한 부분에 대한 실망감이 더 크기 때문이다. 기관장이 직면한 혁신의 이상과 현실 간의 갭은 기관장에게 혁신에 실패하였다는 좌절감을 남긴다.

혁신가에게 이상적인 꿈은 정말로 필요하다. 그것이 있음으로써 혁신을 시도할 수 있으니, 이상은 혁신가가 혁신하기 위한 힘이다. 그러나 혁신가가 그리는 이상이 현실이 되는 것은 너무도 어렵다. 가장 안타까운 것은 혁신가에게 충분한 시간이 주어지지 않는다는 것이다. 공공기관의 장이라면 기껏해야 2~3년에 불과한 시간만 혁신에 허락할 뿐이다. 이 기간 동안 혁신적 성과를 내지 못하면 비난받을 각오를 해야 한다. 혁신의 열정이 가득한 기관장이라면 임기가 상당히 남았음에도 스스로 퇴진을 생각한다. 기관장이 임기 중도에 퇴진하지 않으려면 선택할 수 있는 방법은 무엇일까. 당초에 가졌던 혁신의 꿈을 접고, 대신 그럴듯한 몇 가지라도 할 수 있는 것을 찾아서 하는 것이다. 혁신을 접고 현실과 타협하는 것이다.

이상과 현실의 타협

기관장은 부임 초기에는 상상도 하지 못했던 작고 보잘 것 없는 혁신 아닌 혁신을 할 수밖에 없다. 선택의 여지가 별로 없다. 기관장은 몇 가지라도 할 수 있게 되었다면, 그것으로 다행이라고 만족한다. 조직 구성원은 기관장으로 인하여 몇 가지 작은 변화가 있음을 알게 되면 기관장에 대한 비판을 멈춘다. 당초의 우려와 달리 조직을 크게 흔들 기관장이 아니라고 생각하기 때문이다. 혁신의 중단을 다행으로 여기는 아이러니가 생긴다.

기관장이 할 수 있는 것만 하는 것은 혁신이 아닌가. 그렇지는 않다. 현실에서의 혁신은 절대적이면서도 상대적이다. 혁신가가 품고 있는 혁신적 이상은 절대적인 것이지만, 현실에서는 조금이라도 진전되면 혁신적이라고 긍정적인 평가를 받을 수 있다는 점에서 상대적이다. 그런데 혁신가는 늘 절대적인 혁신과 상대적인 혁신 사이에서 고민한다. 이상과 현실에 대한 고민이기도 하다. 이상은 높지만, 현실은 이상을 계속 땅으로 끌어내린다.

그래도 꿈꾸는 이상

혁신가에게 높은 이상과 꿈은 정말로 소중하고 필요하다. 양보할 수 없는 것이다. 그러나 현실에서 달성할 수 있는 혁신 성과는 제한적이라는 점에서, 혁신가는 늘 현실과의 타협이라는 상황에 직면한다. 혁신가는 현실과 타협할 때마다 고민에 빠진다. 자신은 혁신가가 아니라고, 혁신에 실패하였다고 자책하기도 한다. 그렇지 않다.

분명히 혁신가는 누구보다도 열심히 혁신적 활동을 했고, 의미 있는 혁신적 성과도 만들었다. 다만 당초 품었던 큰 이상을 현실에서 그대로 실현하지 못했을 뿐이다.

혁신은 할 수 없는 이상이 아니라, 할 수 있는 현실일 때가 더 많다. 그렇다고 이상을 포기해선 안 된다. 이상을 포기하는 것은 결국 혁신할 수 있는 힘을 포기하는 것과 같기 때문이다. 이상이 실현되지 않는다고 혁신을 포기할 일은 아니다. 이상을 꿈꾸자.

정부혁신과 감사의 대전환

혁신과 감사의 딜레마

혁신과 감사監査는 상극이다. 상극 중에 상극으로 인식된다. 공무원들은 과도한 감사로 일상적인 업무조차 힘들다고 하니, 언감생심 혁신적인 생각이나 활동은 꿈도 꾸기 어렵다. 혁신적인 적극적 행정을 하고 싶어도 이후에 있을 감사를 생각하면 끔찍하다. 감사와 처벌의 위험이 뻔히 보이는 그런 혁신을 자발적으로 추진하기 어려운 것은 너무 당연하다. 공무원들은 감사를 받아도 아무런 걱정거리가 생기지 않는 수준으로 업무를 추진할 수밖에 없다는 점에서, 혁신은 감사와 병존하기 어렵다. 공무원이 문제가 아니라 감사가 문제라는 지적이 나올 수밖에 없는 것이 행정 현실이다. 법의 저 안쪽에서 안전하게 추진되는 그런 혁신이 우리가 마주하는 정부혁신이다.

그런데 어려운 것은 혁신이 감사와 떨어질 수 없다는 데 있다. 행정이 존재하는 한 감사는 사라질 수 없고, 정부혁신도 또한 사라지지 않을 것이기 때문이다. 정부가 존재하는 한 국민들은 늘 정부에 대해서 혁신을 끝없이 요구하고 있으니 혁신은 피할 수 없는 존재이다. 혁신과 감사가 한배에 타야만 하는 어려운 상황이다. 배 한 척으로 강을 건너고자 하는데, 하나의 노는 오른쪽으로 또 다른 노는 왼쪽으로 젓는 형국이다. 강을 무사히 건너려면 노를 어떻게 저어야 할까.

혁신과 감사가 같이 어울리려면 혁신이 바뀌거나 아니면 감사가 바뀌어야 한다. 둘 다 바뀌거나 최소한 하나는 전향적으로 개선되어야 한다. 현재와 같이 혁신과 감사가 모두 적용되기를 요구되는 구조 하에서는 양자의 긍정적인 병행을 기대하기 어렵다. 소극행정은 당연하고, 복지부동, 복지안동, 무사안일, 보신주의, 냉소주의와 같은 용어가 공직사회에서 계속 회자될 수밖에 없다.

법 안에서 안전하게 추진되는 정부혁신

정부가 감사에서 무엇이 문제인지 모를 리가 없다. 그래서 정부는 공직사회 내에 무사안일 대신 혁신을 촉진하기 위한 목적으로 '적극행정 면책'제도를 만들었고, 이를 현장에서 적극 활용하라고 한다. 그러나 적극행정 면책제도의 도입에도 불구하고 일선의 행정현장에서는 달라진 것은 없다는 평가이다. 공무원들이 적극행정제도를 활용하는 것 자체가 절차상 쉽지 않을 뿐만 아니라, 이것 자체가 행정행위를 위한 또 다른 규제절차일 뿐이라는 것이다. 공무원 입장에서

현장면책 도입 여부 및 실적 기관

구분	계	도입	실적 존재	미도입
중앙행정기관	42	29	3	10
광역자치단체	17	11	5	1
기초자치단체	43	21	–	22
교육자치단체	17	12	–	5
공공기관	73	34	15	27
계	192	104	23	65

피감사자의 부담을 덜어 주는 현장면책 도입기관은 127개 기관이나 그중 18%인 23개 기관만 현장면책의 실적이 있고, 기초자치단체와 교육자치단체는 실적이 전무했다. ⓒ 감사원 (2021). 자체감사기구 적극행정면책 운영실태분석 보고서. p.38.

는 실효성도 없고 번거롭기만 한 적극행정 면책제도를 활용하는 것보다는, 혁신적 정책과 행정을 포기하고 보신주의라는 비난을 받는 것이 차라리 더 낫다는 선택을 할 수밖에 없다. 면책시킬 수 있는 적극행정 사례 하나라도 만드는 것이 급선무이다.

혁신이 의미 있는 것은 무엇보다도 기존의 관행화된 틀을 벗어난다는 데 있다. 기존의 틀 중에서 법, 제도, 절차, 관행과 같은 것은 가장 완고하고 경직적이다. 혁신의 핵심인 유연성과는 거리가 멀다. 이 중에서 단연 최고의 반혁신적 시스템은 법이다. 법은 강제적 적용을 전제로 한다는 점에서, 이를 위반하면 처벌 대상이 된다. 처벌을 전제로 하는 법이 존재하는 한, 법의 경계를 벗어나는 혁신은 당연히 불가능하고, 이 법의 가장자리 혹은 애매한 경계영역에서의 혁신조차 불가능하다. 이것은 날카로운 칼날 위에 서는 것과 같다. 도인의 경지에 올라선 사람 정도 되어야 칼날에 베이지 않는다. 잘못 올라갔다가는 칼에 베인다. 회복하기 어려운 상처를 입는다. 결국 공무원의 행정행위는 논란이 없고 명확한 적용이 이루어지는 법의 안쪽 깊숙한 곳, 안전하고 또 안전한 곳에서 이루어진다.

위험 강요하는 정부혁신

우리는 이런 난감한 상황에 처해 있는 공직사회의 공직자들에게 적극행정을 말하고, 면책을 말하고, 국민을 위하여 유연하고 창조적으로 사고하고 행동하라고 재촉한다. 공직자들로 하여금 깊은 상처를 입을 수 있는 날카로운 칼날 위에 서슴없이 올라가라고 등을 떠밀고 있다. 공허한 외침이고 몰인정한 모습이다. 적극행정이라는 말을 믿고 올라갔다가는 큰 상처를 입을 수 있다. 평범한, 가족을 부양해야 할, 안정된 직장생활을 영위할 권리가 있는 공직자에게 계속 위험한 혁신을 하라고 어떻게 강요할 수 있을까.

제대로 된 혁신이 가능하려면 공직자에게는 예리한 관찰력을 겸비한 문제 인식의 힘과 더불어 이를 적극적으로 해결하려고 하는 용기가 필요하다. 혁신은 문제를 전제로 하는 것이니 문제 인식이 전제되지 않는 혁신은 존재하기 어렵다. 과거와 현재에 대한 문제 인식이든, 미래에 대한 문제 인식이든 마찬가지이다. 다른 말로 하면 생각이 깨어 있어야 한다. 그리고 인식한 문제를 혁신적으로 해결하려는 용기가 여기에 결합되어야 한다. 공직자에게 문제를 해결하는 용기가 왜 필요한가. 문제가 있으면 당연히 해결할 수 있어야 하는 것 아닌가. 아니다. 우리의 공직자에게는 큰 용기가 필요하다.

다시 생각하는 정부와 혁신

사회는 일반적으로 안정적으로 구조화되어 있다. 전쟁이나 경제위기, 코로나바이러스19와 같은 전염병 등 대규모의 재난 시기를 제외하고는 안정적이다. 그래서 사회는 기본적으로 보수적이라고 평가된다. 안정된 사회에서는 사람들의 이해관계도 상당히 견고하게 고착화되어 있다. 그런데 사회를 구성하는 사람들의 이해관계가 균등한 것은 아니다. 분명 어떤 사람들은 이 이해관계의 구조에서 절대적인 이익을 누리지만, 어떤 사람들은 반대로 늘 구조적으로 불이익을 보는 상황에 있을 수 있다.

위험한 정부혁신과 용기, 감사

문제를 말하고, 혁신적으로 해결하겠다고 나서는 것은 안정화되어 있는 이해관계의 구조에 균열을 만듦을 의미한다. 그런데 불이익을 보고 있었던 사람들조차 기존의 이해관계 구조에 균열이 생기는 것에 저항한다. 아마도 변화 자체에 대한 두려움과 불안감 때문일 것이다. 혁신으로 인하여 기존에 있던 불리한 이해관계가 더 불리해질 수 있다는 불안감이 존재한다면, 차라리 기존의 불리한 구조를 그대로 유지하는 쪽이 더 좋다고 판단한다. 이것은 현명한 선택이다.

변화와 혁신의 결과에 대한 불안감이 크면, 사람들은 이성적으로는 혁신이 아무리 바람직한 것이라 해도 현실적으로 적극 찬성하기 어렵다. 혁신에 반대하는 것이 합리적인 판단이라고 할 수 있다. 그러니 문제를 해결하겠다고 이해관계의 구조에 큰 변화를 가져오는 혁신을 추구하는 데는 큰 용기가 필요하다. 혁신은 많은 사람들의 저항과 비판, 갈등에 직면할 가능성이 높다. 혁신가가 이들을 충분히 설득할 수 있는 능력을 갖추고 있다면 좋겠지만, 혁신가에게 문제 인식력과 용기에 더하여 설득력까지 갖추라고 요구하는 것은 지나치다. 이것보다는 혁신가의 생각에 동의해 주고, 같이할 수 있는 혁신의 동료를 단 몇 명이라도 더 만드는 것이 그나마 쉬운 방법이 아닐까.

어떤 점에서 아리스토텔레스, 뉴턴, 아인슈타인, 빌 게이츠, 스티브 잡스는 용기 그 자체이다. 이들은 시대를 앞서간 인류 최고의 혁신가이다. 누구도 가질 수 없었던 용기를 가진 혁신가이다. 그리고 그 결과로 세상을 변화시켰다. 수많은 혁신가들이 있음으로서 지금 우리가 살고 있는 이 세상이 만들어졌다. 혁신이 가능했던 것은 용기와 도전, 실패, 멈추지 않는 시도가 계속되었기 때문이다. 혁신가에게는 실패가 존재하지 않는다. 우리가 말하는 실패는 혁신가에게는 단지 다시 시도한다는 의미일 뿐이다.

정부혁신은 어떠한가. 두려움의 영역이다. 실패하면 안 되는 곳이다. 실패하면 멈추어야 하며, 실패에 책임을 져야 하며, 다시 동일한 시도를 반복하면 안 되는 영역이다. 이것을 관통하는 것이 감사이다. 그나마 정부 내에 남아 있는 소수의 혁신가들조차 두려워하는 것이 감사이다. 어떤 감사는 범죄자를 대상으로 이루어지는 수사에 버금갈 정도로 가혹하게 이루어진다. 문제를 찾아내고 허점을 드러내려 한다. 감사를 받은 공직자가 경험하는 것은 공직생활 중에는 다시는 겪고 싶지 않은 고통 그 자체일 뿐이다. 다시는 혁신을 하지 않겠다는 다짐이 생길 것이다.

감사 활동의 전제와 출발점은 감사 대상에 대한 감사자의 부정적 인식이다. 어떤 곳이든 분명히 크고 작은 문제는 있다. 사적인 이익을 취하기 위하여 무엇인가를 꾸미고, 법과 절차를 위반한 경우도 있을 것이다. 무리한 행정을 펼칠 경우도 있을 것이다. 판단의 오류를 범한 경우도 있을 것이다. 규정을 제대로 해석하지 못한 경우도 있을 것이다. 바늘을 찾는 것과 같은 감사를 하면, 사익이 포함되지 않은 선한 의도에 근거한 행정행위에서도 얼마든지 문제를 찾아낼 수 있다.

대전환이 필요한 감사 시스템

감사를 통해 찾아낸 문제는 그 행정행위를 한 공무원을 오랜 기간 옥쥔다. 사소한 것이라도 규정이나 절차의 위반은 명백하게 보인다. 이것은 사소한 위반이지만 책임을 물을 수 있는 엄청난 힘을 발휘한다. 사소하면 사소한 대로 중하면 중한 대로 해당 공직자는 징계 대상이 된다. 감사를 받은 공무원은 행정행위의 선한 의도를 설명하기 위해 노력한다. 그러나 선한 의도를 설명하는 것은 어렵다. 선한 의도를 명백하게 입증할 수 있는 증거를 제대로 내놓지 못하면 선한 의도는 인정받지 못한다. 선한 의도는 마음속에 존재하는데, 이를 어떻게 규정과 절차, 문서로 증명할 것인가. 공무원 생활 내내 징계라는 낙인이 따라다닌다. 해당 공무원은 그날 이후로 절대 혁신을 꿈꾸지 않는다. 혁신이 얼마나 위험한 것인지, 용기 있는 혁신이 얼마나 어리석은 것인지를 너무도 깊게 경험했기 때문이다.

친한 동료, 상관이 감사를 받고, 결국 징계를 받았을 때, 공무원들

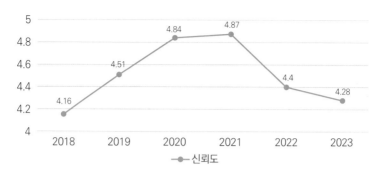

《시사IN》에서 2023년에 실시한 감사원에 대한 신뢰도 조사. ⓒ 시사IN
* 0~4점: 불신, 5점: 보통, 6~10점: 신뢰.

은 어떻게 공직생활을 하는 것이 현명한지 깨닫는다. 새로운 생각, 문제를 해결하려는 적극적 의지, 저항을 극복하려는 용기, 법 규정보다 국민을 우선하려는 마음가짐이 설 자리는 사라진다. 혁신에 대한 기대는 말도 안 된다. 현재와 같은 적극행정 면책제도도 답이 아니다.

감사가 무엇인지, 감사는 어떻게 이루어져야 하는지, 제대로 된 감사가 무엇인지를 생각하지 않을 수 없다. 정부혁신을 강조하면서 현재와 같은 감사의 관행을 유지하는 것은 있을 수 없다. 현재와 같은 상태라면 정부혁신과 감사 중 하나를 선택하는 것이 나을 수도 있다. 즉 정부혁신을 포기하거나 혹은 감사를 포기해야 한다. 어느 것 하나도 포기할 수 없다면, 감사가 변할 수밖에 없다. 정부혁신을 억누르는 감사가 아니라, 정부혁신을 촉진하지는 못해도 적어도 방해는 하지 않는 방향으로 감사를 재설계해야 한다. 감사의 목적, 방법, 범위, 활용 전반에 대한 재검토가 필요한 시점이다. 세상 모든 것이 변하고 있는데, 감사만이 불변일 수는 없다.

정부혁신의
성공과 실패

정부혁신은 그럴듯한 것이지만 약점이 있다. 통상 정부혁신에는 1년 이상의 긴 시간이 요구된다. 그 과정에서 여러 우여곡절이 있으며, 이를 겪으면서 정부혁신이 진행된다. 당초 계획하였던 때에 성과가 보이지 않기도 하고, 혹은 다른 방향으로 틀어지기도 한다. 정부혁신이 처한 환경이 워낙 가변적이기에 계획대로 진행되기 쉽지 않지만, 이런 것들이 정부혁신을 비판하는 사람들의 목표물이 되기도 한다. 특히 계획하였던 성과가 보이지 않으면 바로 정부혁신이 실패하였다는 극단적인 비판도 받는다. 성과는 숫자로 표현되는 경우가 대부분이라서, 목표 숫자에 도달하지 못하면 실패로 낙인찍힌다. 변명도 잘 통하지 않는다. 사실 숫자는 현상의 일부만을 반영하는 것으로 혁신 성과의 대표성을 확보하기 쉽지 않다. 성과라는 숫자가 만들어지는 과정에 담겨 있는 사람들의 고민, 수고, 노력은 제대로 주목받지 못한다. 과정이 있음으로 결과가 존재하는데 늘 과정은 결과만큼 인정받지 못한다. 혁신과정을 통해서 만들어지는 중간 결과물도 정말로 소중한 성과이다. 이것이 쌓이고 쌓여서 최종 성과물이 됨을 우리는 잊고 있다. 최종 성과물이 계획대로 보이지 않았다고 정부혁신 전체를 실패라고 규정할 수는 없다. 정부혁신이 멈추지만 않는다면 실패란 존재할 수 없다. 정부혁신의 실패는 정부혁신이 멈추는 순간일 뿐이다.

모두가 승자인 정부혁신

정부에 대한 비판, 정부혁신의 출발

정부혁신은 모든 이를 위한 것이다. 국민을, 공직자를, 기업을, 정부를 위한 것이다. 이에 반하는 혁신을 하고자 하는 사람은 없을 것이다. 정부혁신의 전략이나 과제를 둘러싸고 찬성과 반대의 논쟁은 있을 수 있지만, 정부혁신 자체를 반대하거나 혹은 특정한 기관이나 사람만을 위한 정부혁신은 없다.

정부혁신이 제대로 추진된다면 그에 따른 성공적인 결실이 모든 이에게 돌아갈 것이기 때문에 정부혁신에는 승자와 패자가 있을 수 없다. 모두가 승자이다. 패자는 있을 수 없다. 정부혁신을 둘러싸고 이루어지는 다양한 논쟁들은 더 좋은 정부혁신을 만들기 위하여 더 좋은 방법이 무엇인지, 어떤 개혁 어젠다를 어떻게 추진할 것인지에 대한 것이다. 선의의 경쟁이라고 해도 무방하다.

그런 의미에서 정부혁신은 기본적으로 비판이나 논쟁에 우호적일 수밖에 없다. 혁신 자체가 문제 인식에서 출발하며, 문제 인식은 현실에 대한 비판을 반영하며, 문제 인식과 비판은 늘 논쟁 그 자체이기 때문이다. 특히 다원적 사회가 갖는 구성과 가치의 다양성을 고려하면 논쟁은 지극히 정상적이며, 더 나아가서 논쟁이 다양하고 많을수록 혁신에 긍정적인 영향을 끼친다고 할 수 있다. 정부가 비판과 논쟁에 개방적일수록 정부혁신의 가능성은 높아진다. 아무런 논쟁도 비판도 받지 못하는 정부는 아무런 기대도 받지 못하는 정부일 가능성이 높다.

버티기 필요한 혁신

그러나 과유불급過猶不及이라고 했던가. 지나침은 부족함만 못하다고 하니, 혁신에 대한 강한 논쟁이 혁신을 발전시키기보다는 중단을 초래할 수도 있다. 물론 규범상 혁신은 넘침도 얼마든지 허용할 수 있어야 하나, 현실에서의 혁신은 그러하기 어렵다는 제약이 있다. 다시 혁신이 갖는 이상과 현실의 이중성을 떠올리지 않을 수 없다.

기본적으로 정부혁신에 대한 논쟁과 비판은 언제든지 충분하게 열려 있어야 하며, 이를 반박하거나 아니면 수용하거나 혹은 극복하면서 앞으로 나갈 수 있어야 한다. 그러나 경우에 따라서 정부혁신에 대한 강한 논쟁과 비판이 정부혁신을 거부하는 것으로 나타나기도 한다. 정부혁신의 추진 자체를 반대하기도 한다. 정부혁신은 일반적으로 집권 정부와 여당이 주도하여 추진하는데, 정치적 갈등이 첨예하여 야당을 중심으로 정부혁신에 대한 문제가 강하게 제기되거나, 정부혁신이 문제를 해결하는 것이 아니라 문제를 증폭시키는 부작용을 초래한다고 인식할 경우 정부혁신은 추진되기 어렵다.

특히 정부혁신의 어젠다가 정치적 특성을 강하게 띠고 있는 경우 찬성과 반대의 입장이 조정될 가능성이 약하다. 최근에는 부동산이나 조세와 같은 영역이 대표적이다. 이런 이슈와 연결된 정부혁신은 좌초될 가능성이 높다. 이럴 경우 현실에서의 정부혁신은 찬성파와 반대파가 승패를 가르기 위해 경쟁하는, 양보할 수 없는 각축장이 되기도 한다. 논쟁과 비판의 과정을 거쳐서 완전하지는 않지만 어느 정도 공감할 수 있는 영역이 만들어지면 그나마 혁신의 추진 가능성이 생긴다.

가장 어려운 것은 혁신에 대한 논쟁과 비판이 조금 더 앞으로 진전되지 못하고 그 자리에 서 있는 것이다. 그러면 혁신은 자연스럽게 사라진다. 그래서 혁신도 씨름처럼 버티기가 필요하다. 쉽게 승부가 나지 않는 호각지세일 경우, 버티기가 이루어진다. 겉으로는 소강상태로 보이지만, 선수들은 긴장의 끈을 놓지 않으며 상대방에게 혹시 있을지 모를 허점을 찾아내려, 마지막 힘을 쏟을 순간을 잡으려 한다. 버티기에 능한 혁신이 앞으로 나아갈 수 있다.

현실 속 정부혁신의 승부

정부혁신이 처한 정치적 지형이나 속성을 감안하면 정부혁신에 강한 반대의 입장이 있는 것도 지극히 정상적이다. 그러니 현실의 정부혁신에는 모두가 승자가 될 수 없으며, 승자도 있고 패자도 있을 수 있다. 모두가 패자가 되는 최악의 상황도 물론 있다. 승자와 패자가 있다는 것은 정부혁신을 둘러싸고 이해관계자 간에 이기고 지는 경쟁을 해야 함을 의미한다. 이렇게 되면 정부혁신은 승부를 내야 하는 치열한 게임 혹은 전장이 된다. 이것이 끝나고 나면 얻는 자가 있고 잃는 자가 있다. 정부혁신은 승부를 가르기 위한 게임이 아닌데, 현실에서의 정부혁신은 우리가 원하지 않는 결과를 만들어 낸다.

예전 게임은 플레이어 혼자 하는 것이 대부분이었다. 당연히 게임의 상대는 사람이 아니라 작은 단말기이거나 커다란 게임기였다. 오래전이지만 당시 유행하였던 테트리스나 두더지게임 같은 것이 전형적으로 혼자 하는 게임이다. 게임 프로그램이 단순하기에 몇 번만 해보면 곧 게임이 어떻게 진행될지 미리 예측할 수 있을 정도였다.

지금 유행하는 게임의 주류는 온라인 게임으로, 과거와는 비교 자체가 될 수 없다. 유명한 배틀 게임의 경우, 다수의 참여자들이 온라인상의 게임에 동시에 접속하여 플레이한다. 혼자서 하는 게임과 비교하여 다수가 동시에 참여하는 게임은 변화무쌍하여 엄청난 두뇌 회전을 필요로 한다. 모든 참여자들이 상대방의 전략을 실시간으로 분석하면서 자신만의 전략으로 게임을 한다. 게임이 끝날 때까지 끝없는 전략과 전술이 펼쳐진다. 예측하기 어려운 게임의 현장이다. 온라인 게임이지만 고도의 전략과 전술이 절대적으로 필요하다. 승부가 갈려야 끝나는 생존 게임이다.

이런 게임과 비교하면 정부혁신은 그나마 다행이다. 정부혁신에 대한 비판과 논쟁, 반대가 있더라도 완전한 승과 부를 가르는 경우는 적기 때문이다. 대개의 경우 혁신의 찬성파와 반대파 간에 협상과 절충도 이루어지고, 양보와 타협도 이루어지면서 진행된다. 정부혁신은 궁극적으로 국민을 위한 명분으로 추진되는 것이기 때문에, 극히 일부의 경우를 제외하고는 극단적인 반대를 하는 경우는 드물다. 누가 국민의 입장에서 더 설득력을 갖고 있는가가 중요할 것이다.

▌전쟁과 같은 정부혁신의 장

게임에 참여자가 있듯이, 정부혁신에도 다양한 참여자들이 있다. 정부혁신의 참여자들은 정부의 내부와 외부에 있으며, 이들은 정부혁신의 과정에 직간접적으로 참여한다. 직접 참여하지 않는 관전자도 넓은 의미에서 참여자의 범주에 포함될 수 있다. 정부 내부의 참여자로 대통령과 장관 그리고 부처의 공직자를 들 수 있으며, 정부외부의 참여자에는 시민사회, 전문가 등 학계, 시민단체, 언론, 정당 등이 있다. 내부는 외관상 혁신의 주체 혹은 지지자들로 주로 구성되는 반면, 정부 외부의 참여자에는 지지하는 사람도 있지만, 비판적인 입장을 갖는 사람도 있다. 정부혁신의 참여자들이 각양각색이어서 정부혁신이라는 장에서 각자 어떻게 생각하고 어떻게 움직일지 온라인 게임과 마찬가지로 예측하기 쉽지 않다. 정부혁신도 매우 복잡한 게임의 장이다. 정부혁신의 각 참여자들도 역시 승리하기 위한 전략과 전술을 구상한다.

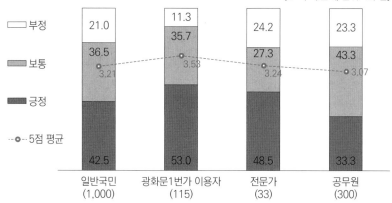

[N=( )전체/단위: %, 점]

정부혁신 성과에 대한 이해당사자 간 인식 차이.
ⓒ 한국행정연구원(2020). 정부혁신 성과와 개선방향. p.113.

정부혁신의 특성에 따라서 정부혁신 참여자들의 관심이나 역할의
정도가 달라진다. 정부혁신의 내용이 다양하게 구성되어 있기에, 그
안에는 눈에 잘 띄지 않을 정도로 작은 혁신도 있고, 혁신에 무관심
한 사람에게조차 쉽게 눈에 띄는 큰 혁신도 있다. 그런데 혁신의 크
기나 강도에 따라서 혁신을 둘러싼 이해당사자의 구성이 달라진다.

큰 혁신에 대해서는 혁신에 직접 참여하지 않거나 부정하는 사람
조차도 혁신의 내용과 성과에 관심을 갖는다. 당연히 혁신의 무임승
차도 존재한다. 무임승차는 경제학 용어이지만 정부혁신에도 무임승
차가 없으란 법은 없다. 혁신에 관심이 없고, 혁신의 추진에 적극 기
여하지 않아도 정부혁신은 참여자만이 아니라 모두를 위한 것이기
때문에 얼마든지 혁신에 따른 긍정적 편익은 누릴 수 있다.

전쟁이 끝난 후 얻게 되는 전리품은 전쟁에 참가한 병사나 장군에

게만 배분되지 않는다. 먼 후방에서 전쟁이 끝나기만 기다리던 백성에게도 배분되며, 심지어 전쟁을 피해서 꼭꼭 숨어 있었던 사람조차도 전리품에 눈독을 들이고, 획득하기 위하여 노력한다. 물론 이들에게도 전리품이 돌아간다. 오히려 때로는 이들에게 더 많은 전리품이 돌아가기도 하는 것을 역사는 보여주고 있다. 아이러니이지만, 이것 또한 우리가 현실에서 자주 목도하는 사실이다.

모두에게 돌아가는 정부혁신의 전리품

정부혁신의 성과도 참여자 혹은 승리자에게만 돌아가는 것은 아니다. 정부혁신에 반대하는 사람도 있으며, 이들이 정부혁신이라는 전장에서 설사 패자가 되더라도, 이들에게도 편익은 돌아가게 되어 있다. 정부혁신의 궁극적 편익은 특정 지역이나 사람이 아니라 국민 전체의 삶의 질을 높이고 국가경쟁력을 강화하고자 하는 것이니, 정부혁신의 패자라고 해서 이 편익에서 배제될 수는 없다. 승자든 패자든 모두가 정부혁신의 편익을 누릴 수 있는 것이 정부혁신이 갖는 가장 큰 장점이다. 동시에 정부혁신이 무엇을 위해서 필요한지를 보여주고 있다.

그래서 정부혁신의 주도자와 수혜자가 늘 일치하지 않는다. 즉 정부혁신의 추진에 따른 편익을 취한 수혜자, 결과적으로 승리한 사람이 반드시 정부혁신을 처음부터 주도한 사람이 아닐 수도 있다. 오히려 정부혁신을 방해하였거나 혹은 방관하였던 사람이 최종적 승자가 되어 편익을 취할 수 있다. 이런 일은 정부혁신에서 다반사로 일어난다. 혁신은 문제를 제기하고 이를 해결하는 것이니, 초기에 정부혁신을 주도한 사람은 문제를 해결하거나 최종적 성과를 확보한 사람 이전에 먼저 문제를 제기한 사람이다.

문제 제기 자체에 박수와 지지를 보내는 사람도 있지만, 이보다 더 많은 사람들이 문제 제기에 반대하고, 문제 풀이를 방해하고, 혹은 무관심하다. 문제를 제기한 사람, 즉 혁신가가 문제를 제기하였다고 늘 해답을 내놓을 수는 없다. 혁신가가 문제의 제기에는 성공하였지만, 답을 내놓는 데는 실패하여 잊혀지기도 한다. 그러나 사라진 혁신가가 제기한 문제가 사라지지 않고 싹을 틔우고 뿌리를 내리면, 이후에 이 싹에 물을 주고 영양분을 공급하는 사람이 있으며, 이후 결실을 가져가는 사람도 있다. 모두 같을 수도, 모두 다를 수도 있다.

가장 바람직한 것은 문제를 제기한 사람이 반대론자의 저항과 비판을 극복하고, 문제에 대한 적절한 해답도 내놓고, 문제를 상당한 수준까지 해결한 성공한 혁신가가 되는 경우이다. 혁신이라는 길고 힘든 과정을 멈춤이 없이 끌고 감에 따라서 혁신에 대한 문제 인식, 문제 풀이과정, 그리고 최종 성과 간의 일관성을 확보할 수 있다. 이 것은 정부혁신에 대한 국민의 신뢰를 확보하기 위하여 중요한 조건이다. 다만 이것이 현실에서는 쉽지 않다. 정부혁신의 과정도 나름 긴 시간을 요하는 경우가 많은데, 혁신의 과정에서 설계자, 집행자 그리고 성과를 거두는 자가 모두 다를 수 있다. 우리가 잘 알고 있듯이, 정부의 공직자들은 늘 순환하고 있지 않는가. 혁신의 전 과정을 모두 볼 수 있는 공직자는 드물다.

모두가 승자인 혁신

힘들고 긴 혁신의 과정에서 성공한 혁신가에게는 문제를 풀어 냈다는 승리의 달콤함과 뿌듯함도 있겠지만, 동시에 이 혁신가에게는 최종 결실을 맺기까지의 길고 험한 과정에서 크고 작은 많은 생채기가 생긴다. 혁신과정에서 있었던 수많은 비판과 저항은 그 자체로 끝나는 것이 아니라, 정부혁신을 주도하였던 사람에게 다시는 혁신을 주도하기 어려울 정도의 상처도 남긴다. 혁신가는 서 있기 힘들 정도로 탈진한다. 혁신을 주도했던 이들이 지쳐서 혁신의 무대 뒤에 기대어 있을 때, 그 틈에 혁신을 주도하지 않았던 사람들이 혁신의 전리품을 챙기기도 한다. 그리고 이들이 혁신가가 된다. 이들은 혁신의 성공을 위한 자신들의 열정과 노력을 자랑한다. 혁신은 전쟁터와 같다.

그러나 진정한 혁신가들은 이러한 것들을 불평하지 않는다. 애초부터 혁신은 그런 것이 아니기 때문이다. 혁신가들은 자신만의 이익을 위하여 힘든 혁신을 추진한 것이 아니다. 자신의 사적인 이익을 넘어서 공동체, 공익, 다수, 조직 등을 위하여 헌신하겠다는 마음으로 혁신에 몰입한 것이기 때문이다. 혁신을 위한 문제 제기와 수용, 그리고 문제의 작은 해결만으로도 이들은 보상받았다고 생각한다. 이들은 자신들이 혁신의 승자라고 생각한다. 다른 사람들이 인정하지 않아도 자신들이 승리하였다고 생각한다.

많은 혁신가들은 혁신의 성공으로 인한 전리품에 별 관심이 없다. 혁명가를 떠올려 보라. 수많은 혁명가들이 세속적 정치의 장에서 늘

345

제 7 장 정부혁신의 성공과 실패

성공하는 것은 아니다. 혁명가들은 혁명한 것을, 혁명이 성공적으로 이루어진 것을 기뻐할 뿐이다. 혁명 후의 권력을 늘 혁명가가 차지하는 것이 아니다. 오히려 많은 혁명가들은 권력의 뒤안길로 사라지지 않았는가. 진정한 혁신가가 원하는 것은 모두가 승자가 되는 정부혁신이다. 누군가는 혁신의 승자와 패자를 가르고 있을 때, 혁신가는 모두가 승리하였음에 자축한다.

정부혁신의 성과와 숫자

인류 혁신의 출발, 숫자

　사람들에게 인류 최고의 발명 혹은 발견이 무엇인지 물어보면 이구동성으로 숫자라 말한다. 언제부터인지 정확하게 가늠할 수 없지만, 문자를 사용하기 이전에 발명된 것은 분명한 것 같다. 아마도 숫자는 인간이 무리를 지어 살면서부터 쓰이지 않았을까. 무리를 지어 사는 인간에게 어느 순간부터 구분이 필요해졌고, 숫자는 구분을 가능하게 하는 너무도 쉬운 도구이다. 인류 문명의 발전은 숫자에서 시작되었고, 숫자로 진화하였고, 지금과 같은 세상을 만들었다. 지금도 숫자는 인류를 미래로 안내하고 있다.

　프랑스 수학자이자 역사학자인 조르주 이프라Georges Ifrah는 《숫자의 탄생 Les Chiffres: ou l'histoire d'une grande invention》에서 수의 발견과 역사

적 발전을 기가 막히게 설명하고 있다. 인류가 깊은 바다로, 끝없는 우주로, 보이지 않는 미세의 세계로, 무한한 증폭의 세계로 갈 수 있도록 한 힘의 원천은 숫자이다. 그러니 숫자는 그 자체로서 다시는 탄생하기 힘든 혁신이며, 세상의 어떤 혁신도 감히 이 숫자 앞에 설 엄두를 내지 못할 것이다.

숫자는 그 강력함으로 인하여 숫자에 머문 것이 아니라 수학으로 발전하였고, 수학은 모든 학문들의 기초이자 출발점이 되었다. 숫자는 세상이 어떻게 구성되어 있는지 명확하게 보여준다. 세상을 끊임없이 분해하기도 하고 또 다양하게 연결하기도 한다. 숫자로 설명할 수 없는 것은 없다고 해도 과언이 아닐 정도이다. 그래서 사람들은 숫자로 표현된 것에 대해서 정확하게 반증할 수 있는 무엇인가가 없는 한 쉽게 논쟁을 벌이지 못한다. 명확한 숫자는 어느 것보다 강력한 확신과 공격의 수단이며 동시에 강력한 방어막이다.

마법의 숫자, 진실과 거짓

숫자는 마법과도 같은 힘을 갖고 있다. 마법은 진실과 거짓의 경계에 있어서 사람들로 하여금 판단할 수 없게 한다. 숫자도 마찬가지인 듯하다. 사람들은 명확한 숫자로 표현된 것을 진실로 받아들인다. 그 숫자를 만든 사람이 누구인지, 어떻게 만들어진 것인지보다는 숫자 자체에 주목한다. 숫자는 객관적이라고 믿는다. 숫자로 표현되지 않는 것은 모호하고 불확실한 것으로 받아들인다. 반면 어떤 사람은 정반대로 숫자를 불신한다. 숫자가 표현할 수 있는 것은 너무 제한적

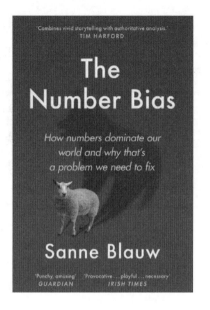

"그러나, 오해하지 마세요, 이 책은 숫자에 반대하는 책이 아닙니다. 숫자는 순수합니다. 실수를 하는 것은 숫자 뒤에 있는 사람들입니다. 이 책은 그들에 관한 것이고, 그들의 추론, 직감, 관심사의 실수에 관한 것입니다."(《서문》 중에서) Sanne Blauw의 이 책은 2020년 네덜란드에서 처음으로 출간되었고, 이후 여러 국가에서 번역되었다.

이라고, 지나치게 단순화한다고, 중요한 것을 보여주지 못한다고, 그리고 그 숫자는 현실이 아니라고 반박한다. 이렇게 어떤 사람은 숫자를 굳게 믿지만, 또 어떤 사람은 숫자를 불신한다. 이유는 각기 다르다. 그것은 그만큼 숫자가 갖고 있는 힘이 크다는 것을 역설적으로 보여준다.

숫자는 상상을 통해서 만들고 이를 자연에서 찾아내는 것이지만, 우리가 보고 사용하는 숫자는 나 혹은 누군가가 만들어 낸 것이다. 자연에 존재하는 것을 그대로 표현하기도 하고 혹은 부분적으로 표현하기도 한다. 거기에는 의도가 있을 수도 있고, 없을 수도 있다. 즉 만들어 낸 사람의 의도에 따라서 숫자는 거짓이 되기도 혹은 진실이 되기도 한다. 혹은 존재하지 않는 것일 수도 있다. 숫자는 복잡한 것을 단순하게, 반대로 단순한 것을 복잡하게 만든다. 숫자는 거짓을 진실로, 진실을 거짓으로 만들기도 한다.

숫자는 숫자의 본질과 상관없이 만드는 사람이나 사용하는 사람에 의해서 다양하게 활용된다. 우리는 숫자를 엉터리로 만들어 내기도 하지만, 제대로 산출된 바른 숫자를 우리 마음대로 해석하고 그릇된 방향으로 활용하기도 한다. 숫자는 원래 중립이다. 어느 편도 들지 않는다. 다만 숫자는 사용하는 사람에 의해서 색이 입혀지고, 한쪽 편으로 기운다. 특히 진실에서 벗어난 숫자가 미치는 영향은 크다. 당연히 잘못된 숫자, 왜곡된 숫자의 분석과 해석에 기초한 정부의 정책은 현실을 왜곡하는 것이며, 실패를 초래할 수밖에 없다. 정부는 숫자를 만들고, 분석하고, 해석하고, 활용함에 어떤 허점도, 왜곡도 있어서는 안 될 것이다. 숫자의 정확성에 앞서서 숫자를 만드는 과정의 객관성과 투명성이 필요한 이유이다.

숫자와 데이터

숫자는 강력한 것이기에 이를 제대로 만들고, 제대로 활용하여야 한다. 요즘은 숫자라는 표현 대신에 데이터data라는 단어를 사용한다. 데이터가 숫자라는 표현보다 더 그럴듯해 보이나 보다. 사실 데이터는 숫자만이 아니라 숫자가 아닌 것들도 다양하게 포괄하는 정보의 의미가 더 강하기에, 숫자와 데이터를 같이 놓고 비교할 수는 없다. 다만 숫자를 핵심으로 하는 데이터의 중요성과 활용이 급속도로 증가하고 있다는 점에서, 정확하고 왜곡되지 않는 숫자, 데이터의 활용은 절대적이다. 정보로서의 데이터는 그 자체로 분석되기도 하지만, 대부분 특정한 숫자로 변형되어 활용된다. 인공지능이 대표적인 예이다. 숫자가 세상을 변화시켰고, 앞으로 더욱 크게 변화시킴을 기억해야 한다.

어쨌든 숫자는 우리 삶에서 큰 부분을 차지하는 것이 현실이다. 우리가 처한 경제 상황, 부동산 가격, 주식투자, 인구, 교통사고, 환경오염의 정도, 심지어 인권조차도 숫자로 표현된다. 1인당 국민소득, 부동산 가격, 주가 등 숫자를 빼면 말하기 힘들 정도의 숫자 세상이다. 숫자가 지배하는 세상이라고 해도 과언이 아니다. 우리는 숫자를 올리기에 혹은 내리는 데 목을 매고 있다. OECD에서 산출한 각종 숫자들을 보며 일희일비한다. 어찌 보면 세상을 숫자 속으로 압축하고 있는 것이 아닌가 하는 생각도 든다. 아니면 숫자는 그 강력함으로 블랙홀과도 같이 세상을 숫자 속으로 끝없이 빨아들이고 있다.

다양하게 활용되는 숫자

숫자는 양적인 표현이지만, 거기에는 가치와 생각까지 담겨 있어서, 산출된 숫자를 둘러싸고 다양한 논쟁이 벌어진다. 극단적인 보수와 진보 간의 이념적 논쟁도 숫자를 중심으로 이루어진다. 각자 원하는 숫자를 보려고 하고, 원하는 숫자를 만들고자 한다. 어느 진영인가에 따라서 숫자의 산출 기준은 당연히 다르며, 심지어 같은 숫자에 대한 해석도 다르다. 숫자에 이념이 들어가면 합의나 타협과 같은 결론은 기대하기 어렵다.

2007년 벌어진 정부와 《중앙일보》 간의 정부 재정규모에
따른 큰 정부, 작은 정부 논쟁. ⓒ 대한민국 정책브리핑

참여정부 시절 있었던 작은 정부와 큰 정부를 둘러싼 논쟁이 대표적인 사례이다. 당시 언론과 보수학자들이 참여정부를 큰 정부라고 비판하면서 논쟁이 시작되었다. 참여정부와 진보학자들은 이에 반박하면서 논쟁이 가열되었다. 재미있는 것은 큰 정부와 작은 정부를 가르는 숫자를 각자의 기준에 따라서 산출하고 해석한다는 것이었다. 이후에는 정부의 규모보다는 숫자의 산출 기준과 해석을 둘러싼 논쟁이 중심이 되었다. OECD의 통계에 대한 해석도 각기 달랐다. 시간이 지나면서 이 논쟁은 결론 없이 흐지부지 사라졌다.

숫자는 상대적이기도, 절대적이기도 하다. 어떤 기준을 사용하는가에 따라서 평가가 전혀 달라진다. 숫자를 어느 관점에서 보는가에

다시 생각하는 정부와 혁신

따라서 기쁨과 실망이 교차한다. 1인당 소득이 증가하였다고 좋아하였는데, OECD 회원국 내 순위가 전년 대비 하락하였다면 대부분의 사람들은 후자에 집중하여 실망하고 정부의 능력 부족을 비판한다. 이 경우 상대적인 숫자의 활용이다. 반대로 교통사고 사망률과 같은 숫자는 상대적인 것보다 절대적인 숫자를 더 강조한다. 즉 다른 국가와의 비교 이전에 바로 우리 현실의 절대적인 문제이기 때문이다. 교통사고 사망률의 목푯값은 '0'이다. 전년도보다 교통사고 사망률이 급감하였어도, '0' 이상이면 문제가 된다.

정부혁신에서도 당연히 많은 숫자들이 활용되고 있다. 우리나라의 정부혁신 수준이 어느 정도인지, 우리 수준이 좋아졌는지 확인하고 싶은 열망이 결국 숫자로 표현된다. 우리의 혁신 수준이 몇 위인지, 몇 점인지 확인하려고 한다. 그래서 정부혁신과 관련한 활동을 최대한 숫자로 표현하려고 한다. 정부혁신의 목표를 숫자로 표현한 것은 이미 오래되었다. 정부혁신의 활동을 확인할 수 있는 숫자가 없으면, 우리는 자체적으로 숫자를 만들려고 한다. 이것은 다 좋은 의도로 볼 수 있다. 숫자로 표현하면 완벽하지는 않겠지만 노력이나 목표 달성의 정도, 혹은 성과도 확인할 수 있으니 여러모로 쓸모가 있다. 일부에서는 정부혁신의 목표를 숫자로 표현하는 것에 거부감을 드러내기도 하는데, 필자는 충분히 표현할 수 있다고 생각한다. 핵심은 그 숫자가 정부혁신의 핵심적 의미를 담고 있는가이다.

제 7 장 정부혁신의 성공과 실패

숫자로 표현되는 정부혁신의 성과

정부혁신이 속성상 가치 판단적 특성을 많이 갖고 있다 보니, 정부혁신을 둘러싼 다양한 논쟁들이 심심치 않게 일어난다. 정부혁신의 방향에서부터, 방법과 전략, 과제, 성과 등에 이르기까지 논쟁의 대상은 실로 다양하다. 가치에 대한 논쟁은 결론을 낼 수 없으니, 논쟁하다 지쳐서 멈추는 경우가 대부분이다. 그러나 정부혁신의 성과에 대해서는 진이 빠질 때까지 멈추지 않고 논쟁한다. 혁신 성과가 눈에 보이는 숫자로 표현될 수 있으니, 이 숫자를 기준으로 정부혁신을 통해서 무엇이 달라졌는지, 더 좋아졌는지, 더 빨라졌는지, 더 높아졌는지, 더 증가하거나 더 줄었는지 등 논쟁이 벌어진다. 숫자 산출의 기준에 문제가 있다거나, 숫자 자체가 틀리다는 등 숫자의 신뢰성 문제로까지 논쟁 대상이 확대되기도 한다. 이 모든 논쟁은 숫자가 갖고 있는 강력함 때문이다. 다들 정부혁신의 본질을 갖고 논쟁하기보다는, 오히려 숫자가 얼마나 강력한지 서로 주장하는 것 같다.

예를 들어서 한때 인천국제공항에서의 출입국 수속 절차 개선과 관련한 정부혁신 어젠다가 있었다. 그 성과는 수속과 통과에 소요되는 시간으로 측정되었으며, 우리나라는 전 세계에서 최고로 빠른 수준이라는 평가를 받았다. 당연히 기분이 좋다. 특히 인천국제공항은 출입국 속도만이 아니라 친절도에서도 세계 최고 수준으로 평가받고 있으니, 질과 양 두 측면에서 모두 큰 성과를 거두었다. 약간의 변동은 있을 수 있지만 거의 매년 세계 최고 수준을 유지하고 있다.

특허 출원에 소요되는 기간을 줄이는 혁신 어젠다도 있었다. 관련 부처의 노력을 통해서 시간이 대폭 줄어들었으며, 역시 세계 최고로 빠른 수준이다. 이것 또한 대표적 정부혁신 사례로 소개되었다. 모두 긍정적으로 평가되어야 할 정부혁신의 노력이고 또 성과이다. 이러한 속도 중심의 정부혁신은 원-스톱과 논-스톱이라는 개념까지 만들 정도로 발전하였다. 해외에서는 발견하기 쉽지 않은 정부혁신의 방법이자 성과이다. 언제부터인가 우리의 정부혁신은 속도전과 비슷한 양상이 되었다. 속도전 역시 숫자로 표현된다.

예전에 필자는 이렇게 빨리 등록된 특허권들이 어떻게 관리 혹은 활용되고 있는지 궁금해서 관련 기관들의 자료를 이리저리 확인해 보았다. 활용 실태를 확인하기가 쉽지 않았다. 특허 관련 부처와 공공기관 홈페이지도 이리저리 찾아보았고, 심지어 모 기관에는 직접 전화까지 하여 확인하려고 했다. 물론 속 시원한 답을 듣지는 못했다. 예를 들어서 세계 최고 수준으로 빨리 등록된 특허권들이 이후에 제품화, 상용화 등 활용단계로 넘어간 숫자는 확인하기 어려웠다. 특허의 등록 자체가 중요하고 의미가 있을 뿐만 아니라, 특허권의 특성상 상용화나 제품화와 거리가 먼 경우도 매우 많다는 점에서 이런 상황을 모르는 것은 아니었다. 그럼에도 불구하고 이렇게 빨리 등록된 특허권들이 이후 어떻게 활용되는지에 대한 통계자료가 있다면 더 좋은 특허정책과 기업정책을 추진할 수 있지 않을까 생각해 보았다. 특허권이 서류상으로만 등록된 것이 아니라, 이것들이 기업의 성장동력으로, 시장 개척의 교두보로, 해외시장 확대의 첨병으로 제품화되었으면 얼마나 좋을까 하는 기대를 해 보았다.

숫자에 담기지 않는 정부혁신의 노력들

이렇게 숫자로 표현되는 정부혁신의 성과는 강력하다. 적어도 긍정적으로 표현되는 정부혁신 성과의 숫자를 부정하기 쉽지 않기 때문이다. 게다가 정부혁신의 성과와 관련한 숫자는 대부분 OECD가 공식적으로 산출한 데이터나 혹은 정부가 측정하여 산출하기 때문에 숫자의 타당성이나 정확성을 정부 밖에서 검증하는 것도 쉽지 않다. 그러나 숫자 자체가 갖는 약점 또한 적지 않은 것이 사실이라는 점에서, 이와 같은 정부혁신의 성과를 둘러싸고 다양한 논쟁이 벌어진다.

숫자를 중심으로 하는 정부혁신의 성과에 대한 논쟁은 쉽게 결론이 나지 않는다. 정부혁신은 긴 과정으로서 여기에는 많은 것이 복잡하게 얽혀 있기 때문이다. 정부혁신은 다양한 이해관계자들이 관여하는 복잡하고 긴 과정이며, 이 속에는 해결하고자 하는 문제점에 대한 국민이나 공직자의 인식, 문제 인식의 과정, 혁신방법을 둘러싼 논쟁, 대안의 선택, 혁신의 문제점 진단, 성과의 인식 등 다양한 것이 포함되어 있다. 이와 같은 것들의 작용과 작동을 통해서 정부혁신이 진행된다. 그런데 숫자는 이와 같은 정부혁신과 관련된 다양한 것 중 극히 일부만을 표현할 뿐이다. 단순하게 표현되는 숫자는 그것이 비록 성과라고 하여도 정부혁신이 갖는 중요한 의미를 크게 축소하거나 혹은 반대로 과잉으로 만들기도 한다.

숫자로 표현되기 어렵다는 이유로 정부혁신의 과정에서 중요한 많은 것이 과소평가되고 있다. 제대로 된 성과가 만들어지기 위해서는 무엇보다도 제대로 된 문제 인식이 전제조건인데, 이것들은 쉽게

다시 생각하는 정부와 혁신

숫자로 표현되기 어렵다. 정부혁신을 둘러싼 다양한 이해관계자들 간의 갈등과 논쟁이 있다. 이것은 성공적인 정부혁신의 과정에서 필수적으로 직면할 수밖에 없는 것이다. 그러나 이것이 숫자로 표현될 리없다. 오히려 갈등과 논쟁이 있다는 것만 문제로 부각될 뿐이다.

특히 정부혁신을 추진하는 공무원들의 수고와 노력, 고민은 마지막에 산출되는 숫자가 아니라 혁신의 진행과정에 묻어 있다. 혁신의 진행과정은 컨베이어벨트와 같이 자동화된 것이 아니며, 공무원들의 노력으로 하나하나 만들어지는 것인데, 이러한 노력과 수고의 과정은 숫자로 표현되지 못하는 경우가 비일비재하다. 마지막에 기록되는 숫자만 강조하면, 과정을 만드는 사람의 어깨는 처질 수밖에 없다.

온전하게 기록되어야 할 정부혁신

숫자로 표현되는 정부혁신의 성과는 강력하지만, 그 성과를 만들기 위해서는 숫자로 표현할 수 없는 많은 과정과 노력들이 존재한다. 숫자로 표현되는 성과는 그러한 노력들의 결과이다. 우리는 숫자의 강력함에 매혹되어서, 정작 숫자가 만들어진 길고 긴 과정, 그 과정에서 흘린 땀, 시행착오, 고민과 논쟁, 실험, 실망과 환호를 제대로 보지 못한다. 숫자로 표현되지 못하였다는 이유로 정부혁신의 과정은 기억에서 사라진다.

지나간 정부혁신의 경험들을 제대로 기억함으로써 현재와 미래의 정부혁신이 더 나아질 수 있다. 제대로 기억하기 위해서는 정부혁신의 모든 것이 충실하게 기록되어야 한다. 숫자로 기록될 수 있는 것

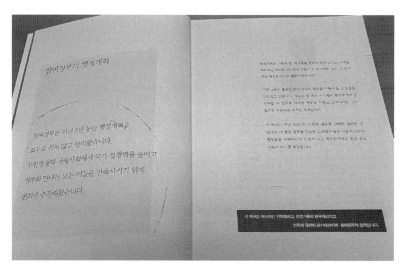

"이 백서는 역사적 기록물이고, 전문가들의 연구대상이고, 언론과 국민의 평가대상이며, 참여정부의 업적입니다."(백서 〈발간사〉에서) ⓒ 정부혁신지방분권위원회(2008). 참여정부 행정개혁백서.

은 정확한 숫자로 기록하고, 숫자로 기록하기 힘든 것은 글로 기록되어야 한다. 요약된 기록이 아니라 시시콜콜한 기록이어야 한다. 공식적인 회의나 최종적인 결과만을 담는 기록이 아니라, 혁신과정에서 벌어진 다양한 공식 혹은 비공식의 일들이 기록으로 남겨져야 한다.

온전하게 기록된 정부혁신의 내용들은 다음에 있을 정부혁신의 가장 중요한 토대가 될 것이다. 혁신의 기록은 혁신의 역사이다. 혁신이 기록됨으로써 더욱 빛을 낼 수 있을 것이다.

정부혁신의 성과와 평가

과정도 소중한 정부혁신

정부혁신을 추진하는 것 자체가 의미 있으며 추진과정도 중요하지만, 현실에서는 과정보다는 정부혁신이 어떤 결과를 창출하였는지가 정부혁신의 모든 것을 대표한다. 분명히 다들 혁신과정이 결과 못지않게 중요하다고 말하지만, 현실은 그렇지 않다. 과정이 중요하다고 말하던 사람조차도 평가를 해야 할 단계가 되면 결과를 더 중시하고 있음을 부인하기 어렵다. 사람들이 혁신의 결과나 성과에 대해서 가장 궁금해 하는 것이 문제될 일은 아니다.

혁신의 필요성에는 적극 동의하지만, 긍정적인 결과가 제대로 확보되지 않으면 비판으로 돌아서는 것을 비판하기 어렵다. 과정을 설명하고 이해하는 것이 쉽지 않은 긴 과정이라면, 결과는 어느 순간에 측정되는 것이니 긴 설명이 필요 없이 간단하다. 그러니 만일 과정과 결과가 경쟁하면 결과가 승리하기 십상이다. 혁신은 규범과 현실 사이의 어느 지점에서 움직이고 있다. 어느 한쪽 편을 들지 않는다. 그러나 마지막 종이 울리면 사람들은 모두 결과가 보이는 현실로 몰려 간다.

과정이 기계적이고 단순한 것이라면 과정보다 결과를 더 중시할 수도 있다. 예를 들어서 공장에 자동으로 움직이는 컨베이어벨트와 같은 생산라인이 설치되어 있고 부품이 자동으로 조립되는 구조라면 과정의 중요성은 상대적으로 덜 강조된다. 대신 컨베이어벨트를 통과하여 완성된 제품에 이상이 있는지 여부, 즉 결과로서 완제품의 상태가 더 중요하다.

그러나 혁신의 과정은 절대 자동으로 조립되는 컨베이어벨트 시스템이 아니다. 자동의 프로세스 설계 자체가 불가능한 영역이 혁신이다. 아무리 계획을 세워도 계획대로 진행되지 않는 것이 혁신의 과정이다. 같은 계획을 세워도 다른 모습의 결과가 만들어지는 것이 혁신이다. 그 결과들은 계획에서 어긋난 잘못된 결과가 아니라 정상적으로 산출된 다양한 모습의 결과일 뿐이다. 우여곡절의 과정을 거쳐서 천신만고 끝에 만들어지는 것이 혁신의 결과이다. 결과가 값진 것은 그 과정 때문인데, 정작 그 소중한 혁신과정이 제대로 평가받지 못하고 있는 것이 우리 혁신의 현실이다.

독촉받는 성과

정부혁신을 추진하는 정부 내의 주도적 그룹, 예를 들어서 대통령과 비서진, 부처 장관과 공무원, 그리고 혁신과정에 참여하고 있는 전문가들은 정부혁신의 성과에 주목할 수밖에 없다. 이들은 처음부터 정부혁신의 필요성과 방향, 과제에 대한 강한 신념과 의지를 갖고 추진한다. 이들에게는 그것이 평가의 대상은 아니다. 결국 남는 것은 혁신의 의지를 어떻게 성과로 보여줄 것인가이다.

신념과 의지는 구체적인 실체가 아닌 규범적 주장이라는 점에서 공허할 수 있기에, 정부혁신의 추진 주체들은 이를 구체적 성과로써 현실에서 증명해 내야 한다. 특히 정부혁신 추진의 핵심적 설계자와 주도자는 계획의 내용과 발표를 통해서 목표를 명확하게 제시하였다. 그 목표의 달성 여부를 성과로 인식할 수밖에 없다. 정부혁신의 출발점은 가치와 이상이지만, 결승점은 계획에서 약속한 현실의 성과일 수밖에 없다.

정부는 정부혁신 추진의 초기에 다양한 이벤트와 행사를 통해서 정부혁신의 당위성이나 전략, 주요 과제들을 요란스럽게 홍보한다. 홍보를 통해서 새 정부가 국가와 국민을 위해서 진심을 다해 노력하고 있으며, 이를 위하여 정부혁신을 추진하고 있음을 국민에게 알리는 것이다. 이를 통해서 정부혁신에 대한 국민의 수용성 확대와 혁신 추진의 동력을 확보함은 물론, 잘 되면 새 정부의 정당성까지 한층 더 강화시킬 수 있다. 정권 초기에는 정부혁신 자체를 외부에 알리는데 적극적이지 않을 수 없다.

정부혁신이 추진되고 얼마의 시간이 지나면 사람들은 정부혁신의 결과와 성과가 무엇인지 확인하려고 한다. 혁신이 의미 있는 결과로 이어지려면 어느 정도의 시간이 필요한데, 사람들의 관심은 온통 과정을 건너뛰어 바로 결과로 넘어간다. 사람들은 정부혁신을 추진하는 주체들에게 여유 있는 시간을 주지 않는다. 기다려 주지 않는다. 여기서 정부혁신을 추진하는 그룹과 그렇지 않은 그룹 간에 시간에 대한 인식의 차이도 있다. 같은 1년을 두고 정부혁신 추진 그룹은 너무 짧다고 하지만, 외부 그룹은 매우 긴 시간이라고 인식한다. 이들은 1년이면 성과를 내는 데 충분한 시간이라고 생각한다.

교과서적으로 접근하면 단순한 혁신과제가 아닌 이상 1년 이내에 그럴듯한 성과를 만들기란 어렵다. 정부혁신 추진 그룹은 1년은 성과를 내는 데 너무 짧다고 항변하지만, 정부혁신의 관찰자, 대상자 그리고 언론에게는 이것이 변명으로밖에 들리지 않는다. 이들은 충분한 시간을 주었다고 생각하고, 성과를 보자고 한다. 결국 계획을 발표할 때의 기세는 수그러들고 무엇이라도 성과를 보여주지 않으면 안 된다는 강박관념에 갇힌다. 강박관념은 불안의 증세로, 정부혁신 주도 그룹은 정부혁신 초기 계획은 잊어버리고 관련 부처에 성과를 제출하라고 독촉한다. 부처는 성과를 제출할 수밖에 없는 처지이다.

시간이 필요한 혁신

정부혁신을 시작한 지 1년도 되지 않아 그럴듯해 보이는 성과를 내놓았다면, 그것은 이전의 정부활동에서 비롯된 결과이거나, 현 정부의 개혁과 관련하여 단기적으로 발생한 외형상의 대증적 결과이거나, 아니면 혁신활동과 무관한 것이 혁신 성과인 것처럼 과잉 포장된 것일 수 있다. 성과를 독촉하고, 바라보고 있는 사람들의 비판의 눈초리를 피하기 위해서 나온 결과들이다. 그러나 공작의 화려한 깃털로 잠시 위장된 까마귀의 정체는 가벼운 바람에도 쉽게 드러난다.

여기에 더하여 우리들도 정부혁신의 성과를 평가하겠다고 나선다. 조금 더 기다렸다가 평가하면 좋으련만, 정부혁신이 잘 추진되었는지, 성과가 좋은지 여부를 확인하겠다고 평가라는 잣대를 들이민다. 교과서에서도 평가를 과정평가와 결과평가로 구분하지 않는가. 1년도 안 되어 평가하려고 하면 혁신 추진과정이 순조로운지, 어려움은 없는지, 무엇을 보완해야 할 것인지 등 과정 중심으로 평가하면 좋으련만, 이런 관점은 본 척도 하지 않고 성과를 평가하겠다고 한다. 성과에 집착하는 순간, 과정은 한가로운 이야기가 되어 버린다. 과정평가도 중요한 평가라는 것을 받아들이지 않는다.

좋은 평가는 좋은 정책을 완성하는 데 핵심적인 역할을 하기에 평가 자체는 필요하고 중요하다. 그러나 합리적인 평가가 필요함을, 그러기 위해서는 혁신 추진 시간이 더 필요하다고 주장하는 것은 평가를 거부하는 것으로 인식된다. 성급한 평가를 주장하는 사람들은 성과가 도출되어야 한다고, 성과를 확인할 수 있다고, 얼마든지 평가가 가능하다고 주장한다. 결국 정부혁신에 대한 성과평가는 진행된다.

정책을 시작할 때도, 혹은 마지막 단계에서도 평가는 활용될 수 있다. 다만 같은 평가라고 하여도 정책의 추진 시기에 따라서 평가의 대상과 내용이 달라져야 한다. 정책추진 초기에는 계획의 적절성이나 자원의 확보 등이 중요한 평가의 대상이라면, 정책집행 단계에서는 집행과정과 내용, 갈등 발생의 여부 등이 평가대상이 된다. 사실 이런 정책의 추진과정에서 만들어지는 중간결과물도 넓은 의미에서의 성과에 포함될 수 있다. 다만 우리가 일반적으로 말하는 최종적 결과물로서의 정책 성과는 정책이 마무리되고 나서야 비로소 평가대상이 될 수 있다.

성과는 정책의 종결과 더불어 나타나는 경우도 있지만, 종결되고 난 이후 더 많은 시간이 흘러서 나타나는 경우도 있다. 또한 성과가 구체적으로 드러나는 경우도 있지만, 규범적으로 발생하는 경우도 있을 정도로 다양한 모습으로 나타난다. 그래서 평가에서 중요한 것의 하나가 바로 적절한 대상 선정이다. 적절하지 않은 대상을 평가하면, 아무리 정교한 평가라고 해도 무의미할 뿐이다.

자주 인용되는 어린이 동화책의 이야기가 있다. 어린 식물이 제대로 자라기 위해서는 비도 오고, 햇빛도 필요하고, 땅의 영양분도 공급되어야 한다. 충분한 시간도 필요하다. 이것들이 모두 합해져야 어린 싹은 건강한 식물로 성장한다. 그런데 급한 마음에 제대로 뿌리를 내리지도 못한 어린 식물을 쭉 잡아 뽑는다. 그날 하루는 쑥 자란 것처럼 보인다. 그러나 다음 날 어린 식물은 쓰러져 있다. 말라 죽어 있다. 미처 뿌리를 내리지도 못한 어린 식물을 뽑아 올렸기 때문이다. 어린 식물이 제대로 성장할 수 있는 시간조차 기다리지 못한 결과이다. 시간은 기다림이다. 혁신에도 시간이 필요하다.

평가를 위해 만드는 혁신 성과

정부혁신도 마찬가지이다. 정부혁신이 아직 집행단계임에도 성과를 확인하려고 평가라는 잣대를 무리하게 적용하는 것은 우물에서 숭늉을 찾는 것과 같다. 우물에서 퍼 올린 물은 목을 시원하게 축일 수 있을 정도면 충분하다. 우물의 물이 구수한 물이기를 기대하는 것은 있을 수 없는 일 아닌가.

우리는 아직 정부혁신의 의미와 필요성, 과제에 대한 충분히 인지와 공유도 부족한 상태에서 성과를 내놓으라고 강요한다. 정부혁신의 가치, 방향, 전략, 어젠다와 관련하여 모든 것이 충분히 인식된 가운데 정부혁신이 추진되는 것은 아니다. 오히려 정부혁신의 추진과정에서 혁신의 가치와 방향에 대한 충분한 이해와 공유가 촉진되며, 선뜻 동의되지 않았던 혁신 어젠다에 대해서도 수용성과 몰입도가 증가할 수 있다. 혁신의 추진과정은 이렇게 혁신에 대한 이해와 수용의 과정이며, 이를 통해서 혁신 추진이 촉진될 수 있다. 이 시간은 단순한 정책집행의 시간이 아니라 혁신의 가치가 숙성되는 과정이다.

평가라는 잣대를 서둘러 들이밀면 정부혁신을 추진하는 일선의 공무원들은 어떻게 해서든 성과를 내놓을 수밖에 없다. 그렇지 않으면 이러저러한 불이익을 받을 수도 있기 때문에 외관상으로만 그럴듯해 보이는 성과라도 내놓게 된다. 이들은 얼마든지 충분히 그럴듯하게 꾸밀 수 있다. 예전의 것을 재활용하거나, 다른 정책의 성과를 이용하거나, 혹은 과잉 포장된 예측치를 내놓기도 한다. 이것은 혁신을 통해서 만들어진 성과가 아니라, 평가를 위해 만들어 낸 성과이다. 평가자들이 이 성과들이 정부혁신으로 인한 성과물인지 아닌지를 정확하게 구분하기란 어렵다. 정부혁신의 성과는 구하려 한다고 해서 억지로 구해지는 것이 아님에도 여기저기 찾으러 나선다. 아직 아무것도 만들어진 것이 없는 데도 찾아낸다.

전문가들로 구성된 평가단은 이렇게 꾸며지고 만들어진 성과들을 놓고 평가한다. 다양하고 구체적인 과학적 기준까지 만들어서 복잡하게 평가하고, 평가 결과에 근거하여 우수에서 미흡까지 다양하게 등급을 부여한다. 우수한 등급 평가 결과에 대해서는 세밀한 분석도 하고, 시사점도 도출하여 미흡한 기관들이 따라하라고 한다. 과연 전문가들은 무엇을 평가하였을까. 평가 전문가들이 본 것은 무엇인가. 평가 결과는 객관적이고 합리적인가. 우수한 기관들은 평가 결과에 동의할까. 미흡한 기관들도 평가 결과에 동의할까. 혹 다들 알고 있는데 평가자만 모르는 것인가. 아니면 다들 알면서도 모르는 척하는 것인가.

투자가 필요한 정부혁신 평가

정부혁신의 성과는 무엇이며, 언제쯤 그 성과가 나타날까. 우리 눈에는 그 성과가 제대로 보일까. 1년도 되지 않아서 나타나는 성과는 어떤 것일까. 정부혁신을 추진하였던 공무원들은 이런 평가들을 어떻게 받아들이고 있을까. 또 국민은 어떻게 생각할까. 이것은 정부혁신에 대한 평가만이 아니라 대개의 평가에서 우리가 직면하게 되는 유사한 질문들이다. 물론 이 질문에 대한 답도 애매하다.

정부혁신에 대한 평가는 필요하고, 또 중요하다. 오죽하면 측정 혹은 평가하지 못하는 것은 추진할 필요가 없다고까지 주장하는 전문가도 있다. 그러나 평가하기 쉬운 것도 있지만, 평가하기 정말로 어려운 것도 많다. 초기에 평가할 수 있는 것이 있고, 몇 년이 지나도 제대로 평가할 수 없는 것도 있다. 전문가만이 정확하게 평가할 수 있는 것이 있고, 오직 국민만이 제대로 평가할 수 있는 것도 있다. 실적 보고서에 정확하게 쓸 수 있는 성과가 있고, 도저히 몇 개의 숫자 혹은 문장으로 표현할 수 없는 성과도 있다. 눈에 보이는 성과도 있지만, 눈에 보이지 않는 정말 좋은 성과도 있다. 평가를 위하여 만든 실적보고서의 성과는 과연 혁신의 노력, 땀, 의미를 얼마나 제대로 표현한 것일까. 평가를 위한 지표나 모델을 개발해 본 경험을 가진 전문가나 혹은 평가과정에 참여하여 제대로 평가해 보려고 했던 경험을 가진 평가자라면 아마도 이와 유사한 생각을 갖고 있을 것이다.

정부혁신은 평가를 위해 하는 것이 아니다. 평가가 만능도 아니다. 일부에서는 평가라도 하지 않으면 그렇지 않아도 쉽지 않은 정부혁신이 제대로 추진되지 않는다며, 정부혁신을 강력하게 추진하기 위해서는 반드시 평가가 필요하다고 주장한다. 필자도 평가가 중요하다는 것에는 동의하지만, 이것이 평가의 모든 것을 정당화하는 것은 아니다. 잘못된 평가가 오히려 정부혁신을 엉뚱한 곳으로 안내한다. 정부혁신의 가치를 손상시키고, 외관만 그럴듯하게 만들어낸다. 그대로 놔두면 잘 추진될 수 있는 정부혁신이 평가로 인하여 왜곡되어 버린다는 지적도 있다.

평가는 분명 필요한 제도이다. 평가를 부정할 필요는 없다. 중요한 것은 제대로 된 평가가 이루어져야 한다는 것이다. 평가를 위한 정부혁신이 아닌 정부혁신을 위한 평가여야 한다. 평가가 정부혁신에 우선할 수도 없고, 압도할 수도 없다. 평가를 통해서 정부혁신을 촉진하고 싶다면, 적절한 평가대상에 대해서 제대로 된 평가기준과 방법을 적용해야 한다. 어설프게 만든 평가제도로는 안 된다.

제대로 된 평가가 활용되려면 평가에 대한 적절한 투자가 필요하다. 평가에 대한 투자에는 몇 가지 요소가 있다. 하나는 평가를 위한 도구의 개발과 관련한 비용이며, 또 하나는 평가를 수행하기 위한 비용이다. 간단한 성과에 대한 평가라면 평가도구의 개발과 평가소요 비용이 매우 적을 수도 있다. 그러나 평가대상이 되는 정책이나 사업의 규모가 크고 국가적으로도 중요한 경우 그에 상응하는 평가제도 개발을 위한 투자가 필요하다. 특히 평가 결과가 미치는 영향이 적지 않다면, 평가도구의 개발과 평가수행에 적지 않은 비용을 투자해야 한다. 대규모 국책사업을 추진하기 전에 예비타당성 조사를 하는 것이 그 사례이다.

정부혁신의 내용과 규모, 그리고 정부와 시민사회, 국가에 미치는 영향은 어떤 정책과 비교해 보아도 결코 가볍지 않다. 그러나 정부혁신에 대한 투자는 얼마나 될까. 비교하기 쉽지 않을 정도로 적을 것이다. 정부혁신에 대한 평가가 진실로 중요하다고 생각하면 그에 상응하는 투자가 이루어져야 한다. 평가에 제대로 투자할 생각이 없으면, 평가를 하지 않는 것이 맞다.

정부혁신의 평가와 신뢰

평가 만능주의, 평가 공화국

정부와 관련된 연구를 하는 학자들이 공통적으로 하는 말이 있다. 대한민국은 '평가 공화국'이라는 표현이다. 재미로 가볍게 표현하는 용어이지만, 가볍게 여길 수 없는 무게가 있다. 평가 공화국이라는 표현 속에는 평가가 많고, 평가를 좋아하고, 평가를 하면 문제가 해결되고, 또 원하면 언제든지 순식간에 평가제도를 만들어 낸다는 의미가 담겨 있다. 평가 만능주의라고 해도 무방하다. 필자도 많은 평가를 해 보았고, 또 평가를 위한 지표의 개발과 모델도 만들어본 경험이 있으니 우리나라가 평가 공화국이 되는데 일조한 것 같다.

정부만이 아니라 민간부문에도 정말 많은 평가제도들이 있다. 우리나라에 평가제도가 얼마나 되는지 정확히 알고 있는 사람은 없을 것이다. 정부가 너무 많은 평가를 한다고 지적하는 언론사마저도 평가제도를 만들어 활발하게 활용하고 있지 않은가. 그런데 제도가 많다는 것은 쓸모가 있다는 의미도 있지만, 기존 제도들이 제대로 활용되지 못함을 뜻하기도 한다. 많다는 것은 없다는 것과 일맥상통하는 경우가 많다. 평가제도도 그런 영역의 하나가 아닐까.

정부를 대상으로 정부 스스로 하거나 혹은 외부에서 정부를 대상으로 하는 다양한 평가들이 수도 없이 많이 연례적으로 진행된다. 정부 서비스에 대한 만족도 조사에서부터 정부와 정책 신뢰도, 청렴도, 정책 수용도, 지지도 등 헤아릴 수 없을 정도로 많다. 평가가 줄어들 기미는 없다. 언제까지 계속 증가할지 두고 볼 일이다. 전 정부적 수준에서의 평가만이 아니라 개별 부처 단위 혹은 정책별로도 다양한 평가가 이루어진다. 평가를 통해서 노력과 성과를 확인하고, 이를 이후의 개선방안 수립에 반영할 수 있다는 점에서 그 의미가 결코 작지 않다. 좋은 평가는 좋은 정책과 효율적인 정부를 위한 밑거름이 될 수 있다.

정부에 인색한 평가

정부와 정부정책을 대상으로 하는 평가에서 한 가지 공통점을 찾을 수 있다. 어떤 평가이든 전반적으로 평가 결과가 긍정보다는 부정의 비율이 높다는 것이다. 긍정의 비율이 높은 경우가 있다면 그것은 아주 예외적인 경우이다. 일반적인 척도에서 활용되는 중간 값예를 들어서 보통 혹은 그저 그렇다을 제외하면 부정의 비율이 더욱 선명하게 증가

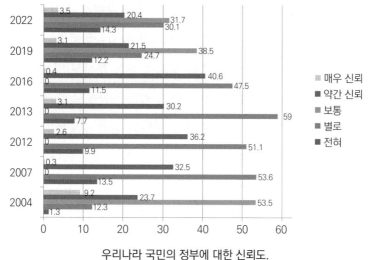

우리나라 국민의 정부에 대한 신뢰도.
ⓒ 한국행정연구원(2022). 행정에 관한 국민 인식조사.

한다. 개별적인 평가방법별로 평가의 타당성과 정확성이 어떤지, 그리고 평가 결과의 의미가 무엇인지 정확하게 확인하기는 어렵지만, 평가 결과를 통해서 정부와 정책에 대한 국민들의 전반적인 인식의 경향을 충분히 읽어 낼 수 있다. 많은 평가에서 국민들이 정부와 정부정책 전반에 대해서 상당히 인색하게 평가하고 있다.

정부와 관련한 전반적인 영역에 대한 부정적 평가 결과는 넓은 의미에서 보면 정부에 대한 국민들의 신뢰도가 낮다는 것을 의미한다. 물론 어느 정도의 점수가 긍정적 혹은 부정적인 신뢰를 보여주는 것인지 정답은 없다. 일반적으로 100점 중에 80점 이상을 긍정적인 기준선으로 본다면, 우리의 경우는 대개 이 수준을 넘지 못하는 것 같다. 그렇다면 우리 정부는 국민들이 믿을 수 없는 존재라는 것인가.

제 7 장 정부혁신의 성공과 실패

원론상 정부는 국민의 대리인이니, 정부는 당연히 국민의 신뢰를 받아야 한다. 그런데 미국의 정치학자 나이[Nye, J. S.]의 지적과 같이, 대부분의 국가 정부는 국민들로부터 신뢰를 받지 못하고 있으니, 우리 정부만 특별히 불신의 대상은 아니라고 위안을 삼을 수도 있겠다. 불행 중 다행일 수도 있지만, 우리나라 정부의 신뢰 정도는 OECD 국가들 중 낮은 편에 속한다는 점에서 그리 안심할 일도 아니다.

더 부정적인 것은 우리 정부에 대한 불신의 정도가 앞으로도 개선될 여지가 별로 보이지 않는다는 데 있다. 일시적으로 개선되었다가 다시 나빠지는 등 신뢰 상승을 보여주는 추세선이 예측되지 않는다. 이쯤 되면 국민들은 정부에 대한 더 이상의 기대를 접는 것이 정상적이다. 그런데 흥미롭게도 이런 불신의 지속에도 불구하고, 국민은 여전히 정부에 더 많은 것을 기대하고 요구한다. 국민은 간밤에 눈 내린 새벽의 골목길 청소와 같은 것에서부터 대규모 태풍과 세계적 전염병에 대한 예방과 대응, 강대국과의 첨예한 외교적 대결에서의 승리에 이르기까지 다양한 것을 요구한다. 이것은 정부에 대한 신뢰 수준과 무관하게, 국민은 여전히 정부가 국민의 삶의 질과 국가의 발전에 절대적인 영향을 미치고 있는 것으로 받아들이고 있음을 확인해준다.

평가 결과에 담긴 의미

이렇게 정부에 대한 불신이나 정부혁신에 대한 부정적 평가의 흐름이 달라질 가능성이 별로 없음에도 불구하고 국민은 계속 정부에 다양한 것을 기대하고, 또 정부혁신까지 요구하고 있다. 국민은 정부가 여전히 국민의 기대를 충족할 수 있는 역량이 있다고 믿고 있다. 마찬가지로 정부혁신이 중요하며, 또 가능하다고 믿기 때문이다. 완전한 불신의 상태에서는 정부에 대한 기대와 혁신도 아예 포기할 것이다. 다행히 정부 스스로도 정부혁신을 멈추지 않는다. 국민과 정부 스스로가 정부혁신의 가능성을 믿고, 또 멈추지 않는다는 것은 미래에 희망이 있음을 말해 준다. 이것만으로도 긍정적이다.

다만 정부가 정부혁신을 멈추지 않고 진정성 있게 계속 추진하고자 한다면, 정부와 정부혁신에 대한 국민들의 부정적 평가에 담겨 있는 뜻을 제대로 읽어 낼 수 있어야 한다. 국민이 정부의 노력을 알아주지 못한다는 서운함보다 정부혁신의 무엇이 잘못되었는지, 성과는 제대로 나타난 것인지, 억지로 마지못해 한 혁신은 아닌지, 추진전략에 오류는 없는지 하나하나 다 제대로 살펴보아야 한다.

정부와 공직자의 관점에서 문제를 확인해 보는 것도 필요하지만, 국민의 시선으로 돌아가서 국민은 과연 무엇으로 정부혁신을 평가하는지, 왜 부정적으로 평가하는지 주의 깊게 들여다보아야 한다. 국민은 정부혁신을 어떤 관점에서, 어떤 기준으로, 어디까지 평가할까. 혹 국민이 잘못 평가하는 것은 아닌가. 평가지표나 평가방법 자체가 잘못되었나. 별의별 생각을 다해 본다. 방법으로서의 평가제도의 합리성에 대한 점검도 필요하고, 동시에 평가 결과가 함축하고 있는 의미도 잘 해석해 낼 수 있어야 한다.

제 7 장 정부혁신의 성공과 실패

혁신에 몰입한 공무원과 혁신 피로감

필자도 몇몇 정부에서 정부혁신 추진과정에 직간접적으로 참여한 경험이 있다. 필자의 직접적인 경험과 간접적인 관찰을 통해서 보면, 각 정부는 나름대로 최선을 다했고, 힘들지만 노력하였고, 잘 알아주지 않지만 성과도 분명히 있었다. 특히 정부혁신에 참여한 공무원들의 노고도 적지 않다.

이들은 주어진 혁신과제만 추진한 것이 아니라, 스스로 추가적인 혁신과제도 제안하였고, 혁신과제가 현장에 제대로 접목될 수 있도록 노력하였다. 정부혁신을 논의하는 TF에서 혁신의 방법이나 내용에 대해서 열띤 토론을 하고, 자신이 속한 부처에서 혁신의 고민과 노력을 설명하던 공직자들의 진지한 모습이 지금도 선하다. 노무현 정부하에서는 혁신 피로감이라는 용어까지 등장할 정도로 전 정부적 수준에서 공무원들이 혁신에 엄청나게 몰입하였다. 아쉽게도 이 모든 것은 정부혁신 과정에 가까이 있지 않으면 알 수 없는 것이다.

정부혁신을 위한 노력과 열정, 성과들이 부정적 평가를 받고 있다는 혁신과 평가의 딜레마 문제를 해결하기 위하여 역대 정부들은 나름대로 다양한 해법을 모색하였다. 한 예로 정부혁신에 대한 홍보 부족을 이유로 판단하여 홍보를 강화하였다. 정부혁신을 위한 노력과 성과는 많은데, 정작 홍보가 부족하여 국민이 혁신의 추진 자체를 제대로 알지 못하고, 이에 따라서 성과에 대한 체감도도 낮아서 부정적으로 평가하였다는 진단에 따른 것이다.

이와 같은 진단은 정부혁신을 강도 있게 추진하였던 김대중 정부와 노무현 정부 모두 공통적으로 하였다. 특히 노무현 정부는 당시 정부혁신을 총괄하였던 대통령위원회인 정부혁신지방분권위원회에 홍보 관련 전담부서인 정책홍보실까지 설치하였을 정도이다. 그러나 당시 홍보를 강화하였음에도 정부혁신에 대한 국민과 언론의 부정적 평가가 긍정적 평가로 전향적으로 전환되지는 않았다. 당시 필자의 기억으로는 정부에 대한 부정적 평가가 정부혁신에 대한 부정적 평가에도 영향을 미친 것은 아닌가 하는 생각이다.

당시 필자는 모 공공기관으로부터 혁신과 관련한 강의를 요청받았다. 준비한 강의를 마치고 잠깐의 토론시간이 이어졌다. 청중 한 분의 의견이 지금도 선명하게 기억에 남아 있다. 자신은 참여정부의 혁신방법에 문제가 많다며 동의하지 않는다고 하였다. 통상 외부에서 강의하러 오는 경우에 청중들은 특별한 반론을 제기하지 않는 것이 일반적이다. 필자도 순간 당황하였지만, 바로 답변하였다. 필자는 반론을 펴기보다는 혁신에 문제가 많다는 토론자의 지적에 동의한다고 하였다. 당연히 참여정부의 혁신방법에도 많은 흠결이 있을 수 있었기 때문에 구태여 이를 부정할 필요는 없었다. 대신 필자는 문제와 허점이 있는 정부의 혁신방향과 전략을 그대로 수용하지 않는 대신, 기관에 맞는 혁신을 고민하여 추진하면 좋겠다고 말하였다. 좋은 평가를 위하여 동의되지 않는 혁신을 추진하는 것보다는, 낮은 평가를 받더라도 기관에 맞는 혁신을 찾아내어 추진하는 것이 더 좋겠다고 답변하였다. 아주 오래전의 일이지만 지금도 그 당시의 상황이 선명하게 떠오른다. 그분의 얼굴도 기억난다. 그분의 지적은 틀리지 않

제 7 장 정부혁신의 성공과 실패

앉다. 오히려 그분의 질문으로 필자는 정부혁신에 대해 조금 더 깊게 고민할 수 있게 되었다.

정부혁신의 출제자와 채점자

평가과정에는 핵심 주체들이 있다. 문제를 출제하고 평가하는 사람과 문제를 푸는 사람, 즉 출제자^{채점자}와 응시자가 있다. 평가의 공정성과 객관성을 확보하기 위하여 출제자와 응시자는 분리되어야 한다. 정부에 대한 평가라는 시험에서, 출제자이자 채점자는 국민이며, 문제를 푸는 응시자는 정부와 공무원이다. 정부가 풀어야 하는 문제는 다름 아닌 국민의 기대와 요구이다. 이를 제대로 충족하면 정부와 공무원은 문제를 잘 푼 것이며, 그 결과는 국민의 높은 신뢰이다.

이를 정부혁신에 빗대어 보면 누가 출제자이고 누가 채점자인가. 오랫동안 정부혁신이라는 시험에서 정부는 출제자와 응시자 그리고 채점자라는 세 주체의 역할을 혼자 하였다. 그리고 정부는 문제를 잘 출제했고, 문제를 잘 풀었고, 좋은 성적을 거두었다고 스스로 자평하였다. 이것은 첫 단추가 잘못 채워진 메타평가의 오류가 발생한 것과 같다. 평가의 공정성과 객관성 상실이 정부혁신을 늘 성공적인 것으로 만들었지만, 그 평가 결과는 역설적이게도 정부혁신에 대한 국민의 불신이었다. 처음부터 국민이 출제하고, 정부가 문제를 풀고, 다시 국민이 채점하는 구조였다면 정부혁신에 대한 국민의 불신은 지금보다 훨씬 줄었을 것이다.

새롭게 출범하는 정부는 늘 국민을 강조하였다. 국민의 뜻에 따라서, 국민의 참여 속에서, 국민과 함께 정부운영을, 정부혁신을 하겠다고 선언하였다. 이것은 정부혁신이라는 문제를 국민이 출제하고, 국민이 채점한다는 것을 의미한다. 정부와 공무원은 국민이 출제한 문제를 정부혁신을 통해서 열심히 풀겠다고 선언하고 약속한 것이다. 이 순간에는 대통령과 정부의 진심이 정부혁신에 담겨 있었을 것이다. 이렇게 정부혁신의 첫 출발은 늘 그럴 듯하였다. 이대로 정부혁신이 쭉 진행되었다면 더할 나위 없이 좋은 결과를, 국민의 높은 신뢰를 만들었을 것이다.

그러나 새 정부가 출범한 지 얼마 지나지 않아서 쉽게 해결하기 어려운 딜레마에 직면한다. 오랫동안 관성적으로 출제와 채점을 모두 했던 정부가 이것을 분리하려고 하니 불안하고, 불편하고, 불만이다. 제대로 출제하거나 평가해 본 경험이 많지 않았던 국민들도 서툴기는 마찬가지이다. 정부는 출제자이자 채점자인 국민이 미덥지 않아 불신의 눈초리를 보낸다. 결국 공직자들은 그동안 그래 왔던 것처럼 스스로 문제를 출제하고 스스로 평가도 하고 싶어 한다. 국민보다 자신들이 문제를 더 잘 출제할 수 있다는 고정된 관념에서 벗어나지 못한다.

국민이 평가하는 정부혁신

혁신은 과거와의 단절이며 새로운 시작이니 늘 어려울 수밖에 없다. 혁신이라는 문제의 출제도 어렵고, 이를 잘 풀어내는 것도 쉽지 않다. 어려운 숙제와 정답이라도 이제 정부는 출제자도 채점자가 아닌 문제 풀이자, 즉 응시자라는 본래의 자세로 돌아가야 한다. 최선을 다해서 공부하고, 최선을 다해서 문제를 푸는 수험생의 자세로 복귀해야 한다. 시험을 잘 보고 싶다면, 좋은 평가를 받고 싶다면 당연히 출제자의 생각을 제대로 읽을 줄 알아야 한다. 평상시에 출제자가 무엇을 강조하는지, 무엇을 주로 보는지 잘 헤아려 보아야 한다. 출제자의 출제의도를 알지 못하면서 어떻게 문제를 풀고 좋은 성적을 얻을 수 있겠는가.

정부혁신이라는 문제의 출제자, 채점자는 정부가 아니라 국민이다. 국민은 정부 이상으로 높은 수준의 출제역량과 채점역량을 이미 갖추었다. 다만 우리 스스로도 우리의 좋은 역량을 오랫동안 미처 몰랐을 뿐이다. 국민도 공정하고 객관적이고, 또 냉정한 출제자이자 채점자로서의 역할을 제대로 수행하여야 할 것이다. 정부혁신에는 정부의 역할도 있지만, 또 국민이 반드시 수행해야 할 의무가 있다. 정부가 어떻게 일하고 있는지 제대로 살펴보고, 공정하게 평가하는 것이 국민의 의무이다. 정부와 국민이 각자의 책임과 역할을 제대로 수행할 때 모든 것들이 의외로 순조롭게 풀릴 것이다. 신뢰는 정부 혼자가 아니라 국민과 함께 만드는 것이다.

혁신의 실패, 희망의 시작

14만 6천 번의 후회

매일매일 그리고 평생 동안 우리가 쉬지 않고 하는 것이 있다. 밥 먹는 숫자와 비교할 수 없을 정도로 많이 하는 것이다. 계획하고 후회하고 또 다시 같은 행동을 반복한다. 하루에 5번의 크고 작은 후회를 하면, 우리의 인생 80년 동안 14만 6천 번의 후회를 하게 된다. 이중 절반 정도만이라도 후회를 줄일 수 있다면, 우리 모두는 위대한 삶을 살 수 있지 않을까.

후회하는 수보다 더 많은 계획을 한다. 평생 동안 십 수만 번의 후회를 하고, 또 기억하지 못하고 다시 시작하는 것이 계획이다. 우리는 하루 중에도 수없이 많은 계획을 세우고, 잊어버리고 또 계획을 세운다. 세운 계획은 후회로 끝남에도 불구하고 다시 계획을 세운다.

어쩌면 우리가 기억하지 못하는 그 많고 많은 계획들이 기나긴 삶을 견딜 수 있게 하는 원동력일 수 있다. 비록 수도 없이 후회한 계획들이지만, 그래도 이 계획들이 있음으로써 우리의 모든 발전이 가능하였을 것이다. 수도 없이 실패한 계획들이지만, 이것이 인생의 실패를 말하는 것은 아니다.

우리는 늘 성공을 기대하면서 많은 계획을 세운다. 지금의 고난과 역경은 미래를 위한 계획을 세우고 또 세움으로써 넘어갈 수 있다. 그래서 계획은 늘 희망이다. 희망 없이 계획을 세우는 경우는 없다. 처음부터 가짜 계획을 세우겠다는 마음이 없는 한 우리는 진심으로 성공을 바라는 마음으로 계획을 세운다. 우리는 인생을 역전시킬 복권도 아무 때나 아무 데서나 구입하지 않는다. 좋은 일이 생길 것 같을 때 당첨 확률이 높은 판매점에 가서 구입하지 않던가. 이것도 소박하지만 성공을 위한 계획이다. 계획을 통해서 어려움이 극복되고, 계획대로 잘 추진되면 지금보다 훨씬 더 좋은 환경이 기다리고 있을 것이라고 기대한다. 후회하는 한이 있어도 계획이 있음으로써 어려움을 넘어서고, 한 발 앞으로 간다.

▎희망을 담았던 정부혁신 계획

정부혁신을 위해 수립되었던 많은 추진계획들도 예외가 아니다. 누구나 다 혁신계획을 세울 당시에는 당연히 혁신 추진과 그 성과에 대한 의지와 열망을 갖고 있다. 직면한 문제를 해결하겠다는 적극적인 열망도 있다. 혁신을 통하여 달성하고자 하는 이상과 목표에 대한 진지한 고민과 논의도 있었을 것이다. 혁신을 효과적으로 추진할 수 있는 좋은 방법들도 다양하게 찾아보고 깊이 있게 검토하였을 것이다. 이전 정부에서의 혁신의 내용과 성과가 어떠하였든, 새 정부는 새 정부만의 새로운 정부혁신 계획을 수립하여 국민에게 희망찬 미래를 제시하고자 한다. 이때 마련되는 정부혁신 추진계획에는 분명히 혁신 추진에 대한 진심이 담겨 있을 것이다. 지금이라도 지난 정부들의 혁신 추진계획을 들여다보면 이런 것들을 찾을 수 있다. 분명히 그 계획에는 진심과 열정이 담겨 있었다.

그러나 아쉬운 것은 이 혁신에 대한 기대와 희망이 깨지는 데는 시간이 얼마 걸리지 않는다는 것이다. 빠르면 1년 늦어도 2년 이내에 혁신이 계획대로 추진되지 못하고 있음을 알게 된다. 그뿐만 아니라 당초 가졌던 혁신에 대한 깊은 진심과 몰입이 자신도 모르는 사이에 사라졌음을 깨닫게 된다. 너무도 짧은 시간에 혁신이 사라져 버린다. 다양한 정부혁신을 경험하였던 노련한 전문가들이나 혹은 공무원들은 혁신계획을 세울 때부터 이러한 결과를 이미 예상하고 있었을지도 모른다. 오히려 이들은 이런 혁신의 사라짐에 대해서 예정된 것이기에 전혀 놀라지 않을 것이다. 세상 물정 모르는 사람들만 혁신의 사라짐을 안타까워하는 것은 아닐까.

많은 혁신들이 기대했던 길로도 가지 못하였고, 성과도 제대로 거두지 못하였다. 혁신의 성과를 기대하는 것은 그래도 나은 편에 속한다. 혁신을 위한 노력이 있었다는 의미이기 때문이다. 혁신의 시동은 켜지고 혁신의 차는 출발하였는데, 정작 혁신의 구체적 실천을 위한 실질적인 어젠다조차 발굴하지 못하는 경우도 많다. 이러면 어젠다 발굴에 혁신의 시간을 다 소비한다. 설사 혁신 어젠다를 발굴하였어도 이미 시간이 많이 지났으며, 이 어젠다의 성공적 추진을 방해하는 장애물들이 앞을 가로막고 있다. 혁신은 대체로 악조건 속에서 시작되는데, 설상가상으로 모든 혁신 추진의 길 위에 또 수많은 장애물들이 겹겹이 쌓여 있다. 시간은 다 지나갔고, 넘어야 할 장애물은 한두 개가 아니니, 혁신이 첩첩산중에 갇힌 격이다.

애초부터 혁신은 성공하기보다 실패하기가 쉽다. 혁신은 실패 친화적이라고 해도 과언이 아니다. 애써 발굴한 혁신 어젠다들은 이 장애물 앞에 여지없이 무릎을 꿇는다. 혁신을 추진하였던 혁신 주도자들의 의지와 의욕도 가라앉는다. 혁신을 위해 무엇인가가 실현될 수 있을 것이라는 기대감도 순식간에 사라진다. 계획은 출발을 위한 도구이다. 출발한 계획이 실현되기 위한 제대로 된 준비가 없으면 계획은 없는 것과 같다. 물거품일 뿐이다.

기다림이 필요한 정부혁신

우리 속담에 서두름의 약점을 지적하는 표현들이 참으로 많다. 쉽게 떠오르는 것으로 우물에서 숭늉 찾기가 있다. 기가 막힌 표현이다. 우물이 있지만 이것의 용도는 제한적이다. 우물의 물이 밥을 만드는 물의 역할을 할 수는 있어도 숭늉의 역할은 하지 못한다. 모든 것이 갖추어져 있다고 우리가 원하는 것을 다 얻을 수 있는 것은 아니다. 우리가 원하는 것을 얻기 위해서는 준비된 자원을 잘 연결해 주는 특별한 것들이 추가되어야 한다. 우리가 쉽게 준비할 수 없는 자원이지만, 혁신의 성공에 큰 영향을 미치는 것이 바로 시간이다.

벼가 제대로 자라려면 절대적인 시간이 필요하다. 물을 많이 준다고 해서, 햇빛이 강하다고 해서 벼가 잘 자라는 것은 아니다. 적당한 물과 햇빛, 여기에 더하여 시간이 필요하다. 많은 물은 벼를 키우는 것이 아니라 썩게 만들고, 뜨거운 햇빛은 벼가 잘 자라게 하는 것이 아니라 타들어 가게 할 뿐이다. 벼의 성장을 어렵게 하는 잡풀은 자주 뽑아 주어야 한다. 잡풀은 늘 벼보다 빨리 자란다. 이것 또한 자연의 이치이다. 재촉하고 서두른다고 벼가 빨리 자랄 리 없다. 제대로 자리도 잡지 못한 어린 모를 위로 잡아 뽑으면 그다음 날 바로 쓰러지고 말지 않는가. 농부는 자신이 할 수 있는 일은 다 한다. 모판을 준비하고, 논물을 가득 채우고, 모를 심고, 매일 나가서 피를 뽑고, 혹시라도 쓰러진 벼가 있으면 일으켜 세우고, 물이 부족하면 물을 채운다. 이것이 농부가 할 일이다. 나머지는 시간이 벼를 키운다. 농부는 시간과 함께 벼를 키운다.

정부혁신도 마찬가지이다. 재촉한다고, 서두른다고 혁신이 빠르게 진척되는 것이 아니다. 모든 것이 다 준비된 가운데 추진되는 혁신은 찾기 어렵다. 정부는 말로 움직이지 않지 않는다. 법이 준비되어야 하고, 예산이 마련되어야 하고, 조직도 필요하고, 사람도 필요하고, 홍보도 해야 한다. 다행히 혁신정책이 신속하게 결정되었다고 해도 이를 본격적으로 추진하기 전에 준비해야 할 것 천지이다. 이 또한 정부혁신의 정상적인 현실이다. 계획에서 준비를 거쳐 실행에 착수하기까지 꽤 시간이 걸린다. 그리고 이 계획들이 현장에서 실현되는 데 또 많은 시간이 필요하다. 1년 이내에 결과를 볼 수 있는 혁신은 몇 개 되지 않을 것이다.

그런데 많은 사람들은 정상적인 정부혁신의 추진을 기다려 주지 않는다. 정부혁신은 많은 사람들의 관심의 대상이다. 정치인이, 전문가가, 국민이 보고 있다. 이들은 처음부터 혁신에 찬성할 수도, 반대할 수도 있다. 이들은 성과가 보이지 않는다고, 혁신이 실패하였다고 날선 비판을 한다. 아직 성과가 나타날 시기가 아님은 이들의 고려 대상이 아니다.

이들은 혁신 성과가 정상적으로 나타날 때까지 오래 기다려 주지 않는다. 혁신 성과가 빨리 보이지 않는다는 비판은 오히려 정상적인 혁신 추진을 더욱더 어렵게 할 뿐이다. 이들은 그제야 그들의 본색을 드러낸 것일 뿐이다. 그러니 이들을 야속해 할 필요도 없다. 어찌 보면 정부혁신을 추진하고자 했던 사람도, 성급하게 성과를 기다리는 사람도, 빠른 성과가 없다고 비판하는 사람도 모두 옳다.

정부혁신이 실패하는 이유

왜 수많은 정부혁신이 실패하였다는 부정적 평가를 받을까. 성공의 가능성이 남아 있는 혁신을 더 기다리지 않고 실패한 것으로 평가하는 사람들의 야박함도 있겠지만, 혁신 자체가 실제로 실패한 경우도 많다. 정부혁신이 실패하는 데 다양한 조건이 영향을 미친다. 모든 요인이 다 합쳐져야만 정부혁신이 실패하는 것은 아니다. 이 중

한두 가지가 강하게 작용하여 정부혁신 전체가 실패로 귀결될 수도 있다. 다음과 같이 실패를 야기할 수 있는 몇 가지 요인들을 생각해 볼 수 있다.

잘못 꿴 첫 단추

혁신의 첫 출발은 제대로 된 문제 인식이다. 그런데 이것이 잘못되는 경우 혁신의 성공 가능성은 처음부터 존재하지 않는다. 첫 단추를 잘못 꿴 것이다. 혁신의 메타오류가 존재하는 한 혁신의 실패는 필연적이다. 예정된 것이다.

말로 하는 혁신

진정성이 없는 혁신, 즉 말로만 하는 혁신은 혁신이라 부르기 힘들다. 혁신이라는 단어로 그럴듯하게 포장하였어도, 이것은 혁신이 아니며 따라서 혁신의 성과는 물론 성공도 존재할 수 없다. 많은 사람들에게 혁신의 냉소주의만 확산시킬 뿐이다.

준비 없는 혁신

혁신에 절대적으로 필요한 충분한 자원이나 적절한 도구가 없이 혁신을 추진하는 경우이다. 준비 없이 추진한 혁신은 당연히 실패 가능성이 높다. 혁신에서 마음이 중요한 것은 맞지만, 마음만으로 혁신이 성공으로 귀결되지 않는다. 혁신은 냉정하다. 혁신도 앞으로 나아가려면 에너지가 필요하다.

전략 없는 혁신

혁신의 추진전략이 부재한 경우에도 혁신은 실패한다. 혁신의 앞은 꽃길이 아니라 가시밭길이다. 잘못하면 다들 상처만 입는다. 정교하게 접근해야 한다. 혁신에는 꼼꼼함이나 우선순위가 필요하다. 대충 어림짐작으로 하는 혁신은 실패한다. 성공한 혁신에는 항상 성공한 전략이 있다.

중간관리 없는 혁신

중간관리가 부족한 경우이다. 우리는 계획을 잘 세운다. 정부는 갑자기 큰 문제가 발생해도 단 몇 시간 만에 대응방안을 만들어 내는 놀라운 능력을 갖고 있다. 혁신계획도 이들과 마찬가지로 순식간에 만들어 낸다. 그런데 딱 거기서 멈춘다. 추진되고 있다는 혁신계획의 실천에 대한 정교한 중간점검은 늘 부족하다. 현장점검이 아니라 서류점검인 경우가 많다. 평가도 활용되고 있지만 이 역시 형식적인 경우가 비일비재하다. 출발만 우렁찬 혁신의 결과가 어떤 것일지는 말하지 않아도 얼마든지 예측할 수 있다.

큰 것만 강조하는 혁신

우리는 부지불식간에 큰 혁신만 강조한다. 크면 그럴듯해 보인다. 정부혁신이라고 다를 리 없다. 그러나 큰 혁신에는 이에 비례하는 큰 장애물이 존재한다. 큰 만큼 위험성도 높아서, 혁신이 실패할 가능성이 크다. 반면 작아 보이는 혁신은 무시된다. 혁신이 아닌 것으로 생각한다. 혁신을 말하면서 우리는 반혁신적 사고를 한다. 혁신에는 큰 것도 있고 작은 것도 있다. 크기가 혁신의 중요성과 가치를 결정하는 것은 아니다. 크기로 혁신의 위계를 만드는 것은 혁신을 거꾸로 가게 만드는 것과 같다.

현장과 떨어져 있는 혁신
이상적인 혁신을 꿈꾸지만, 현실은 늘 이상과 먼 거리에 있다. 이상은 이상이다. 현실에 바탕을 둔 혁신이 추진되어야 한다. 특히 체감이나 체화가 없는 혁신은 이상에 그친다. 열심히 했지만 정작 국민의 공감을 얻지 못한다.

우리끼리 혁신
우리끼리 혁신도 혁신을 힘들게 한다. 혁신은 본질적으로 개방적이고 유연해야 하는데, 우리는 자주 폐쇄적인 혁신을 한다. 혁신 전문가들만 모여서 혁신을 논한다. 국민의 의견에 대한 고민은 생각보다 적다. 아무리 좋은 아이디어를 내놓아도 그것은 자기만족일 가능성이 높다. 공동체가 혁신의 목적임을 자주 잊는다.

명예만 강조하는 혁신
혁신에서 자율성은 늘 강조된다. 그러나 자율성에만 의존하는 혁신은 지속성이 약하다. 혁신과정 및 결과에 대해서는 그에 상응하는 의미 있는 보상이 따라야 한다. 자긍심과 명예만으로 혁신하는 것도 한두 번이다. 지속성 있고 성과도 있는 혁신이 이루어지려면 제대로 된 보상이 뒷받침되어야 한다. 혁신은 매우 이기적이다.

모방에 그치는 혁신

정부나 전문가가 만든 혁신 어젠다의 상당 부분은 외국 사례이거나 혹은 이것과 유사한 것들이다. 혁신이라고 하지만 모방혁신이다. 모방도 중요한 혁신의 방법은 맞다. 그러나 제한적으로 활용되어야 한다. 외국의 사례를 그대로 모방하게 되면 우리 몸에 맞는 혁신은 계속 멀어진다. 그 나라에서의 BP$^{Best\ Practice}$가 우리에게는 WP$^{Worst\ Practice}$가 될 수 있다.

전시용 혁신

기관별로 자발적 혁신을 추진하라고 권장하지만, 결국 우리가 발견하는 혁신활동의 상당수는 행사성 혁신이다. 혁신이라는 타이틀만 내건 행사이다. 혁신 행사가 혁신의 분위기를 촉진할 수 있지만, 이것은 내실 있는 혁신의 추진을 전제로 해야 한다. 전시성 혁신은 지속성과 진심을 확보하지 못한다. 억지 혁신만 양산한다.

내일은 또 다른 내일

혁신은 쉽지 않다. 실패하기 십상이다. 그래서 혁신이 의미 있는 것이다. 그렇다고 혁신을 두려워하지도 말고, 경외하지도 말고, 멀리하지도 말자. 혁신은 우리가 세상을 살아가는 데 필요한 산소와 같다.

스칼렛이 마지막 대사 "After all, tomorrow is another day"를 외친 후 석양을 바라보고 있는 영화의 마지막 장면

끝없이 밀려오는 장애물로 실패는 할지언정 멈추지 않는 혁신이 되어야 우리의 공동체가 지속된다. 실패를 멈추지 않는 혁신이 필요하다. 좋은 실패 혁신이 필요하다.

〈바람과 함께 사라지다Gone With the Wind〉에서 스칼렛은 절망에 빠질 때마다 외쳤다. "내일은 또 다른 내일After all, tomorrow is another day". 그렇다. 내일은 내일의 태양이 뜬다. 실패는 다시 뜨는 태양과 같다. 해가 저물어 어두워졌다고 한탄할 일이 아니다. 태양이 다시 뜨듯, 혁신도 다시 시작된다.

되돌아보는 정부혁신

그동안 많은 정부혁신이 있었다. 지금 이 순간에도 정부혁신이 이루어지고 있다. 반복되고 있는 정부혁신이다. 우리의 일상도 반복의 연속이니, 정부혁신이 정부마다 반복되는 것도 이상한 일은 아니다. 새 정부 출범의 초기가 국정운영에 대한 열정이 최고조에 달하고, 국민과 국가를 위하여 노력하겠다는 진심도 가장 높을 때이다. 새 정부가 들어서면서 수립하는 정부혁신 계획에도 당연히 진심이 담겨 있다. 의심할 여지가 없다. 다만 늘 아쉬운 것이 하나 있다. 새 정부의 정부혁신에는 지난 정부에서의 혁신과제나 혹은 의미 있는 혁신 성과물은 배제된다. 고생 끝에 만들어진 지난 정부에서의 좋은 혁신 성과물이 정부의 교체로 인하여 삭제된다. 충분히 연결되어 사용할 수 있음에도 버려진다. 정부혁신이 정부를 위한 것이 아니라 국민을 위한 것이라면, 전 정부의 혁신 성과도 유지하고 더 발전시킬 수 있어야 하는데 현실은 그렇지 못하다. 지난 정부의 혁신에 대한 복기를 통해서 더 나은 혁신의 계획과 추진이 가능하지만, 복기가 이루어지지 못하고 있다. 복기가 제대로 되지 않는 혁신은 앞으로 나아가기 쉽지 않다. 같은 실수를 반복할 가능성도 높다. 지난 정부에서의 혁신 경험은 현 정부의 혁신을 위한 가장 좋은 영양분이다.

정부혁신의 복기

이세돌, 78수

지금도 많은 사람들의 기억 속에 남아 있는 명장면이 하나 있다. 2016년 3월 13일, 서울 한복판에서 진행된 이세돌 9단과 구글 딥마인드Google DeepMind가 개발한 인공지능 바둑 프로그램, 알파고AlphaGo 와의 대결이다. 이미 앞선 세 번의 대국에서 알파고가 모두 승리한 상황이었다. 다들 4번째 대국도 알파고의 승리를 예상했다. 깊은 침묵 속에서 한 수 한 수를 두던 이세돌. 신의 한 수로 불린 이세돌의 78번째 수. 그리고 이어진 알파고의 패착들. 드디어 180수만에 컴퓨터 화면에 새겨진 "AlphaGo Resigns". 이세돌의 승리이다. 예상을 뒤엎고 이세돌 9단이 백 불계승으로 4국에서 승리를 거두었다.

인간은 알파고를 절대 이길 수 없을 것이라 생각했는데, 이세돌

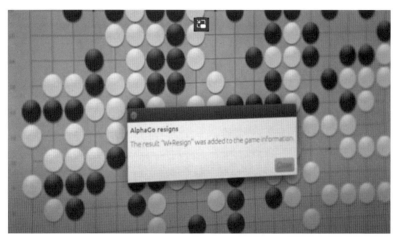

이세돌과 알파고의 4국에서 컴퓨터 화면에 나타난 "AlphaGo Resigns". ⓒ YTN

9단은 그날 알파고를 이겼다. 환호하는 사람들. 심지어 눈물을 흘리는 사람도 있었다. 감동의 장면이었다. 승리가 확정된 순간 이세돌은 1초도 안 되는 짧은 미소를 보였을 뿐, 이내 복기에 들어갔다. 이세돌은 기자회견장에서 아무리 수를 읽어 봐도 78번 수밖에 없었다고 했다. 78번의 수는 신의 한 수가 아니라 수없이 많은 마음속의 복기를 통해서 내린 단 하나의 결론이었을 뿐이다.

바둑의 핵심은 복기이다. 몇 시간에 걸친 피 말리는 361개의 교차점에서 벌어진 대국을 마치면, 기사들은 계가를 하고, 승부를 확인하고, 마지막에 복기를 한다. 다시 대국의 시작점으로 돌아가서 돌을 놓는 복기는 바둑의 화룡점정과 같다. 두 사람은 처음부터 순서대로 한 수 한 수를 두면서 전체 대국을 재연한다. 이들은 이때서야 처음으로 대화를 나눈다. 대국에서의 깊었던 침묵이 복기에 이르러서야 비로소 대화로 바뀐다. 긴 대국의 시간 동안 있었던 수백 번의 착수가 그대로 재현되니 놀라울 따름이다. 복기는 한 수 한 수 두었던 기억으로 이루어지는 것이 아니라, 대국의 전체적인 흐름, 집의 모양, 그리고 특별한 수를 토대로 이루어진다고 한다. 이들은 완벽하게 복기를 해 낸다.

승자와 패자가 함께하는 복기

복기의 순간에는 승자도 패자도 없다. 복기는 패자만이 아닌 승자에게도 필수적이다. 그저 자신만의 관점에서 상대방의 수를 제대로 읽은 것인지, 제대로 돌을 놓은 것인지 스스로 돌아볼 뿐이다. 승자는 승리하였음에도 불구하고 잘못된 수가 있었음을, 잘못된 예측이 있었음을 복기를 통해 찾아낸다. 바둑의 고수들은 10수 이상 앞을 내다보면서 돌을 놓는다. 수많은 교차점 중에서 어느 곳에 돌을 놓아야 할지, 상대방은 어떤 수를 놓을 것인지, 상대방은 왜 그곳에 돌을 놓았는지 생각하고 또 생각하면서 자신의 돌을 놓는다. 그럼에도 패착을 한다고 한다.

바둑은 좌표의 세상이다. 가로와 세로 각 19줄, 361개 교차점은 정해진 것이지만, 그 위에서 펼쳐지는 수는 사실상 무한대이다. 우주의 원자 수보다 많다고 한다. 정해진 것이 없는 무한의 세상이 바둑판 위에 펼쳐진다. 정석조차 한계가 있음을, 정석이 있을 수 없음을 반증할 뿐이다. 한 판의 바둑을 두면서 고수들은 수도 없이 많은 복기를 하였다. 우리는 단 한 판의 바둑을 보았지만, 대국에 참여한 기

제 8 장 되돌아보는 정부혁신

사는 수백 판 이상의 마음속의 바둑을 둔 것이다. 그런데 기사들은 대국을 마치자마자 또 복기를 한다. 바둑은 복기에 복기를 거듭한다.

한 수 한 수를 둘 때마다 수없이 많은 예측과 복기가 반복된다. 초보자의 가장 큰 약점은 예측이나 복기를 모른다는 데 있다. 눈앞의 단수만, 집을 지을 생각만 한다. 한 수 한 수가 죽음으로 가는 것인 줄 모른다. 땔감 하나 구하려 깊은 숲속에서 나무를 베다가 그만 어둠 속에 갇혀 길을 잃는 형국이다. 바둑판의 좌표는 예측과 복기의 나침반이다. 초보자에게는 좌표가 잘 보이지 않는다. 내가 어디에 있는지, 어디로 가고 있는지 모른다. 게다가 상대방의 수를 제대로 읽으려고 하지도 않는다.

복기가 필요한 정부혁신

바둑만큼은 아니겠지만 정부혁신에도 수많은 좌표와 수들이 있다. 과거와 현재 그리고 미래의 좌표가 있고, 정부의 안과 밖, 다양한 이해관계자들의 좌표가 있다. 그리고 좌표로 가득한 정부혁신의 과정 속에서 수많은 의사결정과 선택을 한다. 정말 잘한 결정도 있고, 다시는 하고 싶지 않은 선택도 있다. 이런 다양성과 복잡성 속에서 정부혁신이 추진된다. 때문에 정부혁신에도 복기가 필요하다.

정부혁신의 복기란 무엇인가. 지나간 정부혁신의 노력, 과정, 성과 등등 모든 것을 되짚어 보는 것이다. 국민의 마음을 제대로 읽었는지, 국민의 마음을 정부혁신에 제대로 담은 것인지 확인해 보는 것이다. 만일 정부혁신을 추진하면서 국민의 마음을 잘못 읽었다면 그 이후의 노력은 무의미하다. 그것은 일종의 메타오류이다. 잘못 꿴 첫 단추와 같다. 하지 않아도 될 노력을, 실패가 예정된 수고를 한 것이다.

정부혁신은 한 번으로 끝나는 것이 아니라 늘 진행형이다. 멈추는 경우가 없다. 잘못된 정부혁신이라면 얼마든지 중간에 다시 바로 잡을 기회가 있다. 그런데 잘못된 것을 늦지 않게 바로잡으려면 수시로 복기를 해야 한다. 늦지 않게 제때 복기하지 못하면 되돌릴 수 있는, 바로잡을 수 있는 절호의 기회를 버리는 것과 같다. 국민의 마음을 잘 읽고 헤아리면 재미있는 바둑이 될 수 있지만, 잘못 읽고 엉뚱한 곳에 수를 두면 재미없는 바둑이 된다. 관중은 재미없는 그곳을 미련 없이 떠난다. "역시 달라진 게 없네"라는 혼잣말을 하면서 뒤도 돌아보지 않고 떠난다.

정부혁신의 좌표, 국민의 마음

정부혁신의 좌표는 국민의 마음이다. 정부혁신은 처음부터 마지막까지 국민의 마음을 제대로 읽으면서 진행되어야 한다. 정부혁신은 국민의 마음이라는 바둑판 위에서 움직여야 한다. 혁신정책 하나를 추진하면서 국민의 마음을 제대로 읽었는지 확인하고, 또 다른 혁신정책을 추진하면서 국민의 마음에서 벗어난 것은 아닌지 확인해야 한다. 제대로 된 혁신을 추진하고자 한다면 위정자나 공직자의 좌표가 아닌 국민의 마음이라는 좌표를 통해서 끝없는 복기를 해야 한다.

생각날 때면 가는 식당이 하나 있다. 꽤 인기 있는 곳이다. 식당 계

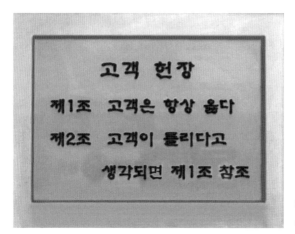

어느 식당에 걸려 있는
〈고객 헌장〉

산대 뒤편의 벽에 액자가 하나 걸려 있다. 눈에 잘 띄는 곳에 있어서 누구나 쉽게 볼 수 있다. 〈고객 헌장〉이라는 제목의 액자이다. 기가 막히게 멋진 내용이다. 누가 만든 문구인지 궁금해서 물어보았다. 식당 사장님이 만든 문구란다. 식당 사장님은 늘 바삐 움직이고 있다. 주문도 받고, 서빙도 하고, 계산도 하고. 사장과 직원의 구분이 없는 것 같다. 이 식당에서 먹는 음식이 맛이 없을 리가 없다.

신의 한 수, 국민의 마음

지금 혁신이 의심되면 다시 국민의 마음이 어떤지 헤아려 보면 된다. 최초의 혁신계획으로, 그때의 마음으로 다시 돌아가도 좋다. 대통령이나 장관은 취임사에서 진정성 있게 정부혁신의 추진을 선언하였다. 신년사에서도 또 정부혁신의 추진을 강조하였다. 모두 진심일 것이다. 국민의 마음만 생각하면서 다짐하고 발언하였을 것이다.

그러나 자신도 모르게 어느 순간 잊어버린 국민의 마음. 다시 국민의 눈으로, 마음으로 돌아보자. 국민이 체감하지 못하고, 또 부족하다고 느끼면 정말로 부족한 것이다. 국민의 마음을 절대 의심하지 말아야 한다.

국민은 정부 출범 초기에만 존재하는 것이 아니다. 국민은 항상 그 자리에 있다. 정부혁신이 한 치의 중단도 없어야 하는 이유이다. 어느 정부든 유한하다. 그러나 다음 정부에서도 국민은 늘 그 자리에 있다. 국민을 위해서, 다음 정부를 위해서 처음과 같은 마음으로 정부혁신을 복기하고 또 복기해야 한다. 국민이라는 바둑판 위에서 정부혁신을, 복기를 해야 한다. 복기는 마지막이 있을 수 없다. 정말로 제대로 복기를 하면 절묘한 끝내기 한 수를 둘 수 있다. 국민의 마음이 바로 신의 한 수이다.

참여정부, 특별한 혁신모델

문제적 정부, 참여정부

우리나라 역대 정부 중에서 가장 논쟁적인 정부를 들라면 많은 사람들이 참여정부를 들고 있다. 참여정부가 국정운영을 담당하였을 때에도 논쟁적이었지만, 세월이 한참 흐른 지금도 여전히 논쟁의 대상이다. 참여정부의 성격을 어느 한 가지로 명확하게 규정하기 힘들기 때문이기도 하다. 특히 참여정부는 진보정부임에도 불구하고 보수진영은 물론 진보진영으로부터도 비판을 받았다. 보수진영으로부터는 진보적이라는 이유로, 진보진영으로부터는 보수적이라는 이유로 비판받았다. 이러한 양 진영으로부터의 비판은 참여정부가 역대 어느 정부보다도 특별한 정부혁신을 추진하였다는 것과 밀접하게 관련된다.

참여정부는 명칭이 의미하듯이 국정운영의 핵심적 가치이자 전략으로서 '국민참여'를 강조하였으며, 이를 구현하기 위하여 '정부혁신'과 '지방분권'을 핵심적인 국정과제로 추진하였다. 이전 정부에서도 혁신과 지방분권이 강조되지 않은 것은 아니지만, 참여정부는 이전 정부와 달리 정부혁신과 지방분권을 국정운영의 최우선 과제로 설정하고, 매우 체계적이고 강력하게 추진하였다. 그리고 이러한 이유로 참여정부의 정부혁신과 지방분권 모두 논쟁과 비판의 대상이 되었다. 이중 정부혁신과 관련해서는 '혁신 공화국'이라는 별칭까지 생기며 비판의 중심이 되었다. '혁신 피로감'은 참여정부의 혁신을 비판하는 가장 상징적인 용어가 되었다.

필자는 참여정부의 정부혁신 추진과정에 제한적이나마 직접 참여한 경험을 갖고 있다. 정부혁신에 대해서 직접적인 참여자의 인식과 참여하지 않은 관찰자의 인식 간에는 큰 간격이 있을 수 있다. 때문에 참여정부의 혁신에 대한 관찰자의 비판에 과도하게 이의를 제기할 필요는 없다는 생각이다. 비참여자의 문제 인식과 비판을 통해서도 배울 것이 많다. 필자는 다만 참여정부의 혁신과정에 참여한 경험자의 관점에서 몇 가지 쟁점을 복기해 보려고 한다. 오래전의 경험이지만, 아직도 선명한 기억으로 남아 있을 정도로 참여정부의 혁신정책은 강렬하였다.

참여정부 혁신의 상징, 정부혁신 로드맵

참여정부에서 추진하였던 정부혁신과 관련하여 당시 혁신의 과도한 강조, 혁신 로드맵, 참여의 확대, 혁신 추진 방법, 새로운 시스템, 국정과제위원회, 혁신 담당관, 혁신평가 등 혁신과 관련된 것의 모든 것을 둘러싸고 비판이 있었다. 이전 정부에서 시도되지 않았던 혁신과제도 많았고, 공직사회 밖에 있는 다양한 외부 전문가들이 정부의 혁신과정에 대폭 참여하여 혁신을 추진하는 등 새로운 혁신적 방법도 적지 않게 활용하였다. 이전 정부들과 비교해 보면 가히 역대급의 정부혁신이라고 할 수 있을 정도였다.

모든 혁신활동이 완전할 수 없으니 이러저러한 비판을 받는 것은 당연하다. 문제가 있으며 지적을 받고, 수용하고, 문제점을 개선하여 추진하면 된다. 그러면서 앞으로 한 걸음 더 나가는 것 아닌가. 혁신에 대한 비판을 걱정하고, 또 서운해 할 일은 아니다. 비판보다 더 무서운 것은 무관심이다. 열심히 혁신하겠다고 땀 흘리고 있는데, 쳐다보지도 않고 물어보지도 않으면 그것이 오히려 더 혁신을 힘들게 하는 것일 수 있다. 혁신에 대한 논쟁만으로도 또 다른 측면에서 긍정적 의미를 부여할 수 있다. 혁신은 원래부터 비판을 먹고 자라지 않는가. 비판을 넘어가기 위하여 혁신의 가치와 논리를 더 다듬고, 저항을 극복하기 위하여 혁신의 방법을 더욱 세련되게 만들고, 혁신이 멈추지 않도록 더 꼼꼼하게 점검할 수 있다. 비판과 논쟁이 혁신을 더욱 혁신답게 만들 수 있다.

참여정부가 추진했던 정부혁신의 특징 중 가장 대표적인 것으로서 '혁신 로드맵road map'을 들 수 있다. 이것은 정부혁신의 주요 어젠다 제시와 추진 경로, 어젠다 간의 관계, 그리고 주요 일정과 담당

기관들을 체계화시켜 담은 것으로 일종의 정부혁신의 지도와 같다. 혁신의 의제들이 구체적으로 제시되고, 이들이 어떻게 추진되고, 어떻게 다른 의제들과 연결되고, 언제 어떤 경로로 추진되어야 하는지 등을 시간의 흐름을 반영하여 지도처럼 구성한 것이 바로 참여정부의 정부혁신 로드맵이다. 정부혁신 로드맵을 통해서 참여정부 정부혁신의 주요 의제들과 추진의 흐름을 확인할 수 있으니, 일종의 정부혁신의 나침반과 같은 역할을 하였다. 로드맵은 정부혁신 분야별로 구체적으로 작성되어서, 범정부적인 수준에서 정부혁신의 구조와 틀, 내용, 전개과정 등 모든 것을 확인할 수 있다. 이전 정부에서는 볼 수 없었던 혁신적 방법의 시도이다.

참여정부는 왜 정부혁신의 로드맵을 구상하였을까. 정부혁신은 혁신의 가치와 어젠다의 규범적 제시에 그치는 것이 아니라 구체적 실천으로 연결되어야 하며, 하나의 혁신 어젠다는 그 자체로서 완결되기도 하지만 다른 혁신 어젠다 추진의 전제나 연결고리가 되기 때문이다. 혁신 로드맵을 통해서 정부혁신의 추진일정과 추진과정도 구조적으로 확인할 수 있도록 하였다는 점에서 나름 많은 장점을 갖고 있다. 물론 정부혁신 로드맵에 제시된 혁신 어젠다들이 모두 당초 계획대로 추진된 것도, 그리고 모든 혁신과제들이 로드맵에 제시된 순서대로 추진된 것도 아니다. 구체적 로드맵의 작성에도 불구하고, 다양한 환경의 변화가 로드맵의 내용과 추진과정, 일정에 영향을 주기 때문이다. 혁신의 속성을 생각하면 이것 또한 자연스러운 변화이다. 오히려 변하지 않는 로드맵이 더 큰 문제일 수 있다.

제8장 되돌아보는 정부혁신

혁신, 안갯속으로 들어가는 것

혁신은 현재에서 미래로 가는 것이다. 그리고 혁신을 통해 가고자 하는 미래는 현재의 연장선 위에 있지 않아서 상당히 불확실하다. 현재를 토대로 능히 짐작할 수 있는 미래, 현재의 모습과 크게 다르지 않은 미래라면 불안해 할 일이 없다. 지금의 얼굴에 성형을 하지 않으면 10년 뒤의 얼굴도 충분히 상상할 수 있듯이 말이다. 그래서 혁신에는 늘 불안감이 따른다. 혁신을 주장하고 추진하는 사람은 물론 혁신의 대상으로 인식되는 사람 그리고 관찰자조차도 불안감을 갖고 있다. 불안감의 이유는 다들 다르지만, 이들에게서 찾을 수 있는 공통점은 혁신이 본질적으로 갖고 있는 불확실성이다. 혁신은 미래에 바람직한 변화를 만들고자 하는 것인데, 바람직하다는 미래 자체가 불확정적이다. 확실한 현재에서 불확실한 미래로 가고자 하는 사람이 많을 리 없다.

그래서 혁신에서 참으로 곤혹스러운 것은 미래 자체의 가변성과 더불어 혁신으로 인하여 나타날 미래의 불확실성이다. 불안감은 정확한 실체를 드러내어 발생하기도 하지만, 반대로 정확한 실체를 알기 힘들 정도로 짙은 안개와 같은 상황 속에서 발생한다. 안개가 걷히고 나면 아무것도 없는데도, 우리는 안갯속을 모르기 때문에 막연한 불안감에 휩싸인다. 예측하기 힘든 것 자체가 불안의 원천이다. 누군가가 용감하게 앞장서서 안갯속을 걸어 들어가지만, 그 사람의 뒤를 따라가는 것도 두렵기는 마찬가지다.

그렇다. 우리가 혁신 혹은 혁신의 과정을 통하여 가고자 하는 미래는 짙은 안갯속과 같다. 불확실성 그 자체이다. 안개라는 불확실과 불안감을 최소화하지 않으면 우리는 혁신이라는 미래로 가기 어렵다. 다른 사람들에게 함께 미래로 가자고 설득하기도 쉽지 않다. 당연히 혁신의 성과를 확보하는 것도 쉽지 않을 것이다. 특히 혁신 자체가 현재 상태의 큰 변화를 요구하는 것이라는 점에서 추진에서 성과까지 모든 것들이 처음부터 쉽지 않은데, 여기에 미래의 불안감과 불확실성까지 더해지면 혁신의 주변에 있는 사람들은 물론이고 혁신가조차도 앞으로 나가는 데 주저하지 않을 수 없다. 혁신에 대한 저항과는 다른 혁신 자체가 갖고 있는 지극히 본질적인 문제이다.

정부혁신의 안개를 걷어 내는 로드맵

역사 속의 수많은 혁신가들은 모두가 위험하다고 꺼리는 짙은 안갯속으로 스스로 들어갔다. 당연히 엄청난 희생이 따랐다. 참으로 용감하다는 칭찬 대신에 들어가지 말라는 안갯속을 들어갔다는 이유로 비판과 처벌을 받았다. 그럼에도 또 그들은 안갯속으로 들어갔다.

갈릴레오 갈릴레이Galileo Galilei는 당시 교황청의 반대에도 불구하고 우주의 중심이 태양이라는 주장을 굽히지 않았으며, 그로 인하여 종교재판소에 회부되어 종신 징역형을 받았다가 건강상 이유로 감형되어 가택연금의 처벌을 받았다. 그의 모든 저서는 금서가 되었다. 그는 단지 지동설을 주장하는 데 그친 것이 아니라, 계속된 관찰과 측정을 통하여 입증하려고 하였다. 아인슈타인은 갈릴레오를 근대 과학의 아버지라고 불렀다. 갈릴레오가 종교재판소를 나서면서 말했다는 "그래도 지구는 돈다"는 증명되지 않는 일화가 그의 과학적 진리에 대한 열정을 상징적으로 보여준다. 갈릴레오는 안갯속으로 들어간, 그러나 인류의 문명을 바꾼 혁신가이다.

혁신이 한 발자국 앞으로 조금이라도 나가도록 하기 위해서는 혁신의 앞에 놓여 있는 짙은 안개를 조금이라도 걷어 내어야 한다. 앞길이 조금은 보여 한 발자국이라도 내디딜 수 있도록 해 주어야 한다. 그 역할을 조금이나마 할 수 있는 것이 바로 혁신 로드맵이다. 갈릴레오는 스스로 개량하고 제작한 망원경을 활용함으로써 안개를 걷어내고 우주 속으로 들어갈 수 있었다. 로드맵이 있음으로써 우리는 앞으로 어디로 가야할지, 무엇을 먼저 해야 할지, 다음에 무엇을 해야 할지를 미리 짐작하고 대비할 수 있다. 혁신을 둘러싼 상황은 언제든지 변할 수 있다. 그러면 상황에 맞게 또 로드맵을 수정할 수도 있다. 도로를 건설할 때 로드맵이 필요하고, 모르는 곳을 여행할 때 로드맵이 필요하듯이, 혁신을 추진할 때도 로드맵이 필요하다.

로드맵을 구성하는 과정에서 혁신 추진전략의 고민도 같이 이루어진다. 지금 무엇을 먼저 하는 것이 좋은지, 어떤 혁신의 추진이 가능한지를 고민해야 한다. 또 그다음 단계로 무엇을 하면 좋을지도 판단할 수 있다. 이 과정에서 혁신 어젠다의 실현 가능성을 더욱더 깊게 고민하고, 확신할 수 있다. 혁신 어젠다의 규범적 의미도 중요하지만, 더 중요한 것은 이것이 현실에서 실현되도록 하는 것이라는 점에서, 혁신 로드맵은 혁신의 실천을 위한 실행지도의 역할을 한다.

제한적인 혁신 로드맵에 모든 것을 담을 수는 없다는 점에서, 로드맵에 무엇을 포함할 것인지도 전략적인 판단을 요한다. 지도에 핵심적인 포인트만 표시되듯이, 로드맵에도 정부혁신의 핵심적인 포인트가 포함된다. 로드맵에 담기지 못한 것은 추가적인 기관별 실천 로드맵을 통해서 얼마든지 구체화될 수 있다.

▍복기가 필요한 참여정부의 혁신

참여정부가 추진한 광범위하고 전방위적인 정부혁신, 새로운 방법의 시도들은 혁신가나 혁신 연구자에게는 참으로 의미 있는 사례이고 또 교과서이기도 하다. 참여정부 혁신을 둘러싼 많은 논쟁의 지점들은 정부혁신의 본질이 무엇인지를 깊게 이해하는 데 중요한 키워드로 활용될 수 있다. 혁신 로드맵이 참여정부 혁신의 상징이지만 이것은 하나의 예일 뿐이다.

무엇보다도 대통령 스스로가 혁신의 상징이 되었다. 예전에 없었던 일이다. 대통령이 혁신위원회를 구성하여 깊게 관여하고, 정부혁신에 대한 비판에 피하지 않고 적극적으로 대응하였다. 개별적인 혁신정책도 중요하지만, 무엇보다도 혁신의 시스템 혹은 시스템의 혁신을 강조하였다. 참여와 개방은 혁신의 핵심적 방법으로 활용되었으며, 혁신의 활동은 충실한 기록으로 남기를 원했다.

참여정부는 이제 역사 속의 정부가 되었지만, 참여정부가 시도하였던 정부혁신의 유산들이 지금도 조금은 남아 있다. 다시 정부혁신을 시작한다면 무엇을, 어떻게, 어떤 방법으로 해야 할지에 대한 교훈을 참여정부에서의 경험을 통해서 얻을 수 있다.

참여정부의 혁신에 대한 다양한 복기復棋가 필요하다. 바둑에서 복기가 필수이듯이, 정부혁신에서도 참여자의 복기, 관찰자의 복기 그리고 국민의 복기도 필요하다. 복기를 통해서 각자 다양한 이유들로 다양한 후회도 생기겠지만, 그래도 그 당시보다는 확연히 더 냉정해질 수 있다. 제대로 복기하면 그때는 미처 볼 수 없었던 것들이, 생각하지 못했던 것들이 잘 드러난다. 그리고 또 운이 좋으면 그 당시에는 미처 알아보지 못했던 보석과도 같은 소중한 것들도 찾아낼 수 있다. 보석은 시간이 흐른다 해도 그 빛을 잃지 않을 것이다.

대통령과 정부혁신

기분 좋은 정부혁신 추진계획

　지극히 교과서적으로 보면 정부혁신의 첫 단계는 현실 속에 있는 문제의 인식과 분석 그리고 이에 기초한 정부혁신 추진계획의 수립이다. 추진계획을 통해서 정부혁신을 바라보는 정부의 과거와 현재에 대한 문제 인식과 미래에 대한 구상을 비교적 명확하게 확인할 수 있다. 국민에게 정부혁신에 대한 첫 선을 보이는 자료가 혁신 추진계획이다. 그래서 정부 내에서 혁신을 총괄하는 부처는 추진계획의 수립에 많은 공을 들인다. 이것은 정부혁신을 위한 적절한 과정이자 단계이다. 제대로 된 문제 인식과 분석 없이 혁신을 준비할 수 없으며, 잘 만들어진 계획을 통해서 앞으로 진행될 정부혁신의 상당 부분을 유추해 볼 수 있다.

새 정부의 정부혁신 추진계획은 그 중요성과 상징성으로 인하여 대통령에게 직접 보고되며, 대통령은 이 계획을 직접 발표하여 새 정부 국정운영의 포부와 변화된 모습을 미리 구체적으로 제시하기도 한다. 이 단계까지는 정부혁신과 관련된 각종 활동들이 활발하고 순조롭게 진행된다. 다들 혁신에 대한 문제 인식도 명확하고, 계획도 그럴듯하게 만들고, 또 혁신의 의지도 넘칠 정도로 충만해 있다. 필자도 과거 정부혁신 추진계획을 마련하는 작업에 참여하였던 기억을 되살려 보면, 이 과정에 참여하였던 공직자는 물론 외부 전문가들까지 적지 않은 흥분감을 느꼈던 것 같다. 얼마 뒤에 펼쳐질 정부혁신의 청사진을 담는 계획의 참여자이기에 이런 기분을 느끼지 않을 수 없을 것 같다.

공을 들여서 잘 마련된 정부혁신 추진계획은 그럴듯한 책자로 인쇄되어 관련된 기관과 사람들에게 모두 배포되어 정부혁신 추진을 위한 교과서이자 가이드북, 매뉴얼로서 사용되기를 기대한다. 당연히 기관별 혁신을 담당하는 공무원들 책상의 가장 좋은 위치에 이 책자가 자리 잡는다. 정부 부처와 공공기관에서는 이 책자를 기초로 해당 기관이 추진할 세부적인 혁신 추진계획을 다시 마련하여 혁신을 실천한다. 새로 출범한 정부가 초기에 수립하는 정부혁신 추진계획은 공공부문 구석구석에 실질적인 영향력을 미친다는 점에서 중요하다. 잘 마련된 정부혁신 추진계획은 성공적인 정부혁신을 위한 길라잡이 역할을 충분히 할 수 있다. 그런 점에서 제대로 된 계획 수립은 정부혁신 추진을 위한 필수 요소이다. 필자의 연구실에도 과거 정부들에서 수립한 정부혁신 추진계획 관련 자료들이 여러 권 있다. 이 계획들을 다시 보면 당시 정부의 혁신에 대한 생각과 의지, 전략, 주요 과제가 무엇인지 알 수 있다. 지나간 것이기는 하지만 혁신계획서만으로도 기분이 나아지는 것 같다.

▎계획 따로, 집행 따로 정부혁신

모든 것이 계획대로 될 수는 없다. 계획을 수립할 때의 환경이 이후에도 동일하게 유지되지 않기 때문이다. 특히 정부를 둘러싼 정치, 경제, 사회적 환경의 변화는 정부 출범 초기와 중기 그리고 후기에 따라서 크게 달라진다. 정부혁신 추진계획이 발표되고 1~2년 정도 흘러서 혁신의 추진상황을 보면 당초의 계획과 상당한 거리가 있음을 쉽게 확인할 수 있다.

계획 수립 당시의 상황과 이후의 상황이 달라질 수 있으니 정부혁신이 당초의 계획대로 추진되기는 어려울 수 있다. 그런데 계획을 벗어난 정도가 이해하기 어려운 경우가 많다. 환경의 영향을 별로 받을 것 같지 않은 혁신과제가 사라지거나 추진되지 않는 경우도 있다. 혹은 당초의 계획과 다른 방향으로 진행된 경우도 있다. 왜 당초 계획대로 정부혁신이 추진되지 않았을까.

계획과 실천과정 그리고 결과에 차이가 있다면 이유는 여러 가지일 것이다. 계획 자체가 문제인 경우, 즉 충분하고 정확한 분석과 검토 없이 부실하게 계획이 만들어지거나 혹은 혁신의 의도를 제도대로 반영하지 못한 경우 등이다. 계획은 적절하게 수립되었지만, 이후

411
•
제 8 장 되돌아보는 정부혁신

추진과정에서 주체에 문제가 있거나 추진을 위한 자원을 확보하지 못한 경우이다. 특히 추진과정에서 현실을 반영한다는 이유로 계획을 대폭 수정하는 경우도 발생한다.

계획의 부실이나 추진과정상의 변화, 환경의 변화 등 다양한 이유로 계획상의 목표와 거리가 먼 성과가 만들어지기도 한다. 정부혁신의 과정은 이렇게 다양하고 복잡한 과정을 거쳐야 하니 계획대로 실천되기를 기대하는 것은 무리이다. 자칫 계획 따로, 집행 따로, 결과 따로 진행되는 정부혁신일 수 있다. 혁신에 대한 꼼꼼한 관리가 필요한 이유 중의 하나도 바로 이것이다.

가능성을 담는 혁신계획

모든 것은 첫 단추를 잘 꿰어야 한다고 하듯이, 잘 세운 계획은 성공적인 추진을 위한 중요하고 필수적인 조건이다. 그러나 이것이 성공적이고 지속적인 실행을 보장해 주지 않는 것 또한 사실이다. 계획과 실천이 별개의 문제인 경우가 허다하다. 계획을 몇 번 수립해 본 경험을 가진 사람이라면 이런 일들이 특별한 것이 아님을 잘 알고 있다.

그러나 이것은 계획이 중요하지 않다는 의미가 아니라, 계획 이후 실천단계에서의 체계적 관리, 충분한 자원의 활용, 지속적 관심 등이 정말로 중요함을 의미하는 것이다. 공을 들여 수립하였고 또 대통령이 국민에게 약속한 계획이니 제대로 실천되어야 함을 강조하는 것이다. 다만 이것이 결코 쉬운 것은 아니다.

정부혁신의 경우, 특히 계획을 만든 공무원과 이를 실행하는 공무원이 다르며, 이들이 긴밀하게 상시적으로 연결되어 있지 않다. 이들이 서로의 상황을 충분하고 정확하게 공유하지 못하는 경우 계획대로의 실천을 기대하기는 쉽지 않다. 설계자는 실행자를, 실행자는 설계자를 잘 모른다. 설계자만의 문제도 아니고, 실행자만의 문제도 아니다.

멋있는 전원주택을 꿈꾸는 사람들이 많다. 그런데 건축설계사들이 이구동성으로 하는 말이 있다. 좋은 집을 짓기를 원하면, 자신이 원하는 집이 무엇인지를 제대로 고민하고, 건축설계사와 수도 없이 만나서 이야기를 나누고, 자신의 꿈과 현실을 조율한 설계를 하고, 시공 중에도 설계사, 시공사와 상시적인 소통을 하고, 현장을 수시로 확인해야 한다고 조언한다. 건축주와 설계사, 시공사 간의 긴밀한 의사소통과 정보의 공유가 건축 내내 필요하다는 것이다. 이렇게 해도 원하는 전원주택이 건축되지 않을 수 있다. 이보다 더 중요하게 고려해야 할 요소는 과제는 전원주택이 들어서는 마을이다. 전원주택을 지을 때조차 쉬운 것이 단 하나도 없다.

계획이 결과를 확정하는 것은 아니지만, 꼼꼼한 계획이 있음으로써 과정의 관리가 수월하게 이루어질 수 있고, 이를 통해서 집행과정이 당초 계획의 경로를 크게 이탈하지 않도록 잡아 준다. 이상적인 수준에서 만들어진 계획일지라도 집행과정에서 현실의 상황을 반영하여 보완되며, 이것으로 혁신의 목적을 제대로 달성하는 데 더 기여할 수 있다. 계획이 있음으로써 모든 것이 가능할 수 있다.

수립하고, 수정하고, 수정하며 5년

　정부혁신을 어찌 전원주택에 비유할 수 있을까. 그러나 전원주택이나 정부혁신에 적용되는 기본원리는 다를 리가 없다. 정부혁신에도 설계자가 있고, 실행을 담당하는 사람들이 따로 있다. 혁신계획에는 비전과 목표, 전략, 핵심적 혁신과제가 정리되어 있으며, 과제별로 담당할 부처 혹은 부서가 포함되어 있기도 하다. 추진실적의 관리와 점검계획도 마지막 부분에 포함되어 있다. 이 자료만 보면 정부혁신은 충분히 잘 추진될 것으로 기대할 만하다.

　그런데 정부혁신의 설계자들은 계획이 어떻게 실행되는지를 알기도 전에 그 자리를 떠나고, 혁신을 실행하는 사람들도 그 자리에 오래 머물지 않는다. 1~2년 내에 모두가 떠나고 누군가가 새로 그 자리를 채운다. 인수인계의 과정을 통해서 추진되던 혁신과제들이 지속적으로 관리될 수 있을 것으로 생각되지만, 계획 설계자나 초기 실행자들의 인식과 마음은 전달되지 않는다. 문서로 된 계획서와 실적 자료만 전달될 뿐이다. 정부혁신의 궁극적 대상이라는 국민은 더더욱 이러한 사실들을 알 리가 없다.

　환경의 변화에 따라서 계획은 당연히 소폭이든 대폭이든 수정된다. 정부혁신 추진계획도 후임자에 의해서 수정된다. 이 과정에서 이전에 구상되었던 정부혁신 추진계획의 기본적인 전제와 배경, 가치, 전략, 핵심 정책의 강도가 약해지거나 혹은 사라진다. 후임자는 전임자의 계획과 실천보다는 자신의 새로운 의지가 담긴 수정안에 더 큰 관심을 갖기에, 이전과 다른 수정계획이 만들어진다. 다르다는 것을 탓할 일은 아니다. 이전 계획을 상당 부분 유지한 수정계획도 있지만, 이전 계획과 연결되지 않는 상당히 다른 수정계획도 있다.

이전에 수립하여 추진 중이던 계획이 제대로 실행되기도 전에 수정계획이 혁신 현장에 새롭게 전달된다. 현장은 기존 계획을 미련 없이 버리고 새로운 계획을 다시 추진한다. 거부할 수 없다. 그리고 수정계획을 만든 설계자도 곧 그 자리를 떠나고, 다른 수정계획이 만들어지고, 다시 현장에 전달된다. 계획을 만드는 것도 쉽고, 새로 추진하는 것도 쉽다. 혁신 현장에서는 또 추진하고, 또 추진한다. 그러는 사이 예정된 5년은 지나간다.

사라지는 계획들

정부혁신에서 늘 최우선 순위를 차지하는 것은 제일 처음에 만드는 추진계획이다. 계획이 항상 우선이고, 실천은 한참 후순위이다. 실천이 계획만큼 주목받지 못하는 것이 우리의 정부혁신이 처해 있는 엄연한 현실이다. 혁신계획이 만들어졌을 때 이를 대내외적으로 널리 홍보하기 위한 큰 행사가 마련되지만, 이를 제대로 실행하기 위한 노력은 그만큼 따라오지 않는다. 특히 혁신계획을 제대로 실현하기 위해 절대적으로 필요한 혁신자원의 동원은 늘 취약하다. 혁신을 계획대로 제대로 추진하기 위한 예산, 인력, 조직이 충분히 뒷받침되어야 하는데, 이들은 늘 부족하다. 실행력이 담보되지 못하는 문서상의 계획이다.

많은 정부혁신 추진계획들이 처음부터 흔들리는 계획이었다. 몇 개월 버티지 못하고 휘청대는 계획이었다. 성과는 애초부터 기대할 수 없는 일이었다. 성과가 있다고 말한다면, 그것은 혁신계획 없이도 창출될 수 있었던 성과일 가능성이 높다. 얼마의 시간이 지난 후 정부는 혁신계획과는 별 관련 없는 그럴듯한 성과들을 찾아 나선다. 혁신계획에 따른 성과가 아닌, 혁신계획을 그럴듯하게 포장할 수 있는 성과들이다. 발굴한 혁신적 성과들을 당초의 정부혁신 계획과 연결하여 적정성을 살펴보려는 이들도 드물다. 이미 다들 정부혁신 추진계획은 잊고 있기 때문이다. 쉽게 사라지는 정부혁신 추진계획이다.

많은 사람들은 떠들썩하게 홍보하였던 정부혁신 추진계획을 잘 기억하지 못한다. 언젠가 그럴듯한 발표가 있었다는 어렴풋한 기억만이 존재할 뿐이다. 정부혁신 추진계획은 설계자만의 혁신계획일 뿐이며, 다른 모든 사람들의 혁신계획이 아니다.

이곳저곳의 공무원들은 당초의 정부혁신 계획과 상관없이 그때그때 상황과 필요에 따라서 혁신으로 포장된 활동을 한다. 즉흥적이고 임기응변적이다. 이것도 넓은 의미에서 혁신활동의 일환이라는 점에서 이들마저 애써 부정할 필요는 없다. 즉흥적이고 임기응변적인 것들이 나름 진지하게 고민하고 분석한 끝에 내놓은 혁신계획을 얼마든지 압도할 수도 있다. 일선 공무원들은 애정 없는 혁신계획보다 자신들이 발굴한 혁신과제와 성과를 더 선호할 것이다. 계획에 따른 혁신이 중요한가 아니면 계획과 상관없는 현장의 변화가 더 의미 있는가.

공무원들은 계획보다 '당장'을 강조한다. 발등에 떨어진 불을 끄는 것이 저수지에 물을 가두고, 화재 발생 전에 소방차에 물을 채우는 것보다 더 중요하다고 생각한다. 이것은 본능적인 것이다. 작은 불은 주변에 있는 작은 우물을 이용해서도 끌 수 있다. 그러나 큰 불에는 물 없는 저수지나, 물 없는 소방차는 무용지물이다. 정부혁신은 그동안 그렇게 진행되어 왔다. 이것이 우리의 혁신의 경험이고 추억이다.

정부 출범 초기 몇 개월에 걸쳐서 정부혁신 추진계획을 마련하지만, 몇 개월 지나지 않아서 이 계획은 기억에서 사라지고, 즉흥과 임기응변식 대응이 그 자리를 차지한다. 차이는 있을지언정 매 정부에서 반복되는 일들이다. 이럴 거면 수개월 고생하여 만들었지만, 실행력을 확보하지 못하고 사라지는 혁신계획을 만들지 않는 것이 오히려 혁신이라고 해야 한다. 정말로 정부혁신 계획은 무용지물인가.

다시 생각하는 노무현식의 정부혁신

노무현 대통령은 혁신의 화신이라고 해도 과언이 아닐 정도로 정부혁신을 강조하고, 또 이를 강하게 추진하였다. 필자의 개인적 의견을 전제로 하지만, 역대 정부 중 가장 꼼꼼하게 정부혁신 추진계획을 세웠다고 할 수 있다. 특히 시간이 오래 걸릴 수밖에 없는 시스템 혁신을 강조하였다.

> 혁신하는 방법을 혁신했습니다. 혁신을 혁신했습니다. 그래서 많은 혁신기법이 지금 공직사회에서 적용되고 있고 많은 성공 사례가 나왔습니다. 책을 모으면 이 스크린 벽이 가득 찰 만큼 각 부처나 조

직에서 사례들을 발표해 놓고 있습니다. 물론 그중에는 쭉정이도 좀 있습니다. 쭉정이라도 그게 어디입니까? 정부혁신은 국제사회에서 주목을 받고 있습니다. 혁신 속도가 가장 빠른 나라, 혁신지수 세계 7위, 참여정부 대통령은 혁신 대통령입니다.

— 참여정부 평가포럼 중 노무현 대통령의 강연 내용에서(2007. 6. 2.)

정부혁신 추진계획 중 성공한 경우도 있었지만, 제대로 실행되지 못한 것도 많았다. 노무현 정부에서 성공적으로 도입되었던 혁신적 시스템 중에서 새 정부로 교체된 이후에 사라진 것들도 또한 많았다. 혁신계획은 물론이고 확보된 혁신의 성과도 순식간에 무용지물로 만드는 우리 정부혁신의 현실을 고려하면, 노무현 대통령과 같이 꼼꼼한 계획 수립과 체계적 추진을 핵심으로 하는 정부혁신은 필요가 없어진다. 그냥 계획 없이 그때그때 임기응변으로 하면 될 것이다. 정부가 바뀌면 쉽게 없어질 정부혁신을 애써 할 필요가 없다.

그럼에도 불구하고 노무현 대통령의 혁신방식이 머리를 떠나지 않는다. 정부혁신을 추진해야 하는 문제 인식을 명확하게 하고, 무엇을 혁신할 것인지를 정리하고, 어떤 순서대로 추진할 것인지를 정하고, 혁신 어젠다별 담당 부처를 정하고, 혁신을 통해서 달성해야 할 목표가 무엇인지를 미리 정하고, 혁신이 잘 추진되고 있는지를 주기적으로 평가하고자 한 것이 노무현식 정부혁신이다. 대통령이 직접 정부혁신의 과정을 점검하고, 성과를 확인하고자 한 것이 노무현식의 정부혁신 관리이다. 정부가 열심히 하면 분명 국민이 알아줄 것이라고 믿고 힘들어도 혁신을 추진하려 했던 것이 노무현식의 정부혁신이다. 우리나라에서 참으로 특별한 정부혁신 사례이다. 아직 우리나라에서 만들어진 한국식 정부혁신 모델이 없는데, 만일 만들 수 있다면 노무현 정부의 혁신이 첫 모델이 될 것이다. '노무현 정부혁신 모델'이라고 불러도 좋을 정도이다. 언제 또 다시 이런 노무현식의 정부혁신이 추진될 수 있을까 기대를 해 본다.

정부혁신, 5년의 시간

정부혁신의 수명은 2년

정부혁신에는 일종의 법칙이 있다. 혁신은 정권 초기에 집중해서 빠르게 추진해야 하며, 그렇지 않으면 정부혁신 자체를 추진하지 못하거나, 추진해도 흐지부지될 수밖에 없다는 것이다. 우리나라는 5년 단임의 대통령제이기 때문에 정부혁신은 정부 출범 초기, 적어도 2년 안에는 마무리해야 한다는 논리이다. 대통령은 집권하고 나서 중반 이후가 되면 레임덕에 직면하며, 이때부터 공무원들은 소극적으로 변하여 정부혁신이 초기처럼 힘 있게 추진될 수 없고, 추진되어도 소극적이거나 형식에 그칠 가능성이 높다는 지적이다.

이런 법칙 아닌 법칙은 그동안 정부혁신을 경험한 공무원은 물론 외부 전문가들이 공통적으로 지적하는 일반화된 현상이라서 그리 틀

다시 생각하는 정부와 혁신

린 말이 아니다. 정부혁신이 갖고 있는 정치적 속성이나 정부혁신의 작동 주기를 익히 잘 알고 있는 공무원들은 정부혁신의 추진에 먼저 자발적으로 움직이지 않으며 수동적인 입장을 취할 수밖에 없다. 공무원들이 나서지 않아도 정권의 새로운 담당자들이 주도적으로 선거 공약으로 제시되었던 것 중의 일부와 추가적인 정책과제를 발굴하여 정부혁신의 의제로 설정하여 제시하기 때문에 구태여 공무원들이 움직이지 않는다. 다들 혁신의 추진동력과 성과는 권력이 최고조에 달하는 정권 초기에 확보되며, 정권 후반부에는 여지없이 정권 담당자들의 정부혁신의 의지가 사라지는 것을 경험하였다. 정부혁신에 대한 이런 경험들이 지금과 같이 정부혁신의 수명은 집권 초기 2년이라는 법칙을 만들었다.

이런 연유로 공직사회에는 정권 초기 2년만 버티면 정부혁신은 지나간다는 인식이 일상화되어 있다. 5년의 정부 운영기간 중 단 2년만 정부혁신이 그나마 의미 있게 추진될 수 있음을 뜻한다. 실제 필자가 만났던 어느 공무원은 3년 차부터 정부혁신 관련 공문이 다른 것들에 의해서 우선순위에서 밀린다고 하였다. 새 정부 출범 초기에는 가장 먼저 처리된 것이 정부혁신 공문이었지만, 3년 차에 들어서면 이것이 우선적으로 처리되지 않는다는 것이다. 정부혁신에 대한 공무원의 인식이 정권의 시기에 따라서 극명하게 달라짐을 알 수 있다. 그럴 수밖에 없는 것인가. 정말 정권 초기 2년 동안만 정부혁신의 추진이 가능한 것인가. 또 정권 초기 2년 안에 정부혁신의 성과를 제대로 확보할 수 있을까. 많은 의문이 들지 않을 수 없다.

정부혁신의 강박관념, 속전속결

정부혁신을 빠른 시간 내에 끝내야 한다는 강박관념이 정권 담당자들은 물론이고 정부혁신을 말하는 학자들에게도 깊이 박혀 있다. 이러한 강박관념이 정부혁신의 추진일정은 물론 성과의 확보도 서두르게 한다. 정부혁신은 단기혁신이라는 고정관념이 자연스럽게 고착화된 반면, 장기적 정부혁신을 주장하는 사람을 찾는 것은 어려워졌다. 대통령에게 힘이 있을 때 빨리 해치워야 한다는 생각이다. 대통령은 정권 중반을 넘어서면 정부혁신에 국정운영의 우선순위를 두지 않거나 충분한 관심을 갖지 않기 때문에 정부혁신이 제대로 추진되지 않는다는 말이기도 하다. 이런 것이 틀린 주장은 아니지만, 선뜻 동의하기도 주저하게 된다. 왜 주저하게 되는 것일까.

시간이 없다고 서두르면 제대로 된 정부혁신을 위한 깊은 고민과 철저한 준비는 미흡할 수밖에 없고, 이로 인하여 당초에 목적하였던 결과도 제대로 달성하기 어렵다. 혁신의 결과를 억지로 보이게 하려고 무리수를 둘 수도 있다. 외견상 그럴듯해 보이는 성과에만 집착하게 된다. 당연히 중장기적인 추진을 필요로 하는 혁신과제는 뒷전으로 밀리고, 단기적이고 단편적인 과제에 집중할 수밖에 없다. 2년짜리 단기의 정부혁신 과제가 선정되고, 2년 안에 창출할 수 있는 성과에 집착하게 된다. 정부혁신에 필요하고 중요한 과제가 선정되는 것이 아니라, 일정 기간 내에 성과를 낼 수 있는 과제가 선정된다는 점에서 처음부터 불완전한 정부혁신이 추진될 수 있다.

그동안 우리의 정부혁신은 과연 어떠한 것이었나. 정부혁신의 과

다시 생각하는 정부와 혁신

제는 어떻게 선정되었나. 정부혁신은 얼마 동안 제대로 추진되었나. 정부혁신을 통해서 우리가 얻은 것은 무엇인가. 성공한 혁신이었나 아니면 실패한 혁신이었나. 정부혁신 과제는 국정운영에서 어느 정도의 비중을 차지하였을까. 집권 중·후반부에 정부혁신은 중요하지 않은 국정과제인가. 정말로 많은 질문을 하지 않을 수 없다.

정부혁신의 화려한 출발

역대 정부들은 혁신 혹은 개혁 등의 이름으로 다양한 정부혁신을 추진하였다. 과제별 추진계획을 세웠고, 추진을 담당할 부처도 지정하였다. 그러나 혁신의 생명력은 고작 1~2년에 불과하였다. 출발은 요란하였지만, 얼마 지나지 않아서 관심 밖으로 사라졌다. 혁신 관련 회의도 진행되고 행사도 진행되었지만, 그것은 그럴듯해 보이는 요식행위 이상을 벗어나지 못한 경우가 비일비재했다. 회의나 행사장에서 혁신의 약화에 대한 우려를 표하는 소수의 사람을 제외한 다수의 사람에게서 이에 대한 특별한 문제 인식을 느낄 수 없었다. 늘 그렇듯이 정부혁신 관련 회의는 축하 인사, 정해진 발표와 토론, 반복되는 박수 그리고 사진 촬영으로 구성된다. 이것들이 혁신의 모든 것처럼 보였다.

초기의 혁신 주도자는 정부혁신을 계획하고 정책과제로 출발시켰다는 안도감을 갖는다. 이들은 혁신이 추진되고 있음을 보여주는 각종 실적계획, 추진과정, 투입노력 등을 기록으로 남기고, 혁신의 대상자인 공무원도 혁신을 위해 노력했다는 기록을 문서로 남긴다. 기록과 문서 속에 존재하는 문서혁신이라고 해야 할까. 우리는 지난 수십 년간 아주 비슷한 경험을 반복했다. 그리고 잘 축적되고 관행화된 이와 같은 정부혁신의 경험은 변하지 않는 법칙과 원리가 되었다. 정부 내의 공무원과 학계의 혁신 전문가 모두 이러한 인식의 구조하에서 움직였다. 5년 정부혁신이 아닌 2년 정부혁신. 이를 너무도 당연한 것으로 받아들인다. 필자도 예외일 수 없었다.

▌정부혁신 추진기간, 2년에서 5년으로

정부가 출범할 때마다 초기 2년간 진행되는 반복 혁신. 이쯤 되면 혁신은 이름과 껍데기만 존재하는 허울 혁신, 관성 혁신 아닌가. 이벤트 혁신 아닌가. 우리가 원하는 것은 습관적으로 하는, 반복해서 하는 영혼 없는 혁신의 이벤트가 아니라, 정부의 본 모습을 제대로 보고, 묵은 문제를 끄집어내고, 이를 해결하여 달라진 정부와 나아진 국민의 삶을 만드는 것 아닌가. 이런 혁신의 기대들은 결코 단기간에 충족될 수 없는 것들이다. 이런 기대를 현실로 만들기 위해서는 혁신을 2년이 아닌 5년 내내 해도 쉽지 않을 것이다. 그런데 정부는 늘 혁신을 시작한 지 1년만 되어도 성과가 나왔다고, 국민의 삶이 나아졌다고 홍보한다. 과연 제대로 된 홍보거리가 있는지 의문이다. 단기간에 성과를 만들어 냈다니 놀라운 역량이다. 법과 제도의 설계는 단기간에 가능하겠지만, 이것을 정부혁신의 핵심적 성과라고 홍보하는 것은 문제가 있다.

이제는 우리가 부지불식간에 받아들인 '2년 혁신'의 굴레에서 벗어나야 할 때다. 제대로 된 정부혁신, 국민의 삶을 바꾸는 혁신은 많은 시간을 필요로 한다. 그 시간은 단절된 시간이 아니라 지속적이고 일관되게 연결된 시간이다. 정확한 문제 인식, 철저한 분석, 충분한 준비, 좋은 수단, 약해지지 않는 혁신의지, 높은 실행력, 성과의 체계적인 점검과 관리, 냉철한 분석과 평가, 혁신의 지속성을 확보하기 위한 체계적인 제도적 장치의 마련, 자율적 혁신을 이끌어 가는 혁신역량의 구축과 활용, 혁신을 방해하는 장애물의 제거 등 실로 많은 것이 필요하다. 국민의 삶을 제대로 바꿀 수 있는 정부혁신이 되기 위해서는 준비해야 할 것이 많으며, 이것들이 준비되었어도 제대로 작동되고 결과를 만들 수 있는 길고 긴 시간이 필요하다.

철저한 준비, 온전한 5년의 정부혁신

단기적, 집중적 혁신에 익숙해 있는 사람들에게 중·장기적 관점에서 제대로 준비하여 추진하는 혁신은 혁신 같아 보이지 않는다. 이런 혁신을 주장하는 사람들은 한가한 사람들처럼, 혁신에 대한 의지가 없고, 혁신이 무엇인지 모르는 사람처럼 보인다. 혁신은 정치적인 바람을 타기 때문에 장기적인 관점에서 접근하는 것은 비현실적이라고 비판하기도 한다. 틀린 비판은 아니지만, 이렇게 접근하면 우리가 원하는 정부혁신은 제대로 추진될 수 있는가. 2년이면 우리가 원하는 정부혁신을 추진하고, 기대하였던 성과를 확보하는 데 충분한가.

혁신을 시도하는 것 이상으로 중요한 것이 혁신의 관리이고, 혁신의 지속이다. 출발하는 것이 중요하지만, 출발이 의미 있기 위해서는 중간에 멈춤이나 좌절이 있으면 안 될 것이다. 출발 이후에는 관리가 강조될 수밖에 없다. 성급함이 아니라 철저함이 중요한 이유이다. 혁신에는 준비에서 실행까지 충분한 시간이 투입되어야 한다. 조급함 속에서 우리가 얻을 수 있는 것은 별로 없다. 단기적인 정부혁신에서 얻을 수 있는 것은 작동하지 않는 제도이거나 혹은 혁신 흉내이거나, 아니면 이벤트 혁신일 가능성이 높다. 단기간의 빠른 혁신에서 너무 많은 것을 기대하지 말아야 한다.

혁신을 망치는 것은 조급함이다. 물론 가끔은 번개처럼 빠르고 천둥처럼 강력한 혁신도 필요하다. 그러나 그것은 기나긴 혁신의 과정에서, 혁신을 촉진하기 위하여 일시적인 전술로서 활용되는 것이 적절하다. 전쟁에 비유하면 혁신은 짧은 전투가 아니라 기나긴 전쟁 그 자체이다. 긴 전쟁을 준비하기 위해서는 그에 걸맞는 군수물자와 병력 그리고 전략이 필요하지 않는가.

이제는 2년 혁신이 아닌, 3년 혁신, 4년 혁신, 5년 혁신을 논의하자. 국민들이 대통령에게 허용한 혁신의 시간은 2년이 아닌 5년이다. 섣불리 예단하고, 계획하고, 추진하고, 포기하지 말자. 최소한 5년의 정부혁신을 준비하고 멈추지 말고 실행하자. 2년의 정부혁신 법칙을 버리고, 사라진 3년을 찾아내자. 최소한 5년을 넘어서는 온전한 정부혁신의 법칙을 만들어 보자. 미리 준비만 할 수 있다면, 능히 온전한 5년의 혁신기간을 확보할 수 있다.

감응의 혁신

"이것 너무 간단한 거야"

습관은 참으로 편리한 것이다. 습관이 있으면 고민도 덜하고, 익숙하게 처리하고, 큰 오류 없이 일을 처리해 나갈 수 있다. 반대로 습관이 없으면 이것저것 불편한 것이 한두 가지가 아니다. 신입직원을 생각해 보자. 새로운 조직에 들어가면 모든 것이 낯설어서 서투르고, 그래서 실수도 자주 한다. 기존의 사람들이 너무도 쉽게 하는 것들이 신입직원에게는 도무지 쉽지 않다. 실수를 연발하는 신입직원에게 지나가던 선배직원은 가볍게 한마디 한다. "이것 너무 간단한 거야."

기존 직원과 신입직원 간에 차이가 있다면 그것은 습관의 존재 여부이다. 기존 직원은 조직의 습관을 먼저 익혀서 익숙하게 일을 처리하는 것이고, 신입직원은 아직 조직의 습관을 익히지 못하여 일을 서투르게 처리하는 것이다. 시간이 어느 정도 해결해 줄 수 있는 그런 차이이다.

조직이 신입직원을 선발하면 장점이 있다. 기존 직원과 달리 새로운 시각도, 참신한 혁신적 아이디어도, 아직 식지 않은 열정도 갖고 있다. 파이팅 넘치는 신입직원이 몇 명이라도 들어오면 가라앉아 있던 조직의 활력도 다시 일어날 수 있다. 그런데 이 신입직원이 일 처리가 서투르다고 면박을 주고, 조직에 빨리 적응하지 못한다고 재촉한다. 신입직원도 서둘러서 이내 조직에 적응하여 서투른 일 처리가 줄어든다. 곧 능숙하게 일을 처리하는 능력자가 된다. 조직이 필요로 하는 행동을 제대로 습관화하였기 때문이다. 대신 신입직원의 서투름은 파이팅, 혁신적 아이디어와 함께 사라지고, 그 자리를 조직의 습관과 능숙한 일 처리가 대신한다. 적응에는 대가가 필요했다. 그 대가는 혁신의 사라짐이다.

저수지다운 저수지의 비결

신입직원이 늘 신입직원일 수 없듯이, 혁신이 늘 혁신일 수 없다. 조직에는 늘 새로운 직원들이 들어와야 하며, 이를 통해서 조금이라도 새로운 조직으로 변화할 수 있다. 좋은 혁신도 시간이 지나면 구습ancient regime이 되어 버린다. 혁신의 빛이 바라는 데는 오랜 시간이 걸리지 않는다. 혁신에 또 다른 혁신이 채워 줘야 혁신의 상태가 유지될 수 있다. 혁신이 혁신다움을 유지하려면 스스로 혁신의 대상이 되어야 한다. 혁신이 멈추지 않으려면 늘 다른 혁신에게 자리를 양보할 수 있어야 한다.

　혁신은 또 다른 혁신의 경쟁 대상이 되어야 한다. 경쟁이 없는 독점의 혁신은 혁신으로서의 지속성을 갖기 어렵다. 늘 도전받는 혁신이어야 한다. 애플이 혁신적인 것은 늘 조직 내외부에의 혁신적 경쟁에 노출되어 있기 때문이다. 그래서 혁신은 저수지와 같다. 잔잔한 저수지의 수면을 보면 저수지는 늘 그대로 있는 것 같다. 그러나 저수지는 끝없이 변화한다. 늘 새 물이 들어오고, 또 기존의 물이 넘치는 저수지가 저수지로서의 제 역할을 할 수 있다. 들고 나는 물이 없는 저수지는 제 기능을 하지 못한다. 그저 오염된 물의 저장소일 뿐이다. 저수지가 제 모습을 갖출 때 그 밑에 있는 논밭이 살아난다.

　저수지는 새로운 물이 들어오고, 기존의 물과 섞이고, 오래된 물을 밀어냄으로써 저수지다움을 유지한다. 새 물은 다시 새 물에 의해 흘러서 넘친다. 저수지에서 넘친 물은 사라지는 것이 아니라 저수지 밑의 논밭을 기름지게 하고, 살찌게 한다. 흐르고 넘침으로써 빛을 내는 것이니, 혁신도 자신이 아닌 다른 것들을 빛나게 할 때 더욱 혁신다운 것이 된다. 혁신이 시작되는 순간, 새로운 혁신이 등장하도록 뒤로 물러설 준비를 해야 하는 것이 혁신다운 혁신의 모습이다.

혁신의 유효기간

　모 대기업 회장의 강연을 들을 기회가 있었다. 회장은 해당 산업에서 선도기업이 될 수 있었던 비결로 당연히 혁신을 들었다. 그런데 회장이 설명한 혁신은 멈추지 않는 혁신, 변화하는 혁신, 사라지는 혁신이었다. 그 기업은 혁신 추진을 위해 심혈을 기울여 도입한 기법이라도 5년 이상 사용하지 않았다고 한다. 혁신기법을 도입한 4년차 정도에 새로운 혁신방법을 고민하고, 개발하고, 인큐베이팅의 과정을 거치고 나서 5년 차에 이것으로 기존의 혁신을 대체하였다고 한다. 기존의 좋았던 혁신을 버린 것이다. 멈추지 않고 계속된, 그러나 다른 혁신으로 대체되는 혁신의 연속이었다. 회장은 혁신에도 유효기간이 있음을 말해준 것이다.

물체에 관성이 있듯이 혁신에도 관성이 존재한다. 새로운 혁신을 도입하고 한 3~4년까지는 혁신의 관성이 없었던 혁신을 촉진시키고 일상화시키는 긍정적 역할을 한다. 그러나 어느 순간 혁신은 일상의 일부가 되어 혁신의 본성을 상실한다. 관성이 되어 버린 혁신은 기계적인 것이어서 의심의 대상이 되지 못하며, 어제와 같게 오늘이 그리고 내일이 지나가게 한다. 그리고 우리는 혁신이 더 이상 혁신으로서 역할을 하지 못하고 있음을 인식하지 못한다. 혁신이 관성이 되는 것은 시간문제일 뿐이다.

혁신의 혁신

혁신의 방법들은 끝없이 수정, 보완, 폐기, 대체되어야 한다. 우리를 둘러싼 문제가, 상황이, 사람이, 혁신이 달라져야 한다. 혁신은 문제나 상황과 연동되는 것이니 당연히 다른 혁신으로 변화되어야 한다. 관성이 된 혁신은 더 이상 혁신으로서의 역할을 하지 못한다.

혁신은 충격을 주고 새로운 눈을 뜨게 하는 것이다. 혁신은 새로운 인식과 접근, 방법을 사용하는 것이기에 처음에는 산뜻하고, 흥미롭게 받아들여진다. 그러나 시간이 지나면서 이 모든 것들은 일상적인 것으로 변화한다. 혁신의 색이 바라는 것은 당연한 이치이다. 혁신의 잘못도, 혁신가의 잘못도, 구성원의 잘못도 아니다. 시간이 지남에 따라서 혁신하지 못한 혁신의 자연스러운 변화일 뿐이다.

혁신을 혁신하는 것이 필요하다. 의도적이고 적극적인 혁신의 관리가 필요하다. 문제가 없는 것 같아도 문제를 지적해 내야 한다. 아직 쓸 만해도 비판하고, 수정하고, 또 폐기할 수도 있어야 한다. 사실 혁신이 습관으로 변하였음을 눈치채는 것조차 쉽지 않다. 우리는 혁신도 만들지만, 그 혁신을 습관으로도 잘 만들어 낸다.

그동안 혁신에 익숙해져 버린 우리가 아닌 다른 사람들이 혁신을 보게 하면 더욱 좋다. 내가 문제를, 혁신을 제일 잘 알아도 제3자에게 물어보고 들어 보아야 한다. 신기하게도 그들은 우리가 보지 못하는 것을 기가 막히게 볼 줄 안다. 우리가 아무리 찾으려 해도 못 찾는 문제를 정말로 잘 찾아낸다. 그들의 생각이 틀릴 수도 있다. 그래도 우리의 밖에 있는 그들에게 물어보아야 한다. 그들은 우리가 갖고 있지 못한 신의 한 수를 갖고 있을지도 모른다.

▎ 감응의 건축, 감응의 혁신

전라북도 무주군 무주읍에는 어느 자치단체와 마찬가지로 공설운동장이 있다. 전국의 작은 지방자치단체들의 공설운동장은 신기하게도 다들 비슷한 모양을 하고 있다. 그런데 무주의 공설운동장만은

만개한 보라색 등나무 꽃이 에워싼 5월의 무주 공설운동장 전경. 향기가 넘친다.
(2024. 5. 1.)

참으로 특이하다. 4월 말이나 5월 초가 되면 무주 공설운동장은 어김없이 보라색 꽃과 향기로 뒤덮인다. 운동장 스탠드를 빙 둘러싸고 있는 240여 그루의 등나무에 핀 꽃이 만들어 내는 풍경이다. 그 속에서 많은 사람들이 쉬고 걷고 한다. 무주군과 무주군민, 등나무 그리고 건축가 정기용이 합작해 만든 풍경이다.

건축가 정기용은 1996년부터 10여 년에 걸쳐 무주 공공 프로젝트를 진행하였다. 군청사, 면사무소, 시장, 운동장을 새롭게 탄생시키는 작업이었다. 등나무 운동장 프로젝트는 1999년 어느 날 시작되었다.

다시 생각하는 정부와 혁신

무주 일을 한창 진행하던 중에 무주군수가 고민을 털어놓았다. 공설운동장에서 행사를 하면 사람들이 잘 안 모인다는 것이다. 그래서 주민들에게 물어보니 "군수가 앉는 본부석에만 지붕이 있어 땡볕을 피하는데 우리 민초들은 어떻게 햇빛을 피하겠습니까?"라고 답했다고 한다. 그래서 군수는 주민들을 위해 스탠드에 그늘을 만들 요량으로 운동장 주변에 등나무를 240여 그루 심었다. 1년 뒤 등나무들이 많이 자라자 군수는 등나무에게 집을 지어줄 때가 됐다고 판단하고 내게 등나무 그늘이 있는 공설운동장을 제안했다.

나는 등나무와 같은 줄기를 모은 것처럼 60밀리미터 아연 파이프를 활용해서 최소한의 구조로 고안했다. 공중에서 허우적거리는 240여 그루의 등나무를 본다면, 누구라도 물에 빠진 것 같은 그 등나무들을 구출할 생각을 했으리라. 전주의 작은 철공소와 협력해서 '등나무의 집'을 완성했고, 등나무들은 집이 마련된 기쁨 때문인지 한 달도 안 돼서 철제 구조물의 끝까지 자라났다. 정말 놀라운 속도였다. 식물이 원하는 대로 조금만 보살펴 주면 그들은 우리가 상상하는 것 이상으로 자신들의 힘을 보여준다.

그래서 무주의 여러 프로젝트들을 통틀어 '감응의 건축'이라 명명한 것이다. 군수가 주민의 말에 감응하고, 건축가가 허공에서 허우적거리는 등나무의 순에 감응하여 모든 것이 이루어졌기 때문이다. 여러 해가 지나고 이제 무주 공설운동장은 5월 초에 등나무 꽃과 함께 모든 사람들에게 자연의 감동을 선사한다.

— 정기용, 건축 작품집: 1986년부터 2010년까지, p.301.

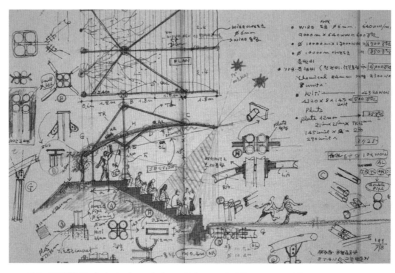

무주 공설운동장의 초기 스터디 스케치. ⓒ 정기용(2013), 건축작품집, p.304.

누군가 말을 하였고, 누군가 그 말을 귀담아들었고, 누군가는 그 말을 실천하였다. 어느 누구도 허투루 지나치지 않았다. 등나무조차 응답하였다. 그 자리에 있던 것이 더 있는 것답게 되었다. 시간이 지날수록 그곳은 더욱 더 무성해졌다. 건축가 정기용은 그것을 '감응의 건축'이라고 이름 붙였다. 지금은 공설운동장 대신 '등나무 운동장'이라고 불린다. 무주의 등나무 운동장은 우리가 바라는 정부혁신도 '감응의 혁신'이어야 함을 가르쳐 준다.

강신택(2008). 참여정부의 정부혁신의 논리. 대한민국 학술원 논문집. 47(1): 281~325.

강철규(2016). 강한 나라는 어떻게 만들어지는가. 사회평론.

경제인문사회연구회(2017). 사회적 가치 실현을 위한 정부혁신방안 연구.

공보처(1997). 문민정부 5년 개혁백서.

권해수(1998). 한국의 행정개혁에 대한 비판적 고찰. 한국사회와 행정연구. 9(2): 29~40.

그랜트, 애덤(2016). 오리지널스. 홍지수 역. 한국경제신문.

기획예산처(2000). 정부개혁백서.

기획예산처(2002). 국민의 정부 공공개혁 백서.

김광웅(2009). 통의동 일기. 생각의나무.

김영평 외(1993). 행정개혁의 신화와 논리. 나남.

김지수(2022). 이어령의 마지막 수업. 열림원.

김태영(2006). 정부혁신의 철학적 기초에 관한 소고. 한국행정학보. 40(4): 1~23.

김판석 외(2011). 정부혁신을 둘러싼 쟁점과 새로운 발전방향 모색. 한국인사행정학회보. 10(3): 23~52.

나이, 조셉 S.(2001). 국민은 왜 정부를 믿지 않는가. 굿인포메이션.

남궁근(2022). 민주화 이후 국정운영. 법문사.

남궁근(2017). 정부혁신 패러다임의 변화. 한국행정연구원 제1차 KIPA-KAPA 정부혁신 Forum.(2017. 3. 3.)

노무현(2009). 성공과 좌절. 학고재.

대한민국정부(2022). 국가균형발전과 자치분권 패러다임 전환. 문재인정부 국정백서.

도렌, 찰스 밴(2010). 지식의 역사. 박중서 역. 갈라파고스.

드니 로베르·베르니카 자라쇼비치(2002). 촘스키, 누가 무엇으로 세상을 지배하는가. 강주헌 역. 시대의창.

마이클 샌델(2008). 공동체주의와 공공성. 김선욱 외 역. 철학과현실사.

마이클 왈쩌(2001). 자유주의를 넘어서. 김용환 외 역. 철학과현실사.

마크맨, 아서 B. et al.(2009). 혁신의 도구. 김경일 외 역. 학지사.

마크 애른슨(2002). 도발. 장석봉 역. 이후.

문명재(2021). 포스트(위드) 코로나 시대의 난제 해결형 정부를 위한 정부혁신에 대한 소고. 한국행정연구. 30(3): 1~26.

박영규·이재열(2018). 사회적 가치와 사회 혁신. 한울.

박용성(2008). 정부혁신 내재화 확보요인에 관한 연구. 한국사회와 행정연구. 19(1): 17~39.

센, 아마르티아(2010). 정의의 아이디어. 이규원 역. 지식의날개.

센, 아마르티아(2001). 자유로서의 발전. 박우희 역. 세종연구원.

송암지원(2001). 광덕스님 시봉일기. 도피안사.

슈나이더, 볼프(2004). 위대한 패배자. 박종대 역. 을유문화사.

신윤창(2011). 김영삼·김대중·노무현 정부의 행정개혁에 관한 탐색적 비교연구. 한국비교정부학보. 15(1): 233~254.

염재호(2009). 한일 행정개혁의 비교연구. 정부학 연구. 15(2): 71~106.

오스븐, 데이빗 & 테드 게블러(1992). 정부혁신의 길. 삼성경제연구소 역. 삼성경제연구소.

원혜영 외(2012). 민주정부 3.0. 생활정치연구소.

윤태범(2023). 정부혁신의 이념과 실제: 역대 정부의 경험. 한국정책학회 하계학술대회.(2023. 6. 15.)

윤태범(2022). 대전환기의 정부의 혁신:혁신 플랫폼의 구축과 활용. 한국행정학회 하계학술대회.(2022. 6. 23.)

윤태범 외(2021). 행정윤리. 양성원.

윤태범(2020). 포스트 코로나 시대 시민사회와 거버넌스. 한겨레경제사회연
　　구원. 제11회 아시아 미래 포럼.(2020. 12. 3.)

윤태범(2019). 사회혁신의 거점으로서 지역과 시민사회의 역할. 인천연구원.
　　제16회 도시연구세미나.(2019. 4. 17.)

윤태범(2016). 우리나라 공공기관의 사회적 책임성 강화전략. 한국조세재정
　　연구원. 2016 공공기관과 국가정책.

윤태범(2015). 변화하는 공직사회와 공직가치 재정립방안. 한국행정연구원
　　세미나.(2015. 4. 15.)

윤태범 외(2015). 대한민국 정부를 바꿔라. 올림.

윤태범(2014). 국민을 위한 정부혁신의 과거와 현재, 그리고 미래. 한국미래
　　발전연구원 기념세미나.(2014. 9. 25.)

윤태범(2014). 국민을 위한 관료제 개혁. 내일을 여는 역사. 겨울호.

윤태범(2009). 정부혁신의 맥락과 관리혁신의 논리. *GRI Review*. 11(1):
　　51~73.

윤태범(2009). 공직자의 바람직한 자세와 공직가치 제고 방향. 한국행정연구
　　원 국가경쟁력과 리더십 세미나.(2009. 9. 30.)

윤태범(2007). 관료 공공성의 재정립과 시민적 거버넌스의 모색. 참여사회연
　　구소. 시민과 세계. 12호.

윤태범(2007). 세계화 시대 관료독주와 민주주의의 위기. 참여사회연구소 심
　　포지움.(2007. 10. 19.)

윤태범(2006). 정부혁신의 맥락과 구조의 이해. 한국행정학회 추계학술대
　　회.(2006. 10. 13.)

윤태범 외(2006). 정부혁신 성과지표 개발. 한국행정연구원 보고서.

윤태범 외(2006). 참여정부의 정부혁신 운영실태 및 효과분석. 한국행정연구
　　원 보고서.

윤태범 외(2005). 새로운 거버넌스 패러다임과 국정능력 증진. 정책기획위원
　　회 보고서.

윤태범(2004). 정부 투명성 제고를 위한 법·제도적 개혁방안. 한국지방정부
학회 동계학술대회.(2004. 2. 26.)

윤태범(2002). 김대중 정부 공공부문 개혁의 성과평가와 개선방향. 한국행정
학회 하계세미나.(2002. 6. 21)

윤태범 외(2002). 공공개혁의 중장기 비전과 과제. 기획예산처 보고서.

이계식 외(1997). 아래로부터의 정부개혁. 박영사.

이명석(2001). 신공공관리론 신거버넌스론 그리고 김대중 정부의 행정개혁.
한국행정학회 춘계학술대회.

이해영(2006). 혁신과 민주주의의 조화로서 정부혁신의 비판적 담론. 한국동
북아학회. 한국동북아논총. 41: 347~368.

임도빈(2008). 역대 대통령 국정철학의 변화: 한국행정 60년의 회고와 과제.
행정논총. 46(1): 211~251.

재스퍼, 제임스 M.(1997). 저항은 예술이다. 박형신 외 번역. 한울.

정기용(2013). 건축 작품집: 1986년부터 2010년까지. 현실문화.

정기용(2022). 감응의 건축. 현실문화.

정부혁신지방분권위원회(2008). 참여정부의 행정개혁. 대통령자문 정부혁신
지방분위원회.

정부혁신지방분권위원회(2003). 정부혁신지방분원 로드맵. 대통령자문 정부
혁신지방분위원회.

정부혁신지방분권위원회(2007). 참여정부의 정부혁신: 이론적 접근. 대통령
자문 정부혁신지방분위원회.

정용덕(2006). 행정개혁. 한국행정학회. 한국행정학 오십년:1956~2006.
379~432.

존슨, 스티븐(2015). 우리는 어떻게 여기까지 왔을까?. 강주헌 역. 프런티어.

참여연대 사법감시센터(2015). 공평한가? 그리고 법리는 무엇인가. 북,콤마.

최진욱(2008). 참여정부 정부혁신 체감도에 관한 연구. 한국행정학보. 42(2):
97~117.

총무처 직무분석기획단(1997). 신정부혁신론. 동명사.

다
시
생
각
하
는
정
부
와
혁
신

쿠마, 비제이(2013). 혁신 모델의 탄생. 이유종 외 역. 틔움.

한국행정연구원(2012). 역대 정부의 국정기조 비교분석 연구.

한국행정연구원(2005). 역대정부와의 비교론적 관점에서 본 참여정부의 정부혁신.

한국행정학회(2018). 사회적 가치 실현을 위한 정부혁신방안 연구.

한국행정학회(2002). 공공부문 개혁의 성과평가와 성과에 대한 국민의 인식 차이의 원인분석에 관한 연구. 기획예산처 연구과제.

행정안전부(2020). 정부혁신으로 국민의 삶이 나아지고 있습니다.

허시먼, 앨버트 O.(1991). 보수는 어떻게 지배하는가?. 웅진지식하우스.

황혜신(2005). 역대정부와의 비교론적 관점에서 본 참여정부의 정부혁신. 한국행정연구원. 연구보고서. 5~42.

홍재환·함종석 편저(2009). 국가경쟁력과 리더십. 한국행정연구원 리더십 연구총서 1. 법문사.

Bommert, Ben(2010). Collaborative Innovation in the Public Sector. *International Public Management Review*. 11(1).

Kamarck, Elaine(2004). *Government Innovation Around the World*. Faculty Research Working Papers Series. Ash Institute for Democratic Governance and Innovation. John F. Kennedy School of Government. Harvard University.

Ma, Liang(2017). Political ideology, social capital, and government innovativeness: evidence from the US states. *Public Management Review*. 19(2): 114~133.

Nambisan, Satish(2008). *Transforming Government Through Collaborative Innovation*. IBM Center for The Business of Government.

OECD(2023). *Trust in Government*. OECD.

OECD(2019). *Embracing Innovation in Government*. OECD.

OECD(2014). *Building Organizational Capacity for Public Sector Innovation*. OECD.

OECD(1995). *Governance in Transition*. OECD.

Osborne, D. and Gaebler, T.(1992). *Reinventing Government: How the Entrepreneurial Spirit Is Transforming the Public Sector*. Addison-Wesley. Reading.

Pollitt, Christopher & Geert Bouckaert(2000). *Public Management Reform*. Oxford Univ. Press.

Teofilovic, Nada(2002). The Reality of Innovation in Government. *The Public Sector Innovation Journal*. 7(2).

Wang, Quan-Jing, et al.(2019). The impacts of government ideology on innovation: What are the main implications?. *Research Policy*. 48: 1232~1247.

다시 생각하는 정부와 혁신